utb 5108

Eine Arbeitsgemeinschaft der Verlage

Böhlau Verlag · Wien · Köln · Weimar
Verlag Barbara Budrich · Opladen · Toronto
facultas · Wien
Wilhelm Fink · Paderborn
A. Francke Verlag · Tübingen
Haupt Verlag · Bern
Verlag Julius Klinkhardt · Bad Heilbrunn
Mohr Siebeck · Tübingen
Ernst Reinhardt Verlag · München
Ferdinand Schöningh · Paderborn
Eugen Ulmer Verlag · Stuttgart
UVK Verlag · München
Vandenhoeck & Ruprecht · Göttingen
Waxmann · Münster · New York
wbv Publikation · Bielefeld

Norbert Franck

Handbuch Wissenschaftliches Schreiben

Eine Anleitung von A bis Z

Ferdinand Schöningh

Der Autor:
Dr. Norbert Franck, Studium der Erziehungswissenschaft, Psychologie, Soziologie und Germanistik, promovierte über Probleme des Studienanfangs an der TU Berlin. Er unterrichtet in Deutschland und Österreich in der Fort- und Weiterbildung. Seit über zwei Jahrzehnten leitet er Workshops für Postgraduierte. Er ist Lehrbeauftragter an der Universität Osnabrück und Autor zahlreicher Sachbücher über wissenschaftliches Arbeiten, Kommunikation und Schreiben. Im Verlag Ferdinand Schöningh liegt von ihm vor: in der 3. Auflage das *Handbuch Wissenschaftliches Arbeiten* und in der 17. Auflage *Die Technik wissenschaftlichen Arbeitens* (zusammen mit J. Stary).

Umschlagabbildung: Foryou13/iStock 834665200

Online-Angebote oder elektronische Ausgaben sind erhältlich unter
www.utb-shop.de

Bibliografische Information Der Deutschen Nationalbibliothek

Die Deutsche Nationalbibliothek verzeichnet diese Publikation in der Deutschen Nationalbibliografie; detaillierte bibliografische Daten sind im Internet über http://dnb.d-nb.de abrufbar.

Internet: www.schoeningh.de

Printed in Germany.
Herstellung: Brill Deutschland GmbH, Paderborn
Einbandgestaltung: Atelier Reichert, Stuttgart

UTB-Band-Nr: 5108
ISBN 978-3-8252-5108-6

Inhalt

Einleitung: Studieren und Schreiben

Hannah Arendt wurde einmal gefragt, ob ihr das Schreiben schwerfalle. Sie antwortete: „Aber nein, ich schreibe doch nur ab, was ich im Kopf habe!“ (Zit. in Hentig 1999, 25)

Wie hätten Sie geantwortet? Viele Studentinnen und Studenten hätten eine andere Antwort gegeben. Wenigen Studierenden geht das Schreiben locker von der Hand. Für viele ist der Weg bis zur Abgabe einer Haus- oder Abschlussarbeit lang und steinig.

Schwierigkeiten mit dem Schreiben sind eine zentrale Ursache für lange Studienzeiten oder gar einen Studienabbruch. Vor allem in den Sozial- und Geisteswissenschaften: Während des Studiums werden zwar Hausarbeiten oder Klausuren geschrieben, aber Sicherheit und Routine im Schreiben entwickeln nur wenige Studierende. Viele erleben jede neue Hausarbeit so, als müssten sie ganz von vorne anfangen. Freude am Schreiben ist an den Hochschulen so selten wie Wasser in der Wüste.

Alltäglich sind Vermeidungsstrategien: Muss ein Text geschrieben werden, ist „plötzlich“ viel zu besorgen oder endlich der Besuch bei den lange vernachlässigten Eltern fällig. Marcel Bénabou bietet in *Warum ich keines meiner Bücher geschrieben habe* anspruchsvollere Begründungen an, nicht zu schreiben:

> „Man kann das Lob der mündlichen Tradition (gegenüber der Schriftkultur) singen; man kann die Sprache schmähen, über die Worte herziehen, das Lamento des jegliche-wahrhafte-Kommunikation-ist-unmöglich anstimmen; man kann sich in der Unsagbarkeit einrichten und das Schweigen als höchstes Gut preisen; man kann das Leben feiern und das Ringen mit der Realität als dem Schreiben überlegen ausgeben; man kann einmal mehr die Topoi des Lieber-Verzicht-als-Engagement oder der Sinnlosigkeit-des-Handelns-in-einer-Welt-mit-der-es-sowieso-zuende-geht aufwärmen.“ (1990, 11)

Vor dem Schreiben stehen für viele Studierende viele Fragen. Fast alle müssen individuell nach Antworten suchen; denn gezielte Hilfestellungen und Anleitungen sind rar.

- Wann genügt ein Text dem Kriterium „wissenschaftlich“? Wenn er kompliziert ist?
- Darf in Texten „ich“ vorkommen? Oder ist in der Wissenschaft die erste Person verpönt?
- Wie wird ein Text sinnvoll gegliedert?
- Wie kann ein vorgegebenes Thema so gefasst werden, dass es in einem überschaubaren Zeitraum zu bearbeiten ist?
- Und was wird von der Studienanfängerin verlangt, der ein Soziologie-Professor ohne weitere Erläuterungen die Aufgabe stellt, eine Hausarbeit über „die Sozialbindung des Eigentums“ zu schreiben?

Was macht Schreiben in der Wissenschaft schwierig?

Professoren klagen über die „Schreib-Schwächen“ von Studierenden. Wer Schwierigkeiten hat, braucht für Klagen und Spott nicht zu sorgen. Die bissigste Formulierung stammt aus der Feder von Karl Kraus: „Es genügt nicht, keine Gedanken zu haben, man muss auch unfähig sein, sie auszudrücken.“ Kraus hatte allerdings nicht Studentinnen und Studenten vor Augen, sondern den „gelehrten“ Stand.

Schreibschwierigkeiten haben unterschiedliche Ursachen. Eine Problemquelle ist der Gegenstand des Studiums. Genauer: Die Form, in der dieser Gegenstand präsentiert wird: Wissenschaftliches Schreiben lernt man in der Auseinandersetzung mit den Inhalten des Studiums. Die Art und Weise, in der diese Inhalte vermittelt werden, ist eine hohe Hürde beim Schreiben lernen – in allen Fächern.

In den Sozial- und Geisteswissenschaften ist ein schwer verdaulicher Wissenschaftsjargon keine Seltenheit. Fächer, die keine unmittelbar wirtschaftlich verwertbaren Ergebnisse hervorbringen, stehen unter starkem Rechtfertigungszwang. Eine Folge ist die Neigung, Selbstverständlichkeiten mit einem Wust schwammiger Begriffe in komplizierten Sätzen aufzublasen.

In den Natur- und Ingenieurwissenschaften werden in den Vorlesungen Stichworte und Formeln notiert. Der ganze Satz ist eher die Ausnahme und, so Gumlich, die mathematische Fassung der Ergebnisse physikalischer Forschung die „Krone naturwissenschaftlicher Ausdrucksweise“ (1999, 153).

In den Rechtswissenschaften prägt die umständliche Gesetzes- und Verwaltungssprache den Stil der Texte und Vorlesungen. Zwar gab und gibt es Sprachkünstler mit juristischer Ausbildung: Goethe, E.T.A. Hoffmann, Tucholsky und Bernhard Schlink. Aber die Regel sind Texte, in denen Verständlichkeit und grammatikalische Schlüssigkeit keine Rolle spielen.

Kurz: Im Gegenstand des Studiums, in vielen wissenschaftlichen Texten sind keine brauchbaren Anhaltspunkte zu finden, um wissenschaftliches Schreiben zu lernen. Wer versucht, diese Hürde durch Nachahmung zu überwinden, macht sich das Leben schwer. Nachahmung führt nicht zu wirklichem Kompetenzzuwachs und bringt deshalb keine Sicherheit im Umgang mit Texten. Wer nach einem „anspruchsvollen" Stil sucht, statt sich zu bemühen, klar und prägnant zu formulieren, verbaut sich Lernchancen und überfordert sich. Wer den Stil anderer kopiert, wird mit jedem Satz Mühe haben. Das Formulieren wird stets von der Unsicherheit begleitet sein, ob der richtige „Ton" getroffen wurde.

Was Sie erwarten können

Das *Handbuch* soll Ihnen das Schreiben (und Leben) erleichtern. *Ich* zeige, wie Sie lesbare Texte aufs Papier bringen können. *Sie* sollten sich darauf einlassen, dass wissenschaftliches Schreiben *gelernt* werden muss. Sie müssen die Tonleiter üben und wissen, was eine Partitur ist, wenn Sie Geige oder Gitarre spielen wollen. Wenn Sie schreiben wollen, müssen Sie schreiben üben und wissen, was ein Text ist.

Wir lernen Sprechen, können deshalb aber noch nicht erfolgreich kommunizieren. Wir lernen Laufen, das macht uns aber noch nicht zur Marathonläuferin oder zum Sprinter. Kommunizieren, Marathon, Sprinten muss gelernt und geübt werden. Wissenschaftliches Schreiben auch. Vor allem in Studiengängen, in denen 400 und mehr Seiten während des Studiums zu schreiben sind.

Man mag in der Schule damit über die Runden kommen, ein Thema „aus dem Kopf" zu Papier zu bringen. An der Hochschule kommen Sie auf diesem Weg nicht weiter. Es müssen Zwischenergebnisse fixiert, Überlegungen strukturiert und schreibend Pfade in das Dickicht der Informationsfülle geschlagen werden. Ich zeige, wie das gelingen kann.

Das *Handbuch* sollten Sie dann zur Hand nehmen, wenn Sie es brauchen. Bevor Sie – zum Beispiel – Ihre nächste Arbeit schreiben, sollten Sie die beiden Kapitel über *wissenschaftliche Standards* und *wissenschaftlichen Stil* lesen. Sie finden in diesen Kapiteln zahlreiche Verweise auf weitere Hilfen zum Schreiben einer Arbeit. Diesen Verweisen sollten Sie dann nachgehen, wenn Sie den Eindruck haben, dass sie für eine konkrete Anforderung nützlich sein könnten. Wird Ihre nächste Arbeit einen Anhang enthalten, sollten Sie das entsprechende Kapitel lesen. Das Kapitel *Anhang* wird Sie eher langweilen, wenn Sie es „auf Vorrat" lesen. Mit Gewinn lesen Sie die Hinweise, wenn Sie Informationen brauchen, was in einen Anhang gehört und wie man einen Anhang gliedert. Das Register hilft Ihnen beim gezielten Suchen nach Antworten auf Ihre Fragen.

Das *Handbuch* ist also ein *Vor*bereitungsbuch und ein *Nach*schlagewerk. Ein guter Einstieg ist das Kapitel über den *Prozess* des Schreibens in der Wissenschaft (S. 155ff.). Dieses Kapitel behandelt im Überblick alle Schritte von der Wahl eines Themas bis zur Endfassung einer Arbeit, die in den übrigen Kapiteln näher erläutert werden.

Ich zitiere an der einen oder anderen Stelle aus Haus- und Abschlussarbeiten von Studierenden; überwiegend sind das Hinweise auf Schwächen in der Arbeit. Weil es mir nicht um die Kritik von Studierenden geht, sondern um die Veranschaulichung von Anforderungen beim Schreiben, weise ich die Verfasserinnen und Verfasser dieser Arbeiten nicht aus.

Warum Sie verständlich und präzise schreiben sollten

Während des Studiums lernen Sie viel – Physik oder Psychologie, Architektur oder Anglistik, Medizin oder Mediävistik. Das *Handbuch* soll Ihnen helfen, Erkenntnisse und Einsichten in strukturierten, lesbaren Texten zu verarbeiten, Ihr Wissen in *eigenen* Worten verständlich wiederzugeben.

Das *Handbuch* ist ein Anregungsbuch. Es gibt keine verbindlichen Regeln für einen wissenschaftlichen Stil, sondern nur plausible Anhaltspunkte. Ich plädiere dafür, es mit Goethe zu halten: „Alles, was uns imponieren soll, muss Charakter haben" (Bd. 22, 501). Haus- oder Bachelorarbeiten haben zum Beispiel dann Charakter, wenn sie *informativ* sind, wenn eine *originelle* These begründet oder ein *interessanter* Zusammenhang behandelt wird. Und wenn sie präzise und verständlich geschrieben sind.

Mindestens vier Gründe sprechen dafür, präzises und verständliches Schreiben zu lernen:

1. Wer sich für einen präzisen und verständlichen Stil entscheidet, erleichtert sich das Schreiben.
2. In meinen Workshops für Doktorandinnen und Doktoranden mache ich wiederkehrend die Erfahrung, dass die Vermittlung des Handwerks, klare und verständliche Texte zu Papier zu bringen, häufig die inhaltlichen Probleme löst, die sie mit ihrer Arbeit haben.
3. In vielen Berufen wird die Fähigkeit verlangt, verständlich und präzise (und anschaulich) zu schreiben.
4. Verständlichkeit ist ein Gebot der Höflichkeit.

Abkürzungen – Abkürzungsverzeichnis

AIDS und *Attac*. Fast alle wissen, was gemeint ist. Kaum jemand weiß, wofür die vier Buchstaben stehen (Acquired Immune Deficiency Syndrome bzw. *A*ssociation pour une *T*axation des *T*ransactions financières pour l'*A*ide aux *C*itoyens).

AIDS und Attac werden – wie AStA oder NATO – als selbstständiges Wort gesprochen. Das unterscheidet die Abkürzungen AStA und NATO von den Akronymen DGB, ARD bzw. ZDF. Und AIDS kann eine gute Sache sein – jedenfalls dann, wenn die vier Buchstaben für „Automatic Installation and Diagnostic Service" stehen.

Abkürzungen sind nützlich und können lästig sein. Abkürzungen müssen eindeutig sein und korrekt geschrieben werden.

Vor allem bei bibliografischen Angaben, im Literaturverzeichnis bzw. in Anmerkungen, ersparen geläufige Abkürzungen viel Schreib- und Lesearbeit. Im folgenden Kasten sind die wichtigsten bibliografischen Abkürzungen aufgeführt.

Anh.	Anhang	erw.	erweitert
Anl.	Anlage	f. (ff.)	folgende (fortfolgende)
Anm.	Anmerkung	Fn.	Fußnote
Aufl.	Auflage	H.	Heft
ausgew.	ausgewählt	Habil.-Schr.	Habilitationsschrift
Bd. (Bde.)	Band (Bände)	hekt.	hektografiert
bearb.	bearbeitet	Herv.	Hervorhebung
Beih.	Beilage	Hrsg. (Hg.)	Herausgeber
Beil.	Beiheft	J.	Jahr
Bl.	Blatt	Jb.	Jahrbuch
Ders.	Derselbe	Jg.	Jahrgang
Dies.	Dieselbe(n)	Mitarb.	Mitarbeiter, Mitarbeiterin
Diss.	Dissertation	Ms. (Mss.)	Manuskript (Manuskripte)
dt.	Deutsch	N.F.	Neue Folge
durchges.	durchgesehen		
ebd.	ebenda		
Erg./erg.	Ergänzung/ergänzt		

A

Nr.	Nummer	übers.	übersetzt (von)
o.J.	ohne Jahr(gang)	veränd.	verändert
o.O.	ohne Ort	verb.	verbessert
o.V.	ohne Verfasser	Verf.	Verfasser, Verfasserin
Red.	Redaktion	Verl. (Vlg.)	Verlag
S.	Seite	vgl.	vergleiche
s.	siehe	Z.	Zeile
Sp.	Spalte	Ziff.	Ziffer
T.	Teil	Ztg.	Zeitung
Tab.	Tabelle	Ztschr.	Zeitschrift
Übers.	Übersetzer, Übersetzerin		

In dieser Liste fehlen eine Reihe von Abkürzungen – zum Beispiel:

- et. al. et alii (und andere)
- e.g. exempli gratia (zum Beispiel)
- ib., ibid. ibidem (ebenda)
- id. idem (derselbe, dasselbe)
- loc. cit. loco citato (am angeführten Ort)
- op. cit. opere citato (im angeführten Werk)
- p. (Plural: pp.) Pagina (Seite)

Ich rate von diesen Abkürzungen deshalb ab, weil sie vielen nicht geläufig sind. Abkürzungen sollten keine Rätsel aufgeben.

Zahlreiche Fachbegriffe und Namen sind sehr lang und gelegentlich wahre Zungenbrecher: Adoleszenz-Maximum-Hypothese, Organisation erdölexportierender Staaten, Personalvertretungsgesetz, American Standard Code for Information Interchange. Deshalb ist es sinnvoll, mit ASCII oder PersVG abzukürzen. Deshalb wird niemand etwas dagegen haben, wenn in einem Text von ADHS (für Aufmerksamkeitsdefizit-/Hyperaktivitätsstörung) oder von REACH (für Registrierung, Evaluation und Autorisierung von Chemikalien) die Rede ist.

Solche Abkürzungen müssen eingeführt werden, wenn nicht vorausgesetzt werden kann, dass alle Leserinnen und Leser sie kennen.

In einem Text wird das Wort bzw. der Begriff zunächst ausgeschrieben und die Abkürzung dahinter in Klammern gesetzt: „Globalisierungskritiker stellten vor allem heraus, dass die Welthandelsorganisation (WTO) ..." Dann wird nur noch die Abkürzung verwendet.

Abkürzungen sollten sparsam eingesetzt werden. Sind viele Abkürzungen für die Leserinnen und Leser neu, wird das Lesen anstrengend, weil viele Abkürzungen behalten werden müssen: Wofür steht UNCTAD, GATT oder NGO? Was war der Unterschied zwischen CD und CI?

Kommunikations- und Werbefachleute kürzen *Corporate Design* „CD" ab. In anderen Zusammenhängen steht CD für *Corps diplomatique* oder *Compact Disc*. Und „MS" *Word* ist weder ein *Motorschiff* mit dem Namen „Word" noch eine Software mit *Multipler Sklerose*. Kurz: Abkürzungen müssen stets eindeutig sein und dürfen immer nur in einer Bedeutung gebraucht werden. Wer über Aktiengesellschaften und Arbeitsgruppen oder über die Royal Air Force und die Rote Armee Fraktion schreibt, muss sich demnach entscheiden, welches Wort bzw. welcher Name mit AG oder RAF abgekürzt wird.

Vermeiden Sie Neuschöpfungen für feststehende Abkürzungen wie GG (für Grundgesetz), BAB (Bundesautobahnen) oder HRG (Hochschulrahmengesetz).

Einfache Abkürzungen, die allgemein bekannt sind, wie *z.B., u.a., d.h., z.T.* sind legitim, aber nicht unbedingt eine Freude fürs Auge: Viele Abkürzungen wirken in einem Text störend und erinnern an Schreiben von Finanzämtern und anderen Behörden: „Die Autorin macht z.B. darauf aufmerksam, dass u.U. gerade die, v.a. beiläufig erwähnten ..."

Mit Ausnahme von *bzw.* und *usw.* steht nach jedem Buchstaben ein Punkt. Zwischen Punkt und Buchstaben kommt kein Leerzeichen (also nicht: z._B.). Die gängigen Abkürzungen für Maße und Gewichte – *cm, km, kg und EUR* – werden ohne Punkt am Ende geschrieben.

Akronyme, die als allgemein bekannt vorausgesetzt werden können, müssen nicht eingeführt werden: ARD und ZDF, SPD und CDU, DGB und USA. Während man davon ausgehen kann, dass alle die ARD kennen, sollten zum Beispiel Abkürzungen für die

A

Landesrundfunkanstalten SWR, MDR oder RBB eingeführt werden: „Im April 2016 wurde die neue Intendantin der Zweiländeranstalt *Rundfunk Berlin-Brandenburg (RBB)* ...“

In der Regel werden Abkürzungen, die aus den Anfangsbuchstaben mehrerer Wörter gebildet werden, nicht dekliniert: „Die Chefredakteurin des MDR ...“ (nicht MDRs). Keine Regel ohne Ausnahme: PCs und WCs, EKGs und CDs.

Für Abkürzungen, die als selbstständiges Wort gesprochen werden, gibt es keine verbindliche Groß- oder Kleinschreibung. Sowohl Asta als auch ASTA (oder AStA) ist korrekt.

Abkürzungsverzeichnis

Enthält eine Arbeit viele Abkürzungen, ist ein Abkürzungsverzeichnis Pflicht. Ein solches Verzeichnis steht nach dem Inhaltsverzeichnis.

Im Abkürzungsverzeichnis werden nicht aufgeführt:

- einfache Abkürzungen wie *usw.*, *vgl.* oder *z.B.*;
- allgemein bekannte Akronyme (SPD, CDU oder USA);
- geläufige Abkürzungen für Maße und Gewichte (cm, kg).

Abkürzungen, die in Abbildungen oder Tabellen verwendet werden, sind in einer Legende zur Abbildung bzw. Tabelle zu erläutern.

Das Abkürzungsverzeichnis wird alphabetisch geordnet:

ADG	Antidiskriminierungsgesetz
BGH	Bundesgerichtshof
CD	Corporate Design
MIT	Massachusetts Institute of Technology
...	

Werden in einem ⇨ *Literaturverzeichnis* viele Zeitschriften-Namen abgekürzt, wird dem Literaturverzeichnis ein Verzeichnis der Abkürzungen vorangestellt:

Adv. Ecol. Res.	Advances in Ecological Research
BuE	Bildung und Erziehung
Educ. Res.	Educational Research
Nat. Landsch.	Natur und Landschaft
...	

Die Namen von Zeitschriften sollten nicht willkürlich abgekürzt werden. In fast allen Disziplinen gibt es eingeführte Abkürzungen für Fachzeitschriften. Sie finden sie im Internet.

Literatur und Links

Wer eine Abkürzung nicht kennt, findet hier Erläuterungen:

Wörterbuch der Abkürzungen. 6. Aufl. Mannheim u.a. Dudenverlag 2011
www.abkuerzungen.de
www.chemie.fu-berlin.de//cgi-bin/acronym

Abstract

Do Large (Magnitude ≥8) Global Earthquakes Occur on Preferred Days of the Calendar Year or Lunar Cycle? So lautete der Titel eines Aufsatzes, den Susan Hough 2018 veröffentlichte. Er beginnt mit folgendem Abstract: „No".

So kurz sind Abstracts gewöhnlich nicht. Die Länge variiert je nach Abstract-Typ. Beim Abstract eines Zeitschriftenaufsatzes sind bis zu 150 Wörter die Regel; das Abstract einer Abschlussarbeit darf bis zu einer Seite lang sein. Für Hausarbeiten ist kein Abstract erforderlich.

Ein Abstract steht vor dem Inhaltsverzeichnis. Was bei Zeitschriften mittlerweile die Regel ist, wird auch häufig bei Abschlussarbeiten gefordert: ein Abstract in englischer Sprache.

Das oder *der* Abstract? – Wie es Ihnen gefällt. Beide Varianten sind dudenkonform.

Was gehört in den Abstract einer Bachelor- oder Masterarbeit bzw. Dissertation? Es gibt keinen verbindlichen Standard. Eine gute Orientierung ist die Gliederung eines ⇨ *Exposés*. Für einen Abstract sind vor allem die folgenden Gesichtspunkte relevant:

- Problem, Forschungsstand
- Fragestellung, Ziel
- Methode
- Datengrundlage, Material

Aufbau

In einem Abstract werden die Inhalte einer Arbeit zusammengefasst. Ein Beispiel – der Abstract eines Beitrags von Thieltges, Hegelich (2017) in der *Zeitschrift für Politik*:

> „Today's unexceptional and copious use of online social networks (OSN) as a place to gather information or interact with each other is globally accepted. *[Das Untersuchungsfeld]*
> However, there are frequently attemps to manipulate these discussions and information with partial algorithmized machines. *[Das Problem]*

In this paper we will assess the potential risks that may arouses from this sort of manipulation for the political sector in OSN's and beyond. We focus on the threats and risks for different (political) user groups and the socio economic impact of these manipulations and analyse the methods that are used to influence users and lead to viral dispersal in both, the internal network and common media." *[Darum geht es in diesem Aufsatz]*

Der Abstract enthält keinen Hinweis auf die Ergebnisse der Arbeit. Anders der folgende Abstract eines Aufsatzes über Befindlichkeit als Determinante des Antwortverhaltens bei Befragungen (Bachleitner, Weichbold 2007):

„In the investigation and verification of sources of artifacts, artifact research focuses mainly on methodical and situational aspects. *[Forschungsfeld]*
Usually research does not focus on the respondent and his or her mood states. *[Forschungslücke, Problem]*
This paper investigates the question if and to what extent actual mood states influence answers (judgments) in surveys. *[Fragestellung]*
In doing so, we do not assume a general effect, but rather we analyse respondent behaviour as dependent on the centrality and type of questions. The inquiry is based on a secondary analysis of three surveys in which data on mood states were collected. *[Untersuchungsmethode]*
The results show considerable effects of centrality (ego-centrality) on the question of response behavior." *[Ergebnis]*

Stil

Die zitierten Abstracts sind im Präsens geschrieben. Das ist Abstract-Standard.

Abstracts sind nicht der Ort für Prosa, vielmehr wird nur das Wichtigste kurz und präzise aufgeführt. Die ersten Zeilen des folgenden Abstracts einer Bachelor-Arbeit über Kunstunterricht in der Grundschule sind daher überflüssig:

„Über die Genderthematik wird in unserer westlichen Gesellschaft in regelmäßigen Abständen diskutiert und argumentiert. Sei es am Arbeitsplatz oder aktuell in Zusammenhang mit den jährlichen PISA Testungen. Angeblich zeigen sich an den Ergebnissen signifikante Leistungsunterschiede zwischen den Geschlechtern."

A

Der letzte – unbeholfen formulierte – Satz hätte ein sinnvoller Einstieg sein können. Doch die Autorin kann sich nicht entscheiden, was wichtig ist: Zeigen die Tests signifikante Leistungsunterschiede zwischen den Geschlechtern? Oder nur *angeblich*?[1]

Abstracts sind nicht der Ort für Selbstlob. Die letzten Zeilen des Abstracts einer Dissertation:

> „Die in dieser Arbeit vorgebrachten innovativen und quantitativen Erkenntnisse legen nahe, dass das Potenzial der diskutierten Interventionen höhere politische Aufmerksamkeit erfahren sollte. Meine Ergebnisse können eine konkretere Diskussion zur Umsetzung der Sustainable Development Goals untermauern."

Eine schlichtere und prägnantere Variante: Die Ergebnisse dieser Arbeit sprechen dafür, den vorgestellten Lösungen politisch mehr Aufmerksamkeit zu schenken. Die Ergebnisse können zu einer präzisieren Diskussion über die Umsetzung der Sustainable Development Goals beitragen. (Oder – es ist nicht eindeutig, was der Autor meint –: Die Ergebnisse unterstreichen die Notwendigkeit, die Sustainable Development Goals umzusetzen.)

Das Personalpronomen „Ich" erleichtert es, die eigene Leistung deutlich zu machen. Sollte „Ich" nicht den fachspezifischen Konventionen entsprechen, entspricht die Passivform korrektem Deutsch: „In der Arbeit wird gezeigt, dass ..." ⇨ *Ich, wir, man, die Arbeit: Schreibsubjekt.*

Literatur und Links

Das Bändchen von Birgit Huemer u.a. ist erste Wahl, wenn Sie sich intensiver mit Abstracts auseinandersetzen wollen.

Schreiben Sie Ihren nächsten Abstract in Englisch? Dann lohnt ein Blick in die *Guidelines for writing* auf den Seiten des *Writing Centers* der University of North Carolina at Chapel Hill.

Wer eine Abschlussarbeit oder Dissertation in Englisch schreibt, findet Hilfestellungen bei Lantsoght.

1 *Tests* sind, jedenfalls sprachlich, besser als *Testungen*. Ergebnisse können Unterschiede *zeigen*, aber an den Ergebnissen *zeigen sich* keine signifikanten Leistungsunterschiede. Schließlich: *Über eine Thematik* wird nicht *argumentiert*.

Birgit Huemer, Markus Rheindorf, Helmut Gruber: Abstract, Exposé und Förderantrag. Wien u.a.: Böhlau Verl. 2012 (= UTB 3762)
Eva. O. L. Landsoght: The A-Z of the PhD Trajectory. Cham: Springer 2018, S. 125-128
https://writingcenter.unc.edu/tips-and-tools/abstracts/

Anhang

Der Anhang einer wissenschaftlichen Arbeit lässt sich mit einem Balkon vergleichen: Er ist wichtig, aber nicht so zentral, dass man ihn ständig nutzt. Wer in einer medienwissenschaftlichen Hausarbeit eine Sitcom analysiert, für deren Verständnis alle Haupt- und Nebenrollen wichtig sind, kann in den Anhang ein Verzeichnis aller Personen aufnehmen, die in der Sitcom auftreten. Wer bei der Quellenrecherche für die Dissertation einen bisher unbekannten Erlass der preußischen Regierung aufstöbert oder den Brief einer Schriftstellerin, der als verschollen galt, dokumentiert diesen Erlass bzw. Brief im Anhang. Allgemeiner: Im Anhang werden die Daten, Fakten und Quellen angeführt, die für das Verständnis eines Textes *notwendig* sind bzw. Aussagen belegen. Zum Beispiel:

- der Text des Fragebogens, auf dem eine Untersuchung basiert,
- die Filmografie einer Regisseurin oder eines Schauspielers,
- das Beobachtungsprotokoll einer Unterrichtsstunde,
- der Wortlaut der Instruktionen, die Versuchspersonen erhielten,
- Tabellen mit Messwerten,
- schwer zugängliche Quellen, auf die wiederholt Bezug genommen wird,
- das Wortprotokoll einer Bundestagssitzung, die analysiert wird.

Man platziert solche Daten, Fakten, Quellen usw. im Anhang, wenn sie so umfangreich sind, dass sie die Lektüre des Hauptteils erschweren. Diese Auslagerung ist allerdings nur dann sinnvoll, wenn sie tatsächlich das Lesen erleichtert. Es ist keine Erleichterung für die Leserinnen, wenn sie häufig im Anhang nachschlagen müssen. Deshalb sind im laufenden Text die Daten und Fakten, die im Anhang stehen, so zusammenzufassen, dass die Leser nur gelegentlich im Anhang nachschlagen müssen.

Der Anhang ist keine Deponie für Materialien, die für die Erarbeitung eines Themas wichtig waren, für seine Darstellung aber nicht erforderlich sind. Der Anhang ist auch kein Ort für Exkurse,

A

die Befriedigung eines Mitteilungsbedürfnisses oder den Nachweis, was man alles weiß.

Der Anhang steht nach dem Literaturverzeichnis. Er erhält keine Gliederungsziffer und wird nicht gesondert nummeriert, vielmehr wird die Seitenzählung fortgesetzt. Besteht ein Anhang aus mehreren Teilen, gliedert man ihn *nach inhaltlichen Kriterien* mit Ziffern oder Buchstaben. Diese Gliederung sollte auch im Inhaltsverzeichnis aufgeführt werden. Zwei Muster (die Form ist nicht verbindlich):

Ein Anhang ist keine *Anlage*. Anlagen sind Ergänzungen, die nicht in den Anhang aufgenommen werden können: Medien (z.B. eine CD-ROM) oder Materialien (z.B. Bau- oder Schaltpläne). Auch für Anlagen gilt: Sie müssen für das Verständnis einer Arbeit wichtig sein.

Anmerkungen

Viele wissenschaftliche Texte sind mit Anmerkungen gespickt. Das Bedürfnis nach Anerkennung ist, so Schwanitz, der Hauptgrund für die Häufung von Fußnoten:

> Die Fußnote „ist für den Wissenschaftler das, was für den Ritter das Wappen war; sie weist ihn als Wissenschaftler aus, verleiht ihm Glaubwürdigkeit und die Berechtigung, am Turnier teilzunehmen. Zugleich ist sie auch seine Waffe: Mit ihr mehrt er nicht nur seinen eignen Ruhm, sondern mindert auch den seiner Rivalen. Dabei erweist sie sich als Mehrzweckwaffe ... Einige benutzen sie als Dolch, den man dem Gegner in den Rücken jagen kann; andere als Keule, um ihn niederzuschlagen; wieder andere als Florett, um elegante Duelle auszutragen." Kontroversen, die in Fußnoten ausgetragen werden, gleichen „den Kämpfen, für deren Austragung die Streithähne kurz die Bar verlassen, um sich auf der Straße zu prügeln. In der Fußnote darf deshalb der Autor die Maske der Respektabilität fallen lassen, die er im Haupttext trägt, und sein wahres Gesicht enthüllen." (2002, 461f.)

In einer Haus- und in einer Abschlussarbeit sollte zu lesen sein, was für die Erklärung eines Gegenstands wichtig und für das Verständnis eines Sachverhalts notwendig ist. Das reicht. Mehr ist nicht erforderlich und nicht sinnvoll.

Nebensächlichkeiten gehören nicht in eine Arbeit – auch nicht in Anmerkungen. Wer imponieren möchte, sollte dies durch eine präzise Argumentation tun. Viele Anmerkungen demonstrieren in der Regel nicht Wissenschaftlichkeit, sondern die Unfähigkeit, sich auf das Wesentliche zu konzentrieren.

Anmerkungen sind:

- kein Archiv für Textbausteine oder Notizen, die man sich während der Arbeit an einem Thema angelegt hat;
- nicht der Ort, um nachzutragen, was man in der Darstellung vergessen hat. Zum Beispiel gehört folgende Information nicht in eine Fußnote zu diesem Text: In Anmerkungen darf nichts stehen, was die eigene Argumentation infrage stellt.

Ist eine Aussage wichtig, gehört sie in den Text. Ist sie unwichtig, hat sie in der Arbeit nichts zu suchen.

Funktion von Anmerkungen

Anmerkungen können ein „Schatzhaus" (Harnack) sein, wenn sie sinnvoll genutzt werden. Fußnoten sind der richtige Ort für:

- Hinweise auf weiterführende Literatur,
- die Übersetzung einer Textstelle, die in der Originalsprache zitiert wurde,
- Informationen, die zwar nicht direkt zum Thema gehören, aber für die Leserinnen und Leser nützlich sein können,
- pointierte Zitate, die die eigene Meinung stützen, den Argumentationsgang aber stören würden,
- Verweise auf abweichende Meinungen,
- Verweise auf andere Passagen der eigenen Arbeit. (Häufen sich solche Verweise, kann dies ein Indiz dafür sein, dass die Gliederung der Arbeit Schwächen hat).

Und Fußnoten sind der Ort, um Zitate zu belegen und Gedanken, die von anderen übernommen wurden – sofern man sich nicht, wie in diesem Buch, für Kurzbelege im Text entscheidet ⇨ *Zitat, zitieren*.

Anmerkungen und Fußnoten

Ich habe zwischen den Termini *Anmerkungen* und *Fußnoten* gewechselt. *Fußnote* bezeichnet strenggenommen nur den Ort, an dem Zitate belegt, Hinweise auf Literatur gegeben oder ergänzende Informationen angeführt werden: am Fuß an einer Seite. Dies ist ein guter Ort, denn den Leserinnen und Lesern bleibt das mühselige Hin- und Herblättern erspart, zu dem sie gezwungen sind, wenn Anmerkungen am Ende einer Arbeit stehen.

Anmerkungen dienen nicht der Satzergänzung – wie in dem folgenden Ausschnitt aus einer Geografie-Hausarbeit über Dürren im Sahel:

A

„Ein flächenhafter Anbau ist nirgends möglich, sondern es erfolgt eine inselartige Konzentration auf die wenigen Gunstgebiete.[1]
Weiter werden Beeren und andere Früchte verschiedener Baumarten gesammelt, aber auch Gummi arabikum[2], Futter für die Tiere, Brennholz sowie Holz und trockenes Gras als Baumaterial."

1 z.B. in Senken
2 als Verdickungsmittel

Die Ergänzungen „zum Beispiel in Senken" und „als Verdickungsmittel" gehören – wenn sie wichtig sind – in den laufenden Text. Und Fußnoten beginnen wie ein normaler Satz mit einem Großbuchstaben und enden mit einem Punkt.

Die beiden Sätze lassen sich ohne Mühe anmerkungsfrei formulieren:

Da Lebensmittel nicht auf großen Flächen angebaut werden können, konzentriert sich der Anbau inselartig auf die wenigen Gunstgebiete, zum Beispiel Senken. (Im ersten Satz ist eine begründende Konjunktion – *da* oder *weil* – sinnvoll.)
Weiter werden gesammelt: Beeren und andere Früchte, Gummiarabikum als Verdickungsmittel, Futter für die Tiere, Brennholz sowie Holz und trockenes Gras als Baumaterial. („Aber auch" ist überflüssig.)

In der zitierten Hausarbeit werden mehrere Anmerkungen mit folgenden Formulierungen eingeleitet:

- „Es sei darauf hingewiesen, dass diese Gruppen nicht ...",
- „Hierzu sei der Hinweis gegeben, dass ..."

Diese Einleitungen sind überflüssig. Man kann direkt zur Sache kommen: „Diese Gruppen sind nicht ..."

Nummeriert man Fußnoten fortlaufend, erleichtert man sich den Verweis auf eine Anmerkung in der eigenen Arbeit.

Die Fußnotenziffer steht nach dem Satzzeichen, wenn sich die Anmerkung auf den gesamten Satz bezieht: ABC weist darauf hin, dass jede Anmerkung mit einem Punkt endet, aber niemals mit einem Abkürzungspunkt *und* einem Schlusspunkt.[1]

Bezieht sich eine Anmerkung auf ein Wort oder einen Teil eines Satzes, steht das Fußnotenzeichen unmittelbar nach diesem Wort bzw. der Wortgruppe: Worauf ist zu achten, wenn man Anmerkun-

A

gen[1] am Ende einer Arbeit platziert? Die Anmerkungen stehen *vor* dem Literaturverzeichnis.

Literatur

„Aber ich habe doch noch viel mehr gelesen!“ Allen, die an ihrer Abschlussarbeit oder Dissertation sitzen und vorhaben, die gesamte Literatur, die sie gelesen haben, in ihrer Arbeit „irgendwie“ unterzubringen, empfehle ich die Hinweise von Groebner und Harnack. Wer Geschichte studiert, sollte in Graftons Essay schauen.

Anthony Grafton: Die tragischen Ursprünge der deutschen Fußnote. Berlin: Berlin Verl. 1995

Valentin Groebner: Wissenschaftssprache. Eine Gebrauchsanweisung. Konstanz: Konstanz University Press 2012, S. 88 – 96

Adolf Harnack: Aus Wissenschaft und Leben. Bd. 1. Gießen: Töpelmann 1911, S. 161

Argument – Argumentieren

Gleich, ob Sie in einer Hausarbeit die Entwicklung der deutschen Einwanderungspolitik analysieren oder Kommunikationstheorien vergleichen, ob Sie für eine Abschlussarbeit die Wirkungen emotionaler Zuwendung auf den Lernerfolg untersuchen oder ein Modell der Schadstoffreduktion durch Verkehrslenkung entwickeln – stets müssen Sie argumentieren.

Im Kapitel ⇨ *Thesen* stehen unterschiedliche Argumentations*strukturen* im Mittelpunkt. Im Folgenden geht es um die Fragen: Was macht eine Aussage zu einem Argument? Was verleiht Argumenten Gewicht?

Argumente sind Aussagen, deren Güte sich daran bemisst, welche Daten und Quellen sie stützen.

- *Daten:* Aus Daten werden allerdings nicht automatisch allgemein anerkannte Fakten. Sprechen beispielsweise die vorliegenden Daten dafür, dass der Klimawandel von Menschen gemacht ist? „Klimaskeptiker" interpretieren die Daten anders.

  Was tun, wenn man eine Hausarbeit über den Klimawandel schreibt? Sich sorgfältig sachkundig machen, welche Position die Mehrheit der Fachwelt vertritt. Das Ergebnis dieser Prüfung: Über 90 Prozent der KlimaforscherInnen sind davon überzeugt, dass Menschen den Klimawandel verursachen. *Deshalb* bin *ich* der Auffassung, dass es einen Klimawandel gibt, der von Menschen gemacht ist – und Menschen ihn daher begrenzen können.[2]

- *Quellen:* Ein Argument gegen Homophobie könnte lauten: „Homophobie widerspricht dem Grundgesetz, der christlichen Moral und dem gesellschaftlichen Konsens einer aufgeklärten Ge-

2 Ein weiteres Prüfkriterium wäre in diesem Beispiel die Unabhängigkeit der Forschung. Zu welchem Ergebnis kommen Wissenschaftler, die im Auftrag der Kohle- und Erdölindustrie arbeiten.

sellschaft, dass jede Form einvernehmlicher Sexualität zu akzeptieren ist."

Wie ist dieses Argument zu stützen? Mit Verweisen auf die entsprechenden Paragrafen im Grundgesetz, mit Belegen aus dem Neuen Testament und mit Hinweisen auf moderne Moraltheorien.

Ein Argument ist also tragfähig, wenn es belegt werden kann durch Daten und Quellen oder, so ist zu ergänzen, durch repräsentative Beispiele sowie Verweise auf Theorien und Modelle, die in der Wissenschaft anerkannt sind.

Diese Belege genießen unterschiedlich hohe Anerkennung in der Wissenschaft. Daten und Fakten, die Ergebnisse empirischer Forschung besitzen in den meisten Disziplinen die höchste Autorität. In den Rechtswissenschaften können es Rechtsnormen oder Urteile sein. In der Mathematik oder Kunst andere disziplineigene Gütekriterien.

Im Alltag haben die *eigene Betroffenheit* oder *persönliche Erfahrungen* eine wichtige Begründungsfunktion. In der Wissenschaft haben diese Begründungen keinen argumentativen Status; sie sind allerdings ein wichtiger Impuls für wissenschaftliche Forschung.

Eine Prüfung der Belege für das Argument gegen Homophobie würde von der Frage geleitet: *„Stimmt das?"* Sind in den angegeben Quellen Aussagen zu finden, die homophoben Haltungen widersprechen. Nicht angesprochen ist damit die Frage: *„Soll das so sein?"*

Stimmt das? Soll das so sein? Diese Prüffragen verweisen darauf, dass sich Argumente auf unterschiedliche Aussagetypen beziehen.

Aussagetypen

Drei Typen von Aussagen[3] sind in meinen Augen zentral:

informative

- „Nelson Mandela starb am 5.12.2013."

---

3 Es gibt noch weitere Aussagetypen: Aussagen über Aussagen, *Metaaussagen*. Ein Beispiel: „Die Feststellung, Stress reduziere die Fähigkeit zur Problemlösung, ist nicht konkret genug."

- „Freihandel ist die Voraussetzung für wirtschaftliche Prosperität."
- „Lärm macht krank."

normative

- „Frauen sollten nicht diskriminiert werden."
- „Wir dürfen unseren Wohlstand nicht durch Ausbeutung in anderen Staaten erzielen."
- „Es ist moralisch verwerflich, Fleisch und Wurst zu essen."

technische

- „Tee senkt Fieber."
- „Durch Tempolimits kann die Zahl der Unfälle reduziert werden."
- „Die Arbeitszufriedenheit lässt sich durch mehr Mitsprache der Beschäftigten erhöhen."

Entsprechend unterschiedlich sind die Kriterien, um diese Aussagen zu überprüfen.

Gegenstand	**Beispiel**	**Kriterium**	**Prüffrage**	**Belege**
Realität	Dieselruß macht krank.	Wahr?	Stimmt das?	Daten, Fakten
Normen	Alle Kinder sollten die gleichen Bildungschancen haben.	Erwünscht?	Soll das so sein?	Verweis auf (anerkannte) übergreifende Normen und Werte
Mittel	*Pramipexol* hilft beim Restless-Legs-Syndrom.	Geeignet?	Welche (Neben-) Wirkungen hat das Mittel?	Ergebnisse der Anwendung

Typen von Aussagen und Kriterien ihrer Überprüfung

Rationales Argumentieren

Rationales Argumentieren heißt: Argumente beziehen sich auf Argumente. Das klingt trivial; im Alltag können wir vor allem in Diskussion feststellen, dass diese Anforderung nicht erfüllt wird. Zwei einfache Beispiele:

A: „Lärm macht krank." – B: „Lärm gehört zur modernen Gesellschaft."

A. „Scharfe Grenzkontrollen verringern die Gefahr terroristischer Anschläge." – B: „Ich bin für Reisefreiheit und gegen jede Form staatlicher Überwachung."

B nimmt in beiden Fällen keinen Bezug auf die Aussage von A. Erst wenn Konsens besteht, dass Lärm krank macht, ist es sinnvoll, darüber zu diskutieren, ob dies ein akzeptabler Preis für unsere Lebensweise ist. Im zweiten Beispiel wäre zunächst zu klären, ob das Mittel (Grenzkontrollen) taugt und das Ziel (Anschläge verhindern) geteilt wird.

Normative Aussagen enthalten auch – zu belegende – Tatsachenbehauptungen: Frauen werden diskriminiert, unser Wohlstand beruht auf Ausbeutung in anderen Ländern.

In den sogenannten angewandten Wissenschaften stehen überwiegend Mittelfragen im Vordergrund: „Wie kann ... erreicht werden?" Ausgeblendet wird oft die Frage, ob dieses Ziel erstrebenswert ist, welche Folgewirkungen es hat, wenn dieses Ziel erreicht wird. Brauchen wir zum Beispiel *mehr Wachstum*? Oder sind mit *mehr Wachstum* mehr Probleme als Lösungen verbunden?

Zudem kann die Verengung des Blickfelds auf die Frage nach Mitteln dazu führen, dass die Problemrelevanz verschoben wird. So geht es in vielen Bereichen um die Frage nach einem Weniger (an Individualverkehr, Konsum, Stress, Ressourcenverbrauch usw.) und nicht um die Frage, wie mehr Konsum oder Umsatz erreicht werden, wie der Patientendurchlauf oder die Arbeitsproduktivität erhöht werden kann. Und es geht vielfach um ein anderes Mehr: um *mehr Zeit* für Patientinnen, Schüler, die Altenpflege, usw. – Anders akzentuiert: Die Hochschule ist keine „gehobene" Berufsschule, in der es lediglich um Machbarkeitsfragen geht.

A

Argumentieren. Zehn Hinweise

1. Sie müssen sich umfassend sachkundig machen.
2. Halten Sie sowohl Ihren Standpunkt („Islamophobie ist ...“) als auch das Ziel Ihrer Argumentation fest („Ich will zeigen, dass ...)
3. Tragen Sie die Daten und Fakten zusammen, die Ihren Standpunkt stützen.
4. Ziehen Sie historische Beispiele heran, wenn das Thema es sinnvoll erscheinen lässt.
5. Verweisen Sie auf Veröffentlichungen, die Ihre Auffassung untermauern.
6. Lassen Sie kein Gegenargument unberücksichtigt.
7. Stellen Sie andere Auffassungen korrekt dar.
8. Bauen Sie Gegenargumente in Ihre Argumentation ein und entkräften Sie diese mit Daten und Fakten („Für die sogenannte Umweltprämie scheint zu sprechen, dass ...“)
9. Vermeiden Sie Übertreibungen, Pauschalierungen und Polemiken.
10. Verzichten Sie auf Appelle (vgl. S. 149).

⇨ *Fragen*, ⇨ *Referieren, kritisieren*, ⇨ *Thesen*

Literatur

Eine gelungene Einführung in schlüssiges Argumentieren ist bei Herrmann u.a. zu finden.
Franck informiert über weitere Aussagetypen, klassische Argumentationsfehler und Argumentationstricks in Diskussionen.
Habermas und Holzkamp sind erste Wahl, wenn man sich für die wissenschaftstheoretische Debatte über die Güte und Reichweite von Aussagen interessiert.

Norbert Franck: Argumentieren. Strukturiert argumentieren. Souverän auf Tricks reagieren. In: Ders.: So gelingt Kommunikation. Weinheim, Basel: Beltz 2017, S. 15-27

Jürgen Habermas: Erkenntnis und Interesse. In: Ders.: Technik und Wissenschaft als „Ideologie. Frankfurt/Main: Suhrkamp 1968, S. 146-167

A

Markus Herrmann u.a.: Schlüsselkompetenz Argumentation. 2. Aufl. Paderborn: Schöningh 2012 (= UTB 3428)

Klaus Holzkamp: Die Überwindung der wissenschaftlichen Beliebigkeit psychologischer Theorie durch die Kritische Psychologie. In: Ders.: Gesellschaftlichkeit des Individuums. Köln: Pahl-Rugenstein Verl.1978, S. 129-201

Begriffe bestimmen

Jede Wissenschaft hat ihre Fachbegriffe. Ein- und derselbe Begriff kann unterschiedliche Bedeutungen haben. *Morphologie* bedeutet in der Biologie und Medizin etwas anderes als in der Philosophie und in der Sprachwissenschaft. Und in der Psychologie fällt die Antwort auf die Frage, was unter *Texttheorie* zu verstehen sei, anders aus als in der Linguistik.

Begriffe unterscheiden sich nicht nur in verschiedenen Disziplinen, sondern – vor allem in den Sozial- und Geisteswissenschaften – auch innerhalb einer Disziplin. Beispiel *Lernen:* Vertreter des *Behaviorismus* verstehen unter Lernen etwas anderes als Vertreterinnen der *Kognitiven Psychologie*. Von deren Lernverständnis grenzen sich Repräsentanten der *Kritischen Psychologie* ab. Oder: Chancen*gerechtigkeit* bedeutet nicht *Chancengleichheit*. Über die Differenz beider Begriffe werden heftige politische Auseinandersetzungen geführt.

Kurz: In der Soziologie oder Pädagogik, in der Psychologie oder Germanistik müssen die zentralen Begriffe einer Arbeit geklärt und dürfen nicht als selbstverständlich gesetzt werden. Die Leserinnen und Lesern sollten nicht rätseln müssen: Was versteht der Verfasser unter *Erziehung*? Was schließt bei der Verfasserin der Begriff *Armut* ein?

Was meint *geklärt?* Sie können vorhandene Begriffe und Definitionen übernehmen. In einer Bachelor- oder Masterarbeit müssen die für die Arbeit zentralen Begriffe hergeleitet werden; sie sind zu bestimmen, und es ist zu *begründen*, warum man das eine oder das andere Verständnis für tragfähiger hält und daher dieses oder jenes Begriffsverständnis übernimmt. In Abschlussarbeiten kann es erforderlich sein, einen Begriff zu *modifizieren*, zu *erweitern* oder *einzugrenzen*. Soll in einer Dissertation ein Begriff *neu gefasst* werden, kann man mit Hilfsbegriffen beginnen und den Begriff Schritt für Schritt neu bestimmen.

„Begriffshuberei" ist keine Tugend, sondern ein Laster. Der Nachweis, dass man viele Begriffe kennt, ist nicht notwendig. Begriffsklärungen sollten so ausführlich wie nötig und so kurz wie möglich sein.

B

Wenn zum Beispiel in einer Staatsexamensarbeit über ästhetische Erziehung im Grundschalter auf zehn von insgesamt 70 Seiten Begriffsbestimmungen referiert werden, dann stimmen die Proportionen nicht.

Überflüssig sind Klagen über die Begriffsvielfalt, vor allem dann, wenn nach der Schilderung dieser Vielfalt angekündigt wird, dass „nur einige ausgewählte Traditionsstränge vorgestellt werden". Warum diese „Traditionsstränge" referiert werden, bleibt unklar:

> „Versucht man sich dem Begriff Ästhetik zu nähern, so sieht man sich schnell einer ungeheuren Fülle an Publikationen, Ausdeutungen, Definitionen und philosophischen Theorien gegenüber, welche den Ästhetikbegriff als solchen zum Gegenstand haben. In diesem Zusammenhang wird oft ein „Begriffswirrwarr" oder auch „Begriffsungeheuer" kritisiert. Allein bei der Recherche für diese Arbeit stieß ich schnell auf unterschiedlichste Variationen des Ästhetik-Begriffes, der zumeist nicht alleine stehend, mit einem Zusatz verknüpft wird, wobei ich von unterschiedlicher Schreibweise zunächst noch völlig absehe: Ästhetische Erfahrung, ästhetische Erziehung, ästhetische Praxis, ästhetisches Verhalten, ästhetische Bildung... Teilweise beschreiben und meinen diese theoretischen Konstrukte im Kern prinzipiell das gleiche, teilweise widersprechen sie sich jedoch völlig. Somit ist eine Eigenständige Betrachtung des Begriffes „Ästhetik" zunächst unumgänglich. Im Allgemeinen wird der Begriff umgangssprachlich häufig als Synonym für „schön", „harmonisch" oder „kultiviert" verwendet , wobei dadurch eine Anknüpfung an den Ästhetikbegriff des 19. Jahrhunderts vollzogen wird und neben, bis auf die Denker des antiken Griechenland (so bspw. HERAKLIT) zurückreichenden, Traditionswurzeln auch neuere Ausdeutungen des Begriffes häufig vernachlässigt werden.[15] Zeitgenössische Definitionen von Ästhetik finden sich mit sehr ähnlichem Wortlaut in nahezu jedem Lexikon bzw. jeder Enzyklopädie, so heißt es in Meyers' Lexikon: (...)[16]
> Um nicht zu weit vom Bezug zur Kunstpädagogik und vor allem dem Untersuchungsinteresse dieser Arbeit abzuweichen, werden nachfolgend nur einige ausgewählte Traditionsstränge vorgestellt, denn Ästhetik ist wie es aus der obigen Definition bereits hervorgeht nicht nur eine philosophische Disziplin, sondern gleichzeitig auch empirische Einzelwissenschaft und Teil der experimentellen Psychologie." (Alle Orthografie- und Kommafehler im Original)[4]

4 Die Sprach-Ästhetik dieser Arbeit ist, zurückhaltend formuliert, unzureichend. Überflüssig oder Sprachmurks sind: *schnell*, *Ausdeutungen* (gemeint sind wohl

Ein gelungenes Beispiel für die Einführung von Fachbegriffen übernehme ich von Schumacher (2017, 18f.):

„Diese Hausarbeit befasst sich mit seriellem Erzählen in Boccaccios ‚Decameron', insbesondere mit der Funktion der Listen, welche die hundert Novellen immer wieder inszenieren. Der für meine Untersuchung zentrale Begriff des seriellen Erzählens ist erklärungsbedürftig, denn er wird auch, wenn nicht sogar bevorzugt, auf Formen populärer Unterhaltungskultur bezogen, z.B. die Vorabendserien im Fernsehen. Was aber bedeutet dieser Terminus im Kontext der mittelalterlichen und frühneuzeitlichen Literatur, die gänzlich anderen Produktions- und Rezeptionsbedingungen unterliegt?"
(Begründung, warum eine Begriffsbestimmung notwendig ist.)

„Nach Udo Friedrich lässt sich serielles Erzählen oder, um einen deutschen Ausdruck zu benutzen, Wiedererzählen für diese Epoche wie folgt charakterisieren: ‚Wiedererzählen bildet den Maßstab für eine Erzählhaltung, die einen vorgegebenen Stoff als Herausforderung für rhetorische *variatio* und Überbietung auffasst. Identität der *materia* und Differenz der Formgebung kommen hier im gleichen Akt des Erzählens zum Ausdruck.'[1] Es ist also nicht Aufgabe des Autors, neue Plots zu erfinden, sondern überlieferte Erzählungen aufzugreifen. Dabei wird ‚Wiederholung [...] zum zentralen Instrument einer Kombinations- und Variationskunst, die von stereotypen Situationen über topische Muster bis hin zu analogen Erzähldispositionen reicht.'[2]"
(Begriffsbestimmung.)

„Im Folgenden möchte ich zunächst am Beispiel des Motivs der List zeigen, welche Verfahren der Wiederholung, Kombination und Variation im ‚Decameron' angewendet werden."
(Bezug zur eigenen Arbeit.)

Hat man sich für eine bestimmte Begriffsfassung entschieden, ist der Begriff in einer Arbeit durchgängig in dieser Bedeutung zu gebrauchen. Für tragende Begriffe sollten, um Missverständnisse zu vermeiden, keine Synonyme verwendet werden.
⇨ *Wissenschaftliche Standards*

Interpretationen), *allein*, *unterschiedlichste* (*unterschiedliche* genügt), *Variationen* (gemeint sind *Varianten*), *widersprechen sich* völlig (Auffassungen widersprechen *einander* und *völlig* ist überflüssig). Mein Favorit: die *Traditionswurzeln*.

Belegen

> „Es ist schwer zu sagen, ob man ausgiebig oder sparsam zitieren soll. Das hängt von der Arbeit ab. Die kritische Auseinandersetzung mit einem Schriftsteller verlangt natürlich, dass umfangreiche Stellen aus seinem Werk wiedergegeben und analysiert werden. Manchmal kann das Zitat ein Zeichen für Faulheit sein, weil der Kandidat nämlich bestimmte Angaben nicht zusammenfassen kann oder will und das lieber einen anderen machen läßt.“ (Eco 2000, 196)

Ein Zitat. Sinn, Zweck und Handwerk des Zitierens werden an anderer Stelle erläutert (und auch: warum das Eco-Zitat optisch abgesetzt ist) ⇨ *Zitat, zitieren.*

„Eco 2000, 196“ ist ein *Kurzbeleg* im Text. Der Kurzbeleg wird im ⇨ *Literaturverzeichnis* durch eine vollständige ⇨ *Quellenangabe* ergänzt.

Harvard-Zitation

Das angloamerikanische Kurzbelegverfahren, auch „Harvard-System“ genannt, hat sich in den Natur- und Sozialwissenschaften weitgehend durchgesetzt. Für dieses Verfahren spricht: Der Lesefluss wird nicht unterbrochen. Und man erspart sich viele Fußnoten und Schreibarbeit. Das ist vor allem dann ein großer Vorzug, wenn man einen kurzen Überblick über den Stand bzw. die Entwicklung der Forschung oder einer Diskussion geben will. Ein Beispiel:

> „In der Anglistik und Amerikanistik gibt es seit den siebziger Jahren eine andauernde Beschäftigung und Auseinandersetzung vor allem mit Autoren aus der Frühzeit der britischen Cultural Studies und des CCCS (Flunck 1979, Klaus 1979, 1983, 1994). Daneben gibt es vorwiegend in der englischen und amerikanischen Landeskunde Versuche der Umsetzung oder Anwendung der Cultural Studies zur Medienanalyse (Nierlich 1978). Diese Arbeiten werden ergänzt von Arbeiten zur marxistischen Tradition der Cultural Studies in England (Mahnkopf 1985, 1993; Lange 1984), die auch von der Anglistik in der DDR verfolgt wurden (Siegmund-Schultze 1970, 1974). Aktuelles Interesse findet derzeit vor allem die Postkolonialismusdebatte (vgl. Bronfen et al. 1997 und Mayer/Terkessidis 1998).“ (Bromley, Göttlich, Winter 1999, S. 33)

Die Alternative ist mit fünf Fußnoten, zwölf Quellenangaben und einer ständigen Unterbrechung des Leseflusses verbunden:

> In der Anglistik und Amerikanistik gibt es seit den 70er Jahren eine andauernde Beschäftigung und Auseinandersetzung vor allem mit Autoren aus der Frühzeit der britischen Cultural Studies und des CCCS.[1] Daneben gibt es vorwiegend in der englischen und amerikanischen Landeskunde Versuche der Umsetzung oder Anwendung der Cultural Studies zur Medienanalyse.[2] Diese Arbeiten werden ergänzt von Arbeiten zur marxistischen Tradition der Cultural Studies in England,[3] die auch von der Anglistik in der DDR verfolgt wurden.[4] Aktuelles Interesse findet derzeit vor allem die Postkolonialismusdebatte.[5]

Entscheidet man sich für Kurzbelege im Text, wird im Literaturverzeichnis die Jahreszahl hinter den Namen der Autorin oder des Autors gestellt:

> Bromley Roger, Göttlich, Udo; Winter Carsten (Hrsg.) 1999: Cultural Studies. Grundlagentexte zur Einführung. Lüneburg: zu Klampen

Es ist Geschmackssache, ob man
- im Literaturverzeichnis die Jahreszahl in Klammern setzt,
- im Kurzbeleg vor die Seitenzahl „S." schreibt (Berne 2007, S. 24) oder nicht (Berne 2007, 24) bzw. sich für einen Doppelpunkt entscheidet (Berne 2007: 24).

Werden mehrere Beiträge eines Autors zitiert, die im selben Jahr erschienen sind, ergänzt man die Jahreszahl um einen Buchstaben (Schneider 2015, 2017a, 2017b, 2018), der auch in die Quellenangabe im Literaturverzeichnis aufgenommen wird.

Kurzbeleg und ...
... *wörtliches Zitat:* Bei wörtlichen Zitaten folgt der Kurzbeleg unmittelbar nach dem Abführungszeichen:

> „Von Ambiguitäts-Toleranz spricht man, wenn jemand es innerlich aushalten kann, dass eine Entscheidung oder ein Dafürhalten auch negative Seiten oder Nachteile hat, ohne diese verleugnen oder verdrängen zu müssen." (Schulz von Thun 2012, 14)

... *indirektes Zitat*: Bei indirekten Zitaten sind zwei Varianten üblich:

B

Jarras weist darauf hin, dass die Arbeitnehmerinnen und Arbeitnehmer in Deutschland im ersten Jahrzehnt des 21. Jahrhunderts nicht vom Wachstum des Volkseinkommens profitierten (2010, 157).
Jarras (2010) weist darauf hin, dass die Arbeitnehmerinnen und Arbeitnehmer in Deutschland im ersten Jahrzehnt des 21. Jahrhunderts nicht vom Wachstum des Volkseinkommens profitierten (S. 157).

... *Verweis auf die gesamte Veröffentlichung:* Wird nicht eine bestimmte Passage einer Veröffentlichung zitiert, sondern auf die gesamte Veröffentlichung verwiesen, steht die Jahresangabe direkt hinter dem Autor, der Autorin:

Tillner (1994) eröffnete mit ihrem Sammelband die Auseinandersetzung über die vernachlässigte Frage nach dem Verhältnis von Frauen und Rechtsextremismus.

Wenig Sinn machen – und deshalb setzt sich der Kurzbeleg nicht in allen Fächern durch – folgende Angaben: Kant (1974), Nietzsche (1980), Marx (1983). Sind in einer Arbeit ältere Veröffentlichungen die Ausnahme, kann man diesen Ausnahmen mit zwei Jahresangaben gerecht werden. Im Text weist man Marx mit 1857 aus (dem Jahr, in dem die zitierte Arbeit geschrieben wurde). Im Literaturverzeichnis wird das Jahr ergänzt, in der die Ausgabe erschienen ist, aus der zitiert wurde:

Marx, Karl [1857]: Thesen über Feuerbach. In: Marx-Engels-Werke Bd. 3. Berlin/DDR: Dietz 1973, S. 5-7

Deutsche Zitierweise

Eine Alternative zum Harvard-System sind *Kurztitel* in Fußnoten. Sie haben den Vorzug, dass die Leserinnen und Leser – ohne blättern zu müssen – eine erste Vorstellung bekommen, um welche Veröffentlichung es sich handelt.

„Daneben gibt es vorwiegend in der englischen und amerikanischen Landeskunde Versuche der Umsetzung oder Anwendung der Cultural Studies zur Medienanalyse“.[1]

1 Vgl. E. Nierlich (Hrsg.): Fremdsprachliche Literaturwissenschaft und Massenmedien 1978.

Im Literaturverzeichnis steht die vollständige Quellenangabe:

> Nierlich, Edmund (Hrsg.): Fremdsprachliche Literaturwissenschaft und Massenmedien. Analyse von Medientexten aus Presse, Film und Fernsehen Englands und Nordamerikas. Meisenheim am Glan 1978.

Ich habe einleitend Umberto Eco zitiert. Das Buch hat den Titel „Wie man eine wissenschaftliche Abschlußarbeit schreibt". Eine Kurztitel-Angabe in der Fußnote könnte so aussehen: U. Eco: Wissenschaftliche Abschlußarbeit. 2000, S. 196.

Der Vorzug des Kurztitel-Belegs geht verloren, wenn Kurztitel nicht in einer Fußnote auf derselben Seite angeführt werden, sondern in einem Anmerkungsapparat am Ende der Arbeit. Das mutet den Leserinnen und Lesern ein mühseliges Hin- und Herblättern zu.

Beim *Vollbeleg* in der Fußnote wird jede Quelle bei *erstmaliger* Erwähnung vollständig in einer Fußnote ausgewiesen. Dieses Belegverfahren

- macht – wenn ohnehin ein Literaturverzeichnis verlangt wird – unnötige Arbeit;
- ist für die Lesenden eine Zumutung, wenn sie nach 20 oder mehr Seiten auf Abkürzungen wie „Haug a.a.O., S. 27" stoßen und suchen müssen, wofür „a.a.O." steht.

Wird auf ein Literaturverzeichnis verzichtet (was bei Haus- und Abschlussarbeiten meist nicht gestattet ist), entgeht Leserinnen und Lesern zudem die Möglichkeit, sich rasch einen Überblick über die herangezogene Literatur zu verschaffen.

Bericht

Wer zum Studieren Seminarräume oder Hörsäle verlässt, hat etwas zu berichten. Zum Beispiel über eine Hospitation oder Beobachtung, ein Praktikum oder einen Feldversuch.

In Berichten wird festgehalten, was getan oder beobachtet und welches Ergebnis erzielt wurde. Berichte sollen umfassend darüber informieren, wie ein bestimmtes Ergebnis oder Ereignis zustande kam, wie ein Prozess verlief. *Umfassend* heißt: *Alle relevanten*

- Handlungen und Prozesse werden exakt beschrieben,
- Handlungsbedingungen werden sorgfältig aufgeführt.

Wie strukturiert und formuliert man einen Bericht?

Gliederung

Für einen Bericht braucht man angemessene Gliederungskriterien, um die Relevanz von Informationen bestimmen und alle Daten und Fakten strukturieren zu können.

Nach welchen Kriterien ein Bericht sinnvoll gegliedert werden kann, hängt davon ab, worüber berichtet werden soll. Es gibt daher kein für alle Anlässe passendes Raster – aber nützliche Anhaltspunkte. Im Mittelpunkt eines Berichts stehen Antworten auf vier Fragen:

1. Welche *Bedingungen* wurden vorgefunden?
2. Was wurde *getan*?
3. Welche *Ergebnisse* wurden erzielt?
4. Wie sind die Maßnahmen und Ergebnisse zu *bewerten*?

Diese Informationen können ergänzt werden um eine Dokumentation und eine Chronologie der wichtigsten Handlungen.

1. *Situationsanalyse*: Was ist bzw. war? Was entwickelte sich wie?
In der Situationsanalyse werden die internen und externen Bedingungen eines Projekts oder einer Institution bilanziert. Das können zum Beispiel sein:

Intern

- Personen: Zahl der Kinder, der Beschäftigten, der Teilnehmerinnen und Teilnehmer, der Gefangenen mit Freigang; die Personalstruktur eines Unternehmens, einer Schule usw.
- Entscheidungsstrukturen: hierarchische oder flache Strukturen, transparente oder unklare Entscheidungsmechanismen usw.
- Ausstattung: Räume, Arbeitsmittel, Medien, Grünflächen usw.
- Finanzen: Mittel für Personal, für Medien, Veranstaltungen, Werbung usw.
- Konflikte: innerhalb der Belegschaft, zwischen Schülerinnen und Schülern, zwischen Lernenden und Lehrenden, zwischen russischen und türkischen Jugendlichen usw.

Extern

- Umgebung: Lage des Freizeitheims, Sozial- und Infrastruktur des Einzugsgebiets usw.
- Wettbewerb: zwischen Bildungsträgern, Jugendgruppen, von Dienstleistern um Kundinnen und Kunden, von Vereinen um Spenden usw.
- Konflikte in den Außenbeziehungen: mit der Stadtverwaltung, mit Anwohnerinnen und Anwohnern.

2. Was wurde getan? Welche Mittel oder Medien wurden eingesetzt? Wie sah die Vor- und wie die Nachbereitung aus? Wie wurden die Teilnehmer, die Schülerinnen, die Patienten einbezogen?

3. *Ergebnisse*: Was wurde erreicht? Was hat sich (nicht) verbessert bzw. verändert?

4. *Bewertung*: Warum verlief dieser Prozess so? Was müsste verändert werden, damit er anders verläuft? Welche Bedingungen und Maßnahmen waren entscheidend, um dieses Ergebnis zu erreichen? Woran lag es, dass die gewünschten Resultate nicht erzielt wurden? Was ist noch zu tun?

Diese vier Punkte können um eine Dokumentation und eine Chronologie ergänzt werden. Dokumentation und Chronologie haben vor allem eine Funktion: Sie sollen den Hauptteil des Berichts von vielen Daten, Zahlen und Schilderungen von Abläufen entlasten.

5. *Dokumentation*: In eine Dokumentation werden aufgenommen: (Beobachtungs-)Protokolle, Interviews, Fotos, Tabellen, Statistiken, Bilanzen.

   Videoaufnahmen, Arbeitsproben usw. können als *Anlagen* einen Bericht ergänzen.

6. *Chronologie*: Was wurde in welcher Reihenfolge gemacht? Die Übersicht über die Abfolge von Treffen, Besprechungen, Reisen usw. kann tabellarisch dargestellt werden.

Diese sechs Gliederungspunkte sind nützlich – nicht verbindlich. Zum Beispiel muss nicht jeder Bericht alle Punkte enthalten. Verbindlich sind folgende Grundinformationen, die am Anfang eines Berichts stehen:

Art des Berichts:
Praktikum, Hospitation, Beobachtung, Ausstellung, Reise usw.

Thema, Gegenstand des Berichts:
- Gesundheitserziehung im Kindergarten
- Lehrverhalten von Dozentinnen und Dozenten an Volkshochschulen
- Ausstellung über die Gymnasien in ABC in der Weimarer Republik

Ort und Berichtszeitraum:
- *Evangelischer Kindergarten ..., Altersstufe ...*
- *vom 1.4.2019 bis 30.5.2019*

Name der Verfasserin und Name des Betreuers des Berichts.

Stil

Berichten heißt nicht dichten. Berichte müssen verständlich und präzise statt blumig sein. Sie sollten so umfassend wie nötig und

B

so kurz wie möglich sachlich informieren. „Fakten, Fakten, Fakten" ist ein nützliches Motto für Berichte. Zwei Beispiele: kurze Auszüge aus dem Tätigkeitsbericht einer Frauenbeauftragten und aus einem Bericht über ein Streikseminar.

> „Das Frauenbüro organisiert seit 2008 (Weiter-)Bildungsangebote. Für *Studentinnen* wird in jedem Semester ein Rhetorik-Kurs angeboten. Die Nachfrage ist kontinuierlich groß. Stets liegen wenige Tage nach der Ankündigung 40-50 Anmeldungen vor."

> „412 Besucherinnen und Besucher nahmen während der fünf Streiktage an unserer Seminarreihe „Lernen im Alter" in einem Zelt auf dem Wittenbergplatz teil. Davon haben 321 unsere Protestresolution an den Senat unterschrieben.
>
> Die Didaktik der Veranstaltungen und die Betreuung der Interessierten waren unzureichend: Mit einer Ausnahme wurden alle Seminareinheiten durch Vorträge bestritten."

In beiden Textausschnitten wird präzise informiert. Sie enthalten kein überflüssiges Wort. Es waren *412* und nicht *viele* Besucher. Für Studentinnen wird in *jedem Semester* und nicht *regelmäßig* ein Rhetorik-Kurs angeboten. *40 bis 50* Interessierte melden sich an – nicht *zahlreiche*.

Präzision ist gerade dann wichtig, wenn es um Gefühle geht – zum Beispiel den Liebeskummer eines Grundschülers oder das Leiden von Schwerkranken. *Präzise* heißt: Diese Gefühlsäußerungen so exakt wie möglich zu *beschreiben*.

Eigene Gefühle, zum Beispiel das Entsetzen über die beobachtete Gewalt in Strafanstalten oder der Wechsel zwischen Zuneigung und Distanz gegenüber den Bewohnern eines Altenheims, sollte man sehr ernst nehmen. In einen Bericht gehören sie nur dann, wenn Teil des Berichts eine Darstellung (und Analyse) der Reaktionen der Beobachterinnen oder aller Handelnden sein soll. Auch dann gilt: präzise beschreiben. Ein wenig überspitzt formuliert: Man braucht einen kühlen Kopf, um in einem Bericht *nachvollziehbar* über den eigenen Nervenzusammenbruch schreiben zu können.

B

Literatur

Wer über ein Unterrichtspraktikum berichten muss, findet auf *lehrerbibliothek.de* zahlreiche Literaturempfehlungen. Franck informiert über Berichte im Berufsalltag.

Norbert Franck: Schreiben wie ein Profi. 5. Aufl. Frankfurt/Main: Bund-Verl. 2011
www.lehrerbibliothek.de

Clustern: Themen visualisieren

Bei der ⇨ Themenwahl und der Analyse eines Themas (vgl. S. 156f.) kann Visualisieren sehr hilfreich sein. In der Literatur wird viel Aufhebens um *Mindmapping, Clustering, HyperWriting* usw. gemacht – und zum Teil das Blaue vom Himmel versprochen. Dabei geht es um einen schlichten, aber nützlichen Gedanken: Statt linear ⇨ *Fragen* zu formulieren, werden Stichworte (Schlüsselbegriffe) notiert, die man mit einem Thema assoziiert. Alle Assoziationen sind zulässig, Bewertungen und eine Auswahl finden erst dann statt, wenn das Ideen-Repertoire erschöpft ist.

Visualisierendes Brainstorming ist mit zwei Erwartungen verbunden: 1. Man blockiert sich bei der Themenreflexion nicht mit Formulierungsschwierigkeiten. 2. Die Bildform regt Gedanken an.

Ein Beispiel (Abb.1): ein Cluster über „Gewalt in der Schule“ (vgl. die Fragen zu diesem Thema auf S. 74).

Ein Brainstorming über die Vorbereitung und das Halten eines Referats mit Hilfe eines Mindmaps kann zu folgender Gedankenlandkarte (Abb.2) führen, auf der das Themenfeld bereits strukturiert ist.

Links

FreeMind ist ein kostenfreies Programm zur Gestaltung von Mindmaps: freemind.sourceforge.net/wiki/index.php/Main_Page

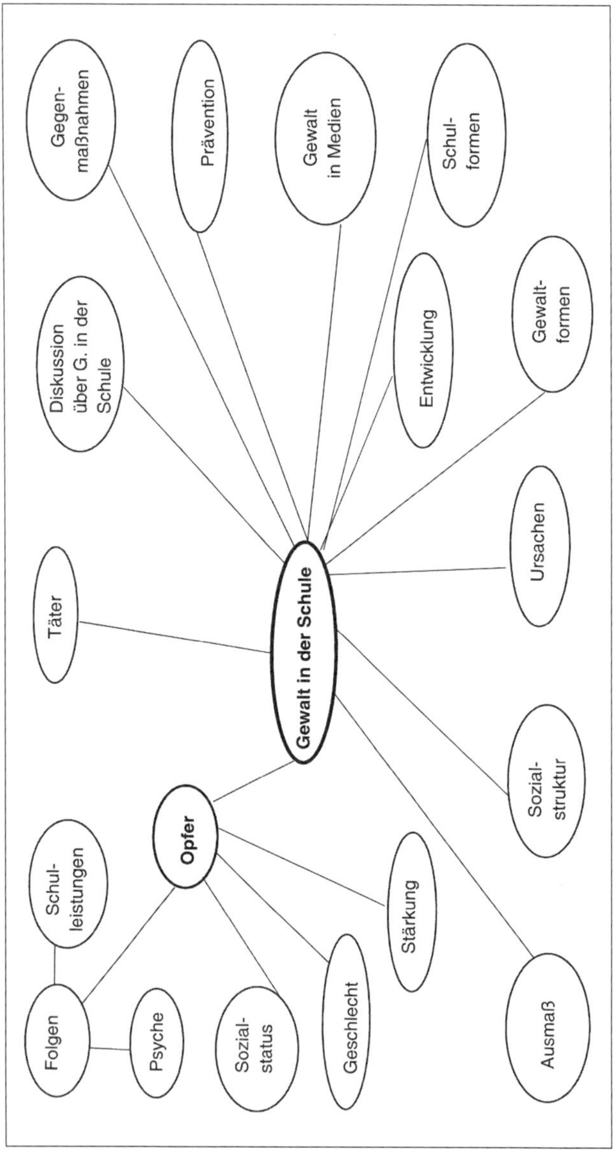

Abbildung 1: Cluster zum Thema „Gewalt in der Schule"

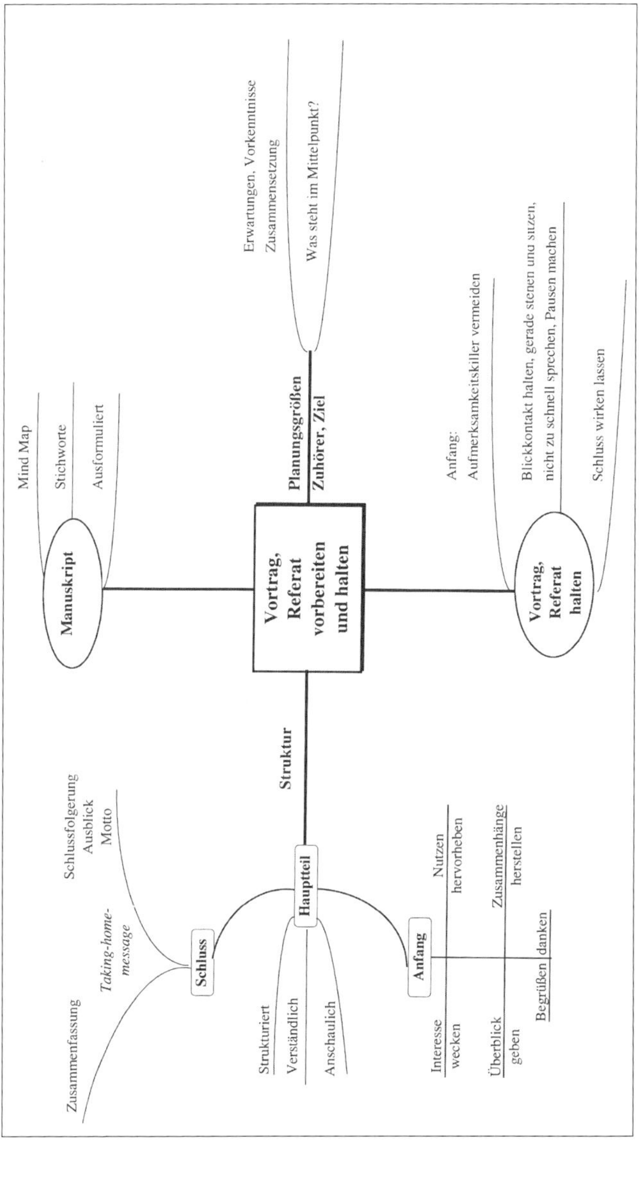

Abbildung 2: Mindmap „Referat, Vortrag vorbereiten und halten“

C

Dissertation

Wenn Sie mit dem Schreiben einmal nicht recht vorankommen und eine Aufmunterung brauchen, geben Sie auf der Seite von *Amazon* „Dissertation" ein – es gibt viel zu lachen, vor allem über Angebote aus Großbritannien und den USA: Eulen, Badeenten mit Doktorhut, T-Shirts und Bücher, deren Titel versprechen, man könne in 200 Tagen zu einer Dissertation kommen; wer Dr. med. werden will, kann es sogar, verspricht ein Herr Wolf, in 30 Tagen schaffen. Das kann man noch überbieten: „Writing Your Dissertation in Fifteen Minutes a Day".

Seriöse Handreichungen sind in den Fächern Jura, Architektur und Psychologie zu finden.

Anforderungen

In welchem Fach auch immer Sie promovieren: Schauen Sie in die Promotionsordnung Ihres Fachbereichs. Im § 2 der Promotionsordnung der Kultur-, Sozial- und Bildungswissenschaftlichen Fakultät der Humboldt Universität Berlin heißt es:

> „Durch die Promotion wird über den Hochschulabschluss hinaus eine besondere wissenschaftliche Qualifikation anerkannt. Die Verleihung des Doktorgrades setzt den Nachweis der Befähigung zu vertiefter selbstständiger wissenschaftlicher Arbeit und eigene Forschungsleistungen an einer spezifischen Fragestellung voraus."

Ähnlich lautet der § 2 der Promotionsordnung der Mathematisch-Naturwissenschaftlichen Fakultät: „Durch die Promotion wird über den Hochschulabschluss hinaus die Befähigung zu vertiefter selbstständiger wissenschaftlicher Arbeit durch eigene Forschungsleistungen nachgewiesen."

Um entscheiden zu können, ob man eine „*eigene* Forschungsleistung" erbringt, sind die vorliegenden Forschungsergebnisse umfassend zu berücksichtigen.[5] *Berücksichtigen* heißt nicht: sie

5 Hier finden Sie eine Hilfe für das Vorhaben, sich einen Überblick über den Forschungsstand zu verschaffen: https://coachingzonen-wissenschaft.de/wp-content/uploads/2015/06/Tool-Kriterienkatalog.pdf (23.11.2018)

lang und breit darstellen, sondern sie zu kennen, um in der Auseinandersetzung mit dem aktuellen Diskussionsstand (Was ist bekannt?) eine eigene Fragestellung (Was ist noch unbekannt?) schlüssig ableiten zu können.

Zudem sind die folgenden Anforderungen zu erfüllen:

1. Die Fragestellung und das Ziel der Arbeit sind klar formuliert.[6]
2. Der Gegenstand der Arbeit ist hinreichend bestimmt: Was ist „Urban Street Art", was ein „Schwellenland" und was „postkolonialistisch"?
3. Der methodische Ansatz ist gegenstandsangemessen und ausreichend erläutert.
4. Das Vorhaben ist in das Fachgebiet eingeordnet. Soll zum Beispiel in einer erziehungswissenschaftlichen Arbeit ein Beitrag zur Bildungstheorie geleistet werden? Oder ist Erwachsenenbildung, Freizeitpädagogik, Bildungsgeschichte der Referenzrahmen der Arbeit?

Themenwahl

In meinen Schreibwerkstätten für Promovierende mache ich Semester für Semester die Erfahrung, dass viele Teilnehmerinnen und Teilnehmer drei Arbeiten in einer Dissertation schreiben wollen. Sie nehmen sich zu viel vor, formulieren ihr Thema nicht so, dass erkennbar wird: Das Projekt ist in einer angemessenen Zeit zu bewältigen.

Noch einmal die bereits zitierte Promotionsordnung: Verlangt werden „eigene Forschungsleistungen an einer *spezifischen* Fragestellung". Vermeiden sollte man die Jahrhundert-Themen der Wissenschaft. Zum Beispiel: Die Frage nach der *Wahrheit*, dem Grund des *Seins*, den Wurzeln des *Bösen* (oder Guten), dem *Ursprung* des ... Über solche Themen schreibt man erst dann eine wissenschaftliche Arbeit, wenn man dafür einige Jahre Zeit hat und finanziell abgesichert ist.

„Die Geschichte der SPD" wäre ebenso ein Hochstaplerthema wie „Der Maler Picasso" oder „Die Moderne". Die „Geschichte der

6 Hier finden Sie eine Hilfe zur Entwicklung einer Fragestellung https://coaching-zonen-wissenschaft.de/wp-content/uploads/2015/06/Tool-Entwicklung-Fragestellung.pdf (23.11.2018)

Bremer SPD" ist ein hinreichend anspruchsvolles Dissertationsthema.[7] Das aus diesem Thema nicht lediglich eine Fleißarbeit wird, sondern eine eigenständige Forschungsleistung, ist eine *spezifische* Fragestellung erforderlich: Was soll warum und wozu untersucht werden?

Dissertation. Zehn Verweise

1. Abstract Seite 18
2. Anmerkungen Seite 25
3. Begriffsbildung Seite 35
4. Exposé Seite 67
5. Fragestellung Seite 79
6. Geleitwort Seite 194
7. Literaturüberblick Seite 107
8. Schluss Seite 148
9. Theoriebezug Seite 63
10. Titel Seite 185

Fehler vermeiden

Der Kardinalfehler bei einer Dissertation? Die eigene Leistung nicht hinreichend herauszustreichen. Das Ende der Einleitung und das abschließende Kapitel sind die Orte, um auf das Neue, Originelle ausdrücklich hinzuweisen, den Ertrag der Arbeit hervorzuheben, zu betonen, in welcher Hinsicht die Dissertation die Disziplin voranbringt.

Gravierend ist folgender Fehler: Es wird nicht die richtige Methode gewählt, um die Fragestellung zu beantworten, die Hypothese zu überprüfen. Wer zum Beispiel nach Alternativen zum Frontalunterricht sucht, kann mit einer Befragung von Expertinnen oder Schülern wichtige Anregungen für eine Präzisierung der Fragestellung und des Forschungsdesigns erhalten. Aber nicht mehr. Soll

7 Noch 2010 konnte man über die Geschichte der Grünen promovieren (vgl. Volmer). Heute würde man sich mit diesem Thema überheben und müsste deshalb eine „spezifische Fragestellung" entwickeln.

die Arbeit mehr als ein anregendes Essay sein, müssen die Alternativen *erprobt* und mit zuverlässigen Kriterien *evaluiert* werden. (Eventuell würde auch eine umfassende Auswertung repräsentativer empirischer Untersuchungen über Alternativen zum Frontalunterricht aus einem halben Dutzend Staaten als Dissertationsvorhaben angenommen.)

Schließlich: Die herangezogene Literatur sollte auf dem neusten Stand sein; alle relevanten Veröffentlichungen zum Thema der Arbeit müssen zur Kenntnis genommen werden; auch unveröffentlichte, soweit sie zugänglich sind.

D

Literatur

Ich verweise, abweichend vom Charakter der Literaturempfehlungen in den anderen Kapiteln, auf drei gelungene Beispiele: Eine politikwissenschaftliche Arbeit von Silke Mende, 2011 mit dem Leopold Lucas-Nachwuchswissenschaftler-Preis ausgezeichnet, auf eine Dissertation, die am Fachbereich Literatur- und Sprachwissenschaften der Universität Duisburg-Essen geschrieben wurde, und auf eine naturwissenschaftliche Dissertation.

Jonas Jägermeyr: Assessing opportunities to increase global food production within the safe operating space for human freshwater use. Berlin: Humboldt-Universität zu Berlin, Mathematisch-Naturwissenschaftliche Fakultät, Diss. 2017. https://edoc.hu-berlin.de/handle/18452/18454 (12.10.2018)

Silke Mende: Nicht rechts, nichts links, sondern vorn. Eine Geschichte der Gründungsgrünen. München: Oldenbourg Wissenschaftsverlag 2011

Ulrike Pospiech: Schreibend schreiben lernen. Über die Schreibhandlung zum Text als Sprachwerk. Zur Begründung und Umsetzung eines feedbackorientierten Lehrgangs zur Einführung in das wissenschaftliche Schreiben. Frankfurt/Main u.a.: Peter Lang 2005. Online als ELiSe Beiheft 1/2004: www.uni-due.de/imperia/md/content/elise/beiheft_01_2004.pdf (12.12.2018)

Einleitung

Die Einleitung einer Haus-, Master- oder einer anderen schriftlichen Arbeit soll zum Lesen einladen. Viele Einleitungen schrecken ab. Zum Beispiel die „Hausarbeit über eine der Hauptpersonen in Goethes Wahlverwandtschaften“:

E

> „Meiner Arbeit liegt der Roman ‚Die Wahlverwandtschaften‘ von Johann Wolfgang von Goethe zugrunde. Der Titel dieses Romans besagt, dass beim Zusammentreten von zwei verschiedenen Verbindungen sich diese wieder auflösen und nach Wahlverwandtschaft zu neuen Verbindungen vereinigen können. Bei Goethe wird dieser aus der Chemie stammende Begriff Verbindung auf den zwischenmenschlichen Bereich übertragen, so dass es im Laufe dieses Romans zu neuen Verbindungen zwischen zwei Paaren kommt.
> Ich habe mich eingehend mit einer der Hauptfiguren, Ottilie, dem interessantesten Teil einer dieser Verbindungen beschäftigt. Sie ist die einzige Person in Goethes Wahlverwandtschaften, die sich bedeutend verändert und somit nicht nur interessant, sondern für den weiteren Verlauf der Handlung auch wichtig erscheint, denn ohne sie hätte es wohl keine neue Paarbildung gegeben.
> Im Vordergrund steht jedoch die persönliche Entwicklung Ottilies. Diese möchte ich im Folgenden näher erläutern und an einigen Beispielen festmachen.
> Es soll aufgezeigt werden, welche Faktoren sie in ihrer Entwicklung beeinflussen und wie sich ihre Wandlung vollzieht. Nicht nur Eduard, der Baron, mit dem sie ihre Liaison eingeht, durch welche sie sich schließlich schuldig macht, sondern auch der Dämon, der Teil ihrer selbst ist, lenken Ottilie in eine andere Bahn. Das Zusammentreten der vier Hauptfiguren zu neuen Verbindungen spielt in meiner Ausführung eine untergeordnete Rolle. Es kommt nur so weit zum Tragen, wie es für die Entwicklung Ottilies von Bedeutung ist.
> Obwohl sie sich mit der Zeit mehr und mehr nach außen kehrt und eine persönliche Entfaltung ansatzweise erkennbar ist, kommt es zur erneuten Abschottung von der Außenwelt bis hin zur Todessehnsucht.
> Nicht mehr befassen werde ich mich mit Ottilies Verbindungen zur übermenschlichen Sphäre, da dies Thema einer Kommilitonin ist. Trotzdem habe ich mich entschieden, den Einfluss des Dämonischen in kurzer Form einzubinden, da es meiner Meinung nach für ihren Ent-

wicklungsverlauf von zu großer Bedeutung ist und sonst möglicherweise Verständnislücken auftreten könnten."

Diese Einleitung schreckt aus zwei Gründen ab:
1. Die Leserinnen und Leser erhalten vage Hinweise, dass es in der Arbeit um die Entwicklung von Ottilie geht. Unklar bleibt, was an ihrer Entwicklung interessant sein und warum es sich lohnen könnte, die Arbeit zu lesen. Der Hinweis darauf, was der Romantitel „besagt", erklärt nichts, sondern verwirrt. Nützlicher wären ein paar Zeilen über die Bedeutung und den Inhalt der *Wahlverwandtschaften*.
2. Die Einleitung ist unbeholfen formuliert (mehr dazu auf Seite 56f.).

E

Funktion einer Einleitung

Eine Einleitung, die nicht einleitet, erfüllt ihre Funktion nicht. Was soll eine Einleitung leisten? Der folgende Dialog zwischen einem Leser und einer Autorin vermittelt eine erste Vorstellung vom Ziel und dem Inhalt einer Einleitung:

L: Warum sollte ich Ihre Arbeit lesen?
A: Weil in ihr ein interessantes / wichtiges Thema / Problem behandelt wird.
L: Was habe ich davon, wenn ich Ihre Arbeit lese?
A: Sie bekommen Antworten auf folgende Fragen: ...
L: Warum wird nicht das gesamte Problem behandelt?
A: Weniger ist aus folgenden Gründen mehr: ...
L: Muss ich alles lesen?
A: Unbedingt. Die Argumente bauen aufeinander auf.
L: Und warum soll ich mich mit Theorien beschäftigen, wenn ich etwas über das Problem XY erfahren möchte?
A: Sie sollten wissen, warum ich wie vorgehe, um sich ein fundiertes Urteil bilden zu können. Und keine Angst: Meine Ausführungen zur Theorie folgen der Maxime: so viel wie nötig und so kurz wie möglich.

Eine gelungene Einleitung erfüllt folgende Funktionen:

Das *Problem darstellen*, das behandelt wird:

- Worum geht es?
- Was macht die Sache relevant, interessant, fragwürdig?

Den *Gegenstand präzisieren,* ihn ein- bzw. abgrenzen:
- Worum geht es genau?
- Warum werden gerade diese Gesichtspunkte behandelt?
- Auf welche Aspekte wird nicht (näher) eingegangen?

Den *Ertrag skizzieren:*
Welches Ziel wird mit welchem Ergebnis verfolgt?

Die *Voraussetzungen erläutern,* unter denen das Thema behandelt wird:
- Welcher methodische Zugang wurde gewählt?
- Welche Literatur, welche Daten usw. wurden herangezogen?

Den *Aufbau* der Arbeit *begründen:*
In welcher Reihenfolge wird warum vorgegangen?

Ob alle und wie ausführlich diese Aspekte in einer Einleitung angesprochen werden müssen, hängt vom Gegenstand und Umfang der Arbeit ab. In einer Hausarbeit von zehn bis 20 Seiten ist es nicht notwendig, Aufbau und Abfolge der Arbeit zu begründen. Doch drei oder vier Sätze schaden nicht und sind eine gute Übung. In jedem Falle gilt: Eine Einleitung soll zum Hauptteil hinführen, ihn aber nicht vorwegnehmen.

Einleitung: Anmerkungen zum Stil

Die Einleitung der Hausarbeit über Ottilie (vgl. Seite 54f.) enthält zahlreiche stilistische Schwächen. Vor allem hat die Autorin – wie viele Studierende – Schwierigkeiten mit Konjunktionen:

> „Bei Goethe wird dieser aus der Chemie stammende Begriff Verbindung auf den zwischenmenschlichen Bereich übertragen, so dass es im Laufe dieses Romans zu neuen Verbindungen zwischen zwei Paaren kommt."

Goethe überträgt keinen Begriff – und schon gar nicht auf den „zwischenmenschlichen Bereich“. *Zwischenmenschlicher Bereich* ist Alltagssprache. (In den „Wahlverwandtschaften“ ist eine Analogie zwischen chemische Verbindung und Verbindung zwischen Menschen auszumachen.)

Goethe überträgt einen Begriff, „*so dass* es im Laufe dieses Romans zu neuen Verbindungen zwischen zwei Paaren kommt.“ *Sodass* ist unlogisch. Weil Goethe einen Begriff überträgt, kommt es nicht im „Laufe dieses Romans zu neuen Verbindungen zwischen zwei Paaren“.

Auch in folgendem Satz stimmt die Konjunktion nicht:

> Ottilie „ist die einzige Person in Goethes Wahlverwandtschaften, die sich bedeutend verändert und *somit* nicht nur interessant, sondern für den weiteren Verlauf der Handlung auch wichtig erscheint, denn ohne sie hätte es wohl keine neue Paarbildung gegeben.“

Auch wenn sich Ottilie nicht verändern würde, könnte sie interessant sein – denn das Ausbleiben von Veränderung bzw. Entwicklung einer Romanfigur kann sehr aufschlussreich, spannend bzw. für den Handlungsverlauf entscheidend sein. (Am Rande bemerkt: „Nicht nur“ verlangt „sondern *auch*“).

> „Ich habe mich eingehend mit einer der Hauptfiguren, Ottilie, ... beschäftigt. (...) Im Vordergrund steht *jedoch* die persönliche Entwicklung Ottilies. Diese möchte ich im Folgenden näher erläutern und an einigen Beispielen festmachen.“

Durch die Auslassungen wird deutlich: Das *jedoch* stellt einen Scheingegensatz her. Und: Was heißt „persönliche“ Entwicklung? Welche andere Entwicklung könnte noch im Vordergrund stehen? Schließlich: Man kann ein Schiff im Hafen *festmachen*. In einer Hausarbeit werden Überlegungen, Analysen usw. an Beispielen *erläutert*.

Besonders missraten ist der letzte Absatz:

> „Nicht mehr befassen werde ich mich mit Ottilies Verbindungen zur übermenschlichen Sphäre, da dies Thema einer Kommilitonin ist. Trotzdem habe ich mich entschieden, den Einfluss des Dämonischen in kurzer Form einzubinden, da es meiner Meinung nach für

E

> ihren Entwicklungsverlauf von zu großer Bedeutung ist und sonst möglicherweise Verständnislücken auftreten könnten."
>
> Ohne überflüssiges „mehr", falscher Konjunktion und verwirrendem „zu" und „sonst" lautet der Satz (ich übernehme die vagen Formulierungen „übermenschliche Sphäre" und „des Dämonischen"):
>
> „Auf Ottilies Verbindungen zur übermenschlichen Sphäre gehe ich nicht näher ein [siehe dazu: (es folgt ein Verweis auf die Hausarbeit der Kommilitonin)], umreiße jedoch kurz den Einfluss des Dämonischen, da er für die Entwicklung von Ottilie von großer Bedeutung ist."
>
> ⇨ Umgangssprache, ⇨ Wissenschaftlicher Stil

E

Eine Einleitung ist kein ⇨ *Vorwort* und kein Ort für Geständnisse. Aus einer Anglistik-Hausarbeit:

„Die Beschäftigung mit den Werken von Toni Morrison hat in mir viele Gefühle ausgelöst. Je intensiver ich mich mit ihrem Werk auseinandergesetzt habe, umso vielschichtiger wurde mein Bild von der Autorin und ihrem Werk."

Das ist schön – gehört aber nicht in eine Hausarbeit. Und folgende Offenbarungen nicht in eine Masterarbeit:

„Ich bin grundsätzlich davon überzeugt, dass sich der Einbezug des Körpers in die Diagnostik – und ebenso in die Therapie – lohnt. Daher fasziniert mich die bioenergetische Körperdiagnostik zwar, dennoch stehe ich den Konzepten mit einiger Skepsis gegenüber. Die Theorien scheinen mir nachvollziehbar und eingängig, aber die häufig sehr metapherhaften Beschreibungen überzeugen mich nicht. Da ich aber der Auffassung bin, dass der Einbezug des Körpers weniger mit Glauben zu tun haben sollte und mehr mit Wissen, habe ich mich in dieser Arbeit an die empirische Überprüfung der Körperdiagnostik herangewagt."

Subjektives Interesse ist ein guter Anlass, sich mit einem Thema zu beschäftigen. Und es ist nichts gegen Überzeugungen und Faszination einzuwenden – eine ausreichende Begründung für eine Masterarbeit sind Faszination und Überzeugungen nicht. Zumal dann nicht, wenn sie mit Geständnissen verbunden werden: „Da ich aber der Auffassung bin, dass der Einbezug des Körpers weniger mit Glauben zu tun haben sollte und mehr mit Wissen ..." In der Wissenschaft geht es nicht um Glauben. Das sollte man nach dem ersten Semester wissen und nicht mehr in der Einleitung einer Abschlussarbeit bekennen.

Für manche Schwächen in Einleitungen sind Dozentinnen und Dozenten verantwortlich: Sie verlangen, dass in Hausarbeiten zunächst „der Rahmen" beschrieben wird, innerhalb dessen eine Hausarbeit entstanden ist. Das führt zu Einleitungspassagen, die für nichts gut, aber sehr langweilig sind. Zwei Beispiele:

> „Diese Arbeit erstelle ich im Rahmen des Seminars ‚Probleme der sozialen Integration' im WS ... geleitet von ... Das Seminar gliedert sich in drei Teile. Im ersten Teil steht die theoretische Auseinandersetzung mit Gerechtigkeit und sozialer Ungleichheit. [sic] Dabei wurden Fragen, wie z.B. was [sic.] soziale Gerechtigkeit ist, behandelt. Weiter wurden die historische Entwicklung sowie neuere Erklärungsansätze von sozialer Ungleichheit betrachtet. Der zweite Teil ... Der letzte Teil des Seminars setzt sich mit verschiedenen sozialpolitischen Themenbereichen auseinander. Diese umfassen die Bereiche Arbeitslosigkeit, Alter, Chancengleichheit sowie Armut und soziale Ausgrenzung. Die hier vorliegende Arbeit behandelt den sozialpolitischen Themenbereich Armut und soziale Ausgrenzung und ist so in den letztgenannten Part [sic.] des Seminars einzuordnen."

> „Diese Arbeit erstelle ich im Rahmen des Seminars „Leben am Limit – Naturrisiken und Naturkatastrophen" im Wintersemester ..., geleitet von ... Im ersten Teil des Seminars ...
> Die vorliegende Ausarbeitung ist in den Themenkomplex Dürren einzuordnen."

Es kann sehr sinnvoll sein, eine Hausarbeit inhaltlich einzuordnen. Der Satz „Die hier vorliegende Arbeit behandelt den sozialpolitischen Themenbereich Armut und soziale Ausgrenzung und ist so in den letztgenannten Part des Seminars einzuordnen" leistet das nicht. Die Feststellung „Die vorliegende Ausarbeitung ist in den Themenkomplex Dürren einzuordnen" auch nicht.

Einordnung könnte zum Beispiel bedeuten: Eine kurze Zusammenfassung der Probleme sozialer Integration, um vor diesem Problemhintergrund zu begründen, was eine Auseinandersetzung mit „Armut und sozialer Ausgrenzung“ zum Verständnis der Probleme sozialer Integration beitragen kann. *Dass* etwas in einem Seminar behandelt wurde, ist uninteressant. Interessant ist, *was* die behandelten Themen für die eigene Arbeit inhaltlich bedeuten. Bloße Seminargeschichte macht überflüssige Schreibarbeit und bedeutet langweilige Lesearbeit.

Einige Anmerkung zum Stil des ersten Beispiels:

E

- Wo die theoretische Auseinandersetzung steht, bleibt im dritten Satz unbeantwortet.
- Unpräzise ⇨ *Umgangssprache* ist folgende Formulierung: „Dabei wurden Fragen, wie z.B. was soziale Gerechtigkeit ist, behandelt.“
- Mit dem Zusatz *Bereich* werden Termini unnötig aufgebläht. Das Ergebnis ist Sprachmurks: *Themenbereiche* umfassen *Bereiche*.
- Der „letztgenannte Part“ ist eine aparte Mischung aus umständlich und umgangssprachlich.

Gegenstand, Problem, Fragestellung und Ziel der Arbeit

Die Einleitung ist der Ort, an dem der *Gegenstand* der Arbeit umrissen und erläutert wird: Welches *Problem* soll behandelt, welche *Frage*(n) geklärt und welcher *These* nachgegangen werden?

Dazu kann es notwendig sein, die Problementwicklung (kurz) zu skizzieren. Ein gelungenes Beispiel: die ersten Zeilen einer Arbeit über vergleichende Werbung.

> „Die Entwicklung der vergleichenden Werbung in Deutschland war wechselhaft und oft Auslöser heftiger Diskussionen. Zum Zeitpunkt des Inkrafttretens des Gesetzes gegen unlauteren Wettbewerb (UWG) im Jahr 1909 stand das Reichsgericht der kritisierenden vergleichenden Werbevariante keineswegs grundsätzlich ablehnend gegenüber.[1] Dies änderte sich mit der berühmten ‚Hellgold‘-Entscheidung vom 6.10.1931, die einen Verbotsgrundsatz zur Folge hatte.[2] In den 60er Jahren entflammten enorme Auseinandersetzungen, die das Für und Wider dieses grundsätzlichen Verbots zum Inhalt hatten. Die offizielle Zulassung von Ausnahmen seitens des BGH vom Verbotsprinzip brachte die wissenschaftliche Auseinandersetzung zeitweilig zum Erliegen.[3]
> Der Richtlinienvorschlag der EG-Kommission vom 28. Mai 1991 ... ist Auslöser einer neuen Kontroverse.[4] So wird ...“

Es folgt eine Darstellung dieser anhaltenden Kontroverse, aus der die ⇨ *Fragestellung* abgeleitet wird: In der Arbeit soll die „Wirkung und Wirksamkeit" vergleichender Werbung untersucht werden.

Dann wird das *Ziel* formuliert, das mit der Arbeit verfolgt wird. Es folgen Hinweise zum *Aufbau* der Arbeit. – Auf sechs Seiten gelingt der Autorin eine schlüssige Einleitung (ich habe die Quellenangaben nicht aufgeführt).

E

Themen-Eingrenzung und Aufbau der Arbeit

Die Einleitung ist der Ort, an dem – sofern notwendig – die Eingrenzung des Themas begründet und erläutert wird, welche Konsequenzen diese Themen-Eingrenzung für die Reichweite und Verallgemeinerbarkeit der Ergebnisse oder Schlussfolgerungen haben. Zwei missglückte Beispiele. Aus einer Hausarbeit:

> „Das Thema Wissenschaftstheorie ist ein weites Feld. Daher wird in dieser Arbeit auf die nähere Analyse verschiedener wissenschaftstheoretischer Ansätze verzichtet."

Das *weite Feld* hätte der Autor besser Fontane („Das ist ein weites Feld, liebe Effi" [Briest]) überlassen und sich um die Logik gekümmert: Weil etwas komplex ist, wird auf die nähere Analyse verzichtet.

Aus einem wissenschaftlichen Aufsatz:

> „*Themenkomplexe* wie das Verhältnis der polnischen Minderheit zu den deutschen Parteien, die Rolle der polnischen Fragen im preußischen Abgeordnetenhaus, die Tätigkeit der polnischen Berufsverbände, die polnischen Banken in Berlin etc. etc. wurden bei der Recherche zwar herangezogen, entsprechende Darlegungen *hätten* jedoch *den Rahmen* der Fragestellung *gesprengt*." (Chahoud 1987, 143 – Herv. NF)

Der Verweis auf *Themenkomplexe, die Rahmen sprengen,* hat keinen argumentativen Status. Sind *entsprechende Darlegungen* notwendig oder nicht? Was folgt daraus, dass auf *entsprechende Darlegungen* verzichtet wurde? Was folgt daraus, dass die *Themenkomplexe bei der Recherche herangezogen* wurden? Kurz: Einschränkungen sind erlaubt. Sie müssen jedoch begründet werden.

Den *Aufbau* der Arbeit erläutern, meint nicht: das Inhaltsverzeichnis nacherzählen. Ein Auszug aus dem Inhaltsverzeichnis und der Einleitung einer Diplomarbeit:

E

> „Gegenstand des sechsten Kapitels ist dann der entwickelte Prototyp. Es werden die einzelnen Domänen-Modelle des Prototypen und deren Schnittstellen erklärt. Eine Beschreibung der Implementierung und möglicher Erweiterungen des Prototypen folgen. Die Arbeit schließt mit dem Kapitel 7 ab, in dem ein Ausblick gegeben wird."

Dem Inhaltsverzeichnis ist zu entnehmen, *was* im sechsten Kapitel steht und *dass* das siebte Kapitel das letzte ist. Worum geht es im Ausblick? Wohin wird vor welchem Hintergrund geblickt? Wie baut das sechste auf die vorangegangenen Kapitel auf? Die Beantwortung dieser Fragen liefert das Material für die *Erläuterung* des Aufbaus einer Arbeit. Diese Fragen sollten vor dem Schreiben der Endfassung stehen, denn sie sind eine unverzichtbare Kontrolle, ob die Arbeit schlüssig aufgebaut ist.

Wie eine Arbeit aufgebaut ist, lässt sich erst dann sinnvoll erläutern, wenn Auskunft darüber gegeben wurde, *was*, *warum* zu *welchem Zweck* behandelt wird. Deshalb stimmt in folgender Einleitung zu einer Magisterarbeit der Aufbau nicht:

> „Die Arbeit möchte einen Beitrag zur Erforschung der italienischen Frauenliteratur leisten und beschäftigt sich mit der in Italien durchaus anerkannten und erfolgreichen Schriftstellerin Francesca Sanvitale, die in Deutschland hingegen kaum bekannt ist.
> Zunächst möchte ich einen allgemeinen Überblick über die Entwicklung der Frauenliteratur in Italien im 20. Jahrhundert geben – Begriffsproblematik, zeitliche Einordnung, Themen und Motive – um einen Rahmen zu schaffen, in dem sich die Analyse bewegen wird.
> Diese Arbeit ist kein Beitrag zur Feminismusdebatte und verzichtet daher ..."

Der Hinweis, was „zunächst“ dargestellt wird, kommt zu früh, weil nicht begründet wird (und an dieser Stelle auch noch nicht begründet werden kann), warum es „zunächst“ um dieses Thema geht. Und: Wir wissen zwar noch nicht, worum genau es gehen soll, erfahren aber bereits, worum es *nicht* geht. Es ist sicher wichtig darauf hinzuweisen, dass kein Beitrag zur Feminismusdebatte geleistet werden soll. Doch diese Feststellung sollte erst dann zu lesen sein, wenn klar ist, worum es der Autorin geht.

Theoriebezug

Der letzte Satz der Frage-Antwort-Runde auf Seite 55 lautet: „Meine Ausführungen zur Theorie folgen der Maxime: so viel wie nötig und so kurz wie möglich.“ Für Hausarbeiten im ersten und zweiten Semester werden gewöhnlich keine wissenschaftstheoretischen Begründungen verlangt. Wer an einer Masterarbeit oder Dissertation sitzt, sollte sorgfältig prüfen, ob es notwendig ist oder verlangt wird, in der Einleitung wissenschaftstheoretische „Bekenntnisse“ abzugeben:

> „Manch einer fühlt sich bemüßigt, ehe er richtig loslegt, auch noch seinen wissenschaftstheoretischen Standort zu fixieren. Er wird sich zum Kritischen Rationalismus, zum Konstruktivismus, zum Wissenschaftlichen Realismus oder zu was auch immer bekennen und sich daran messen lassen müssen. (...) Wer sich in der Wissenschaftstheorie nicht wirklich zu Hause fühlt, sollte besser die Finger davon lassen. Das Ganze könnte aufgesetzt wirken, ganz abgesehen davon, daß man dadurch Fußangeln auslegt, in die man selbst hineintreten könnte.“ (Dichtl, 1995, 5)

Aufmerksamkeit wecken statt langweilen: Die ersten Sätze

In vielen Haus- und Abschlussarbeiten fallen die Autorinnen und Autoren mit der Tür ins Haus:

- „Die Arbeit behandelt die hexagonalen Bauten des Architekten ...“
- „Die vorliegende Arbeit befasst sich mit inhaltlichen und stilistischen Kriterien der Glaubhaftigkeitsdiagnostik.“

Es ist einfallslos, im ersten Satz wörtlich oder sinngemäß den Titel der Arbeit zu wiederholen. Die ersten fünf oder sechs Zeilen (in einer Masterarbeit können es auch zwei Seiten sein) sollten zum Problem, zur Fragestellung hinführen. Zum Beispiel auf folgenden sieben Wegen:

E

1. Fakten, die ein Problem deutlich machen:

18 Prozent der Deutschen meinen, „die Weißen" seien zu Recht führend in der Welt.

Mehr als 59 Prozent vertreten die Meinung, in Deutschland lebten zu viele Ausländer. Fast 30 Prozent stimmen der Aussage zu, dass Ausländer zurückgeschickt werden sollten, wenn die Arbeitsplätze knapp werden.

Über 23 Prozent sehen „zu viel Einfluss" von Juden in Deutschland. Fast 55 Prozent unterstellen, Juden wollten aus der Vergangenheit Vorteile ziehen.

37 Prozent der Deutschen treten für die Entfernung von Obdachlosen aus Fußgängerzonen ein.

36 Prozent empfinden „Ekel", wenn sich Homosexuelle küssen.

Mehr als 35 Prozent plädieren dafür, Muslimen die Zuwanderung nach Deutschland zu untersagen.

Mehr als 31 Prozent der Deutschen meinen, Frauen sollten sich wieder auf die Rolle der Ehefrau und Mutter besinnen.

Diese Zahlen ermittelte ...

Jeder zehnte US-Bürger soll beim Sex schon einmal sein Smartphone kontrolliert haben.
Dies berichtet ...

2. Eine Feststellung, die zunächst kurios erscheint

Deutsche Außenpolitik kennt keine Grenzen. Das Referat 504 des Außenministeriums, „Besondere Rechtsgebiete", ist auch für den Mond zuständig. Er gehört, wie die Antarktis oder die Ozeane, zu den staatsfreien Räumen.

„Alles sollte so einfach wie möglich gemacht werden, aber nicht einfacher." (Albert Einstein)

3. Fragen

Worauf lassen sich die Unterschiede zwischen Individuen zurückführen? Auf Vererbung oder auf Umwelteinflüsse?" Und worin besteht die praktische Relevanz dieser Frage?

Treffen heute noch die Feststellungen Schaepers zu, die Biologie sei eine autoritäre Disziplin mit einem dominanten Lehrstil und in Medizin würde mit Druck und wenig studierendenorientiert gelehrt?

4. Ein themenbezogener Erfahrungsbericht

„Ich werde oft gefragt: Was ist das eigentlich – Frauensprache? Gibt es das überhaupt? Oder ich werde mit der Behauptung konfrontiert: Das gibt es doch gar nicht, Frauensprache. Oder ich werde angegriffen: Was soll denn das sein, Frauensprache?" (Senta Trömel-Plötz)

5. Eine Beschreibung, die zum Problem führt

Millionen sind ständig in Kontakt – online. Und fühlen sich nicht nur abends allein. Sie teilen mit, was sie *shoppen* und sie *liken*. Aber kein Wort, wie es ihnen wirklich geht. Die Zahl der Freunde auf Facebook ist wichtiger als Freundinnen und Freunde im wirklichen Leben.

Warum ist das so? Sind die inzwischen nicht mehr ganz neuen Medien daran schuld? Anders gefragt: Bezeichnen diese Feststellungen überhaupt ein Problem? Oder sind sie nur wertkonservative Kulturkritik?

Diese Fragen ...

„An den Soziologen hat sich die Öffentlichkeit inzwischen gewöhnt. Er hat bei aktuellen Fragen – sozialen Randgruppen, Betonsiedlungen, Familie, Schule – etwas zu sagen. (...) Man bittet ihn, sich zum aktuellen Zustand der Gesellschaft zu äußern, die öffentliche Meinung und die Verhaltensweisen zu diesem oder jenen Aspekt zu beschreiben, Entwicklungstendenzen zu identifizieren und zu sagen, was man tun soll, um bestmöglich zu handeln. Kurz: er hat sich zu dem entwickelt, was man einen ‚Experten' nennt: zu einem Gesellschaftsexperten.

Gefangen in diesem Strudel, in dem er sich, nicht ohne Gefallen daran, treiben lässt, kommt es oft vor, dass er eine wesentliche Frage vergisst: Was ist überhaupt eine Gesellschaft und wie funktioniert sie? Diese Grundfrage der Soziologie ...". (Jean-Claude Kaufmann)

6. Ein treffendes oder irritierendes Zitat

„Niemand ist so arm, dass er nicht noch etwas abgeben könnte. Und niemand ist so reich, dass er nicht noch ein bisschen mehr Geld gebrauchen könnte" – meinte Jakob Fugger, Gläubiger von Kaiser Papst, vor rund 500 Jahren.

Hat sich die rot-grüne Bundesregierung mit der „Agenda 2010" an Fugger orientiert?

E

„Als Gott am sechsten Schöpfungstage alles ansah, was er gemacht hatte, war zwar alles gut, aber dafür war auch die Familie noch nicht da." (Tucholsky Bd. 3, 308)

7. Eine Zuspitzung

Man leitet eine Arbeit über AfD und ihre Wählerinnen und Wähler mit folgendem Benjamin-Zitat ein: „In dem Schatz jener Redewendungen, mit welchem die aus Dummheit und Feigheit zusammengeschweißte Lebensart ... sich täglich verrät, ist die von der bevorstehenden Katastrophe – indem es ja ‚nicht mehr so weitergehen' könne – besonders denkwürdig. Die hilflose Fixierung an die Sicherheits- und Besitzvorstellungen der vergangenen Jahrzehnte verhindert ..., die höchst bemerkenswerten Stabilitäten ..., welche der gegenwärtigen Situation zugrunde liegen, zu apperzipieren." (1928, 25)

Steven Pinker betont: „Good writing starts strong. Not with a cliché ..., not with a banality ..., but with a contentful observation that provokes curiosity" (2015, 13). Das Gegenteil erreichen Sie, wenn Sie der Empfehlung folgen, zu Beginn den „zentralen Begriff der Arbeit" zu definieren (Esselborn-Krumbiegel 2017, 83). Niemanden interessieren Definitionen und Begriffe, solange noch nicht erläutert wurde, womit man sich warum und mit welchem Ziel auseinandersetzt.

Es lohnt, sich Mühe mit den ersten Sätzen einer Arbeit zu geben, denn sie „sind das Billett zur ... Lesergunst." (Krajewski 2015, 77)

Exposé

Eine Arbeit zu schreiben ist etwas anderes, als Domino zu spielen. Eine Haus- oder Abschlussarbeit sollte man wie den Bau eines Hauses angehen – systematisch, mit einem Plan ⇨ *Schreiben in der Wissenschaft – Der Prozess.* Der Grundriss für ein Schreibprojekt ist ein Exposé: eine Kurzbeschreibung der geplanten Arbeit.

E

Auf den folgenden Seiten geht es zunächst um das „große" Exposé für eine Dissertation, das mit Abstrichen auch für eine Master- oder eine andere Abschlussarbeit nützlich ist.[8] Im zweiten Schritt geht es um das „kleine" Exposé für eine Hausarbeit.

Das Exposé für eine Dissertation oder Abschlussarbeit

Ein Exposé ist für Dissertationen und Abschlussarbeiten aus zwei Gründen Pflicht:

1. Für diese Arbeiten muss eine Betreuerin oder ein Betreuer gewonnen werden. *Gewinnen* heißt vor allem: vom Sinn und der Machbarkeit der Arbeit überzeugen. Ein Exposé ist eine gute Grundlage, um sich ergebnisorientiert über die geplante Arbeit zu verständigen.
2. Wer sich zwischen sechs Monaten und mehreren Jahren mit einem Thema beschäftigen will, sollte wissen, was er oder sie tut oder besser lässt. Ein Exposé hilft, Irrwege zu vermeiden.

In einem Exposé wird über (bis zu) zehn Aspekte der geplanten Arbeit Auskunft gegeben.

1. Problem

Welches theoretische, praktische, soziale, juristische usw. Problem ist Ausgangspunkt der Arbeit?

Allgemeines Problem: Das Verhältnis von Politik und Medien
Problemstellung der Arbeit: Der Einfluss von Parteien auf die Personalpolitik des öffentlich-rechtlichen Rundfunks.

8 In kleinerer Schrift werden die Erläuterungen durch ein Beispiel illustriert.

2. Forschungsstand
Welche Erkenntnisse liegen vor? Was ist bislang noch nicht ausreichend behandelt oder unzureichend geklärt? Liegen widersprüchliche Aussagen und/oder Interpretationen vor? Welchen Bezug zur vorliegenden Forschung hat die eigene Arbeit?

Vor allem bei Dissertation kommt es darauf an, den Forschungsstand kompetent zu überblicken. Das heißt nicht: Den Forschungsstand ausgiebig zu referieren. Vielmehr kommt es darauf an, den Stand der Forschung auf das eigene Vorhaben hin zu fokussieren.

E

Problemstellung und Forschungsstand sind miteinander verknüpft: Aus Lücken in der Forschung ergibt sich häufig die Problem- bzw. Fragestellung.

3. Fragestellung
Auf welche Frage(n) soll in der Arbeit eine Antwort gegeben werden?

Die ⇨ *Fragestellung*
- wird in der Auseinandersetzung mit dem Problem entwickelt,
- ist auf einen Problem-Ausschnitt gerichtet,
- wird so formuliert, dass sie beantwortet werden kann. Deshalb sollte sie sehr präzise sein.

Welchen Einfluss haben SPD und CDU/CSU auf die Personalpolitik der ARD?

Eine Fragestellung ist eine *wissenschaftliche* Fragestellung, wenn ein *Problem* vorliegt: Was ist unbekannt, unklar oder widersprüchlich an dem Gegenstand, über den eine Arbeit geschrieben werden soll? Was muss getan werden, um dieses Problem zu lösen, diese Wissenslücke zu schließen? Eine wissenschaftliche Fragestellung zielt auf neue Erkenntnisse.

In Hausarbeiten werden keine Probleme gelöst, sondern *Aufgaben*: Man weist nach, dass man vorhandenes Wissen nach wissenschaftlichen Standards bearbeiten kann. Diese Aufgabe mag Probleme bereiten; sie ist jedoch nicht mit der Anforderung verbunden, die Wissenschaft zu bereichern.

4. Erkenntnisinteresse
Warum will man sich mit diesem Problem beschäftigen, dieser Frage nachgehen?

Wenn Medien in der Demokratie eine Kontrollfunktion einnehmen sollen, dann dürfen Repräsentanten der zu kontrollierenden Instanzen nicht in den Medien das Sagen haben.
Gefährdet der Einfluss der Parteien die Presse- und Rundfunkfreiheit?
Ist der Einfluss der Parteien mit Artikel 5 des Grundgesetzes[9] zu vereinbaren?
Wie kann der Einfluss von Parteien auf die Personalpolitik verringert werden?

E

Fragestellung und Erkenntnisinteresse sind Ausgangspunkt für die Wahl eines Erklärungsansatzes oder Theorierahmens, auf den man sich in der Arbeit beziehen will (vgl. Punkt 6).

5. *Ziel*
Was soll erreicht, bewiesen oder widerlegt werden?

Vor dem Schreiben ist Klarheit über das Ziel einer Arbeit erforderlich, sonst besteht die Gefahr, dass man sich in Einzelheiten und Nebensächlichem verliert. Deshalb sollte man präzise bestimmen: *Was* will ich wissen? (Fragestellung), *wozu* will ich das wissen? (Ziel).

Wer weiß, was eine Arbeit leisten soll, kann zielgerichtet arbeiten. Mit einem klaren Ziel hat man eine Orientierung, welche Wege eingeschlagen werden müssen, um voranzukommen. Christian Morgenstern: „Wer vom Ziel nicht weiß, kann den Weg nicht haben" (1914, 40f.).

Wer *realistische* Ziele formuliert, kann am Ziel ankommen. Kruse hat eine Liste möglicher Ziele zusammengestellt. Unter anderem führt er folgende „weite" und „enge" Ziele auf:

Weite Ziele:
- einen Beitrag zum Verständnis von ... leisten,
- Wissen über ... zusammentragen,
- Klarheit in eine Kontroverse bringen,
- etwas Neues bekannt machen,
- eine bereits durchgeführte Studie replizieren,

9 „Jeder hat das Recht, seine Meinung in Wort, Schrift und Bild frei zu äußern und zu verbreiten und sich aus allgemein zugänglichen Quellen ungehindert zu unterrichten. Die Pressefreiheit und die Freiheit der Berichterstattung durch Rundfunk und Film werden gewährleistet. Eine Zensur findet nicht statt." (Absatz 1)

- eine Institution oder Prozesse evaluieren,
- auf etwas Vergessenes hinweisen.

Enge Ziele:
- einen Sachverhalt erklären,
- eine Behauptung prüfen,
- einen Zusammenhang untersuchen,
- Theorien, Positionen etc. vergleichen,
- Argumente für und gegen eine wissenschaftliche Position diskutieren,
- einen Sachverhalt analysieren,
- ein Werk interpretieren,
- ein Themenfeld systematisieren (1995, 176; ähnlich 2007, 130f.).

E

Wissen zusammentragen, zum Beispiel über Medien und Politik, ist ein weites Ziel, weil noch unbestimmt ist,
- welche Frage(n) mit dem zusammengetragenen Wissen beantwortet werden sollen,
- ob zu diesem Zweck Fakten dokumentiert, wissenschaftliche Erklärungen interpretiert oder Zusammenhänge analysiert werden sollen.

Deshalb sollte dieses Ziel um greifbare engere Ziele ergänzt werden – zum Beispiel:
- den *Zusammenhang untersuchen* von Parteienmacht und politischem Einfluss auf den öffentlich-rechtlichen Rundfunk und
- alternative Modelle zur Besetzung von Rundfunkräten *zusammentragen* und *bewerten.*

6. Theoriebezug
Auf welche Erklärungsansätze bzw. Theorien wird Bezug genommen?

7. Methode
Mit welcher Methode soll das Problem bearbeitet, die Frage beantwortet werden?

Befragung ehemaliger Intendanten, Chefredakteure und Ableitungsleiter und/oder Datensammlung: führende Positionen in der ARD und Parteimitgliedschaft.

8. Material

Welche Quellen (Daten) liegen vor, welche müssen ermittelt werden? Welche Quellen sollen herangezogen werden?

ARD-Jahrbücher, Berichte in Zeitschriften, Zeitungen über Auseinandersetzungen um die Besetzung leitender Positionen.

9. Arbeits- und Zeitplan

Der Arbeits- und Zeitplan ist von entscheidender Bedeutung für die Beurteilung eines Exposés. Mit einem realistischen Zeit- und Arbeitsplan, dem zu entnehmen ist, in welchen Schritten Sie welche Teilergebnisse erreichen wollen, weisen Sie nach, dass Sie die Arbeit schreiben *können*, die Sie schreiben *wollen*.

Eine Gliederung der geplanten Arbeit ist nicht zweckdienlich: Die Struktur des späteren Textes ist zu dem Zeitpunkt, zu dem man ein Exposé schreibt, noch nicht absehbar.

Geben Sie im Arbeits- und Zeitplan Tätigkeiten und Ergebnisse an – keine Überschriften geplanter Kapitel. Und planen Sie in Monatszeiträumen.

10. Literaturverzeichnis

Das Literaturverzeichnis am Ende des Exposés enthält die Quellen, die erwähnt wurden. Mehr nicht.

Eine Anmerkung zu den Punkten 6 bis 8: In der eigentlichen Arbeit sollten die Ausführungen zu Theorie, Methode und Material kurz und knapp gehalten werden. Allgemeine Theorieüberblicke oder das Referieren von Grundsatzdebatten über Methoden sind weder notwendig noch sinnvoll. Die Ausführungen zu Theorie, Methode und Material müssen einen Bezug zur Fragestellung und zum Ziel der Arbeit haben. Zwei Beispiele:

Man begründet, warum man sich bei einer Arbeit über „Studienmotivation“ nicht ausschließlich auf Befragungen von Studierenden stützen kann.

Oder: Man erörtert die Grenzen der Aussagefähigkeit des Materials, wenn für eine Arbeit über Reisen von Frauen im 19. Jahrhundert nur Briefe und Reisetagebücher als Quellen vorliegen.

Bei Forschungs- oder Stipendienanträgen ist außerdem ein Überblick über die benötigten Mittel (Sach-, Reise- und Personalkosten) erforderlich.

E

Exposé für eine Hausarbeit

Ein Exposé für eine Hausarbeit enthält vier Punkte: Man formuliert einen Arbeitstitel, der die Fragestellung zum Ausdruck bringt, macht eine vorläufige Gliederung und schreibt eine vorläufige Einleitung, in der in wenigen Sätzen Auskunft gegeben wird über:

1. das *Problem*, mit dem man sich auseinandersetzt,
2. die *Frage*, der man nachgeht,
3. das *Ziel* der Arbeit,
4. den *Aufbau* der Arbeit und – wenn erforderlich – die Quellen, die herangezogen werden.

Für das Exposé einer Hausarbeit braucht man nicht mehr als zwei Seiten. Entscheidend ist: Erst dann, wenn man die vorläufige Gliederung und die vorläufige Einleitung schreiben kann, hat man die Sicherheit, dass man die *eigene* Arbeit schreiben kann.

Die Gliederung verändert sich im Verlauf der Arbeit. Die endgültige Einleitung unterscheidet sich von der ersten. Das ist kein Problem, sondern die Regel. Wichtig ist: Man verändert die *eigene* Gliederung und Einleitung. Und man hat eine Arbeitsgrundlage, einen Ausgangs- und Bezugspunkt, der verhindert, in der Literatur unterzugehen oder von neuen Informationen so irritiert zu werden, dass es nicht mehr gelingt, das Material zu strukturieren.

Kurz: Ein Exposé erspart unnötige Arbeit.

Literatur

Norbert Franck: Das Promotionshandbuch. Paderborn: Schöningh 2019 (= UTB)

Birgit Huemer, Markus Rheindorf, Helmut Gruber: Abstract, Exposé und Förderantrag. Wien u.a.: Böhlau Verl. 2012 (= UTB 3762)

Fragen

„Wer suchet, der findet." Jede Nation hat ihre Sprichwörter über das Fragen. „Wer fragt, ist ein Narr für fünf Minuten. Wer nicht fragt, bleibt ein Narr für immer." Sagt man in China. Und in Deutschland weiß man: „Durch Fragen wird man klug." Und alle, die mit der Sesamstraße aufgewachsen sind, wissen: „Wer, wie, was, wieso, weshalb warum – wer nicht fragt, bleibt dumm!" Deshalb: „Besser zweimal fragen als einmal irregehen."

Fragen ist das A und O der Wissenschaft. Ohne Fragen keine Wissenschaft. In der Schule fragen vor allem die Lehrerinnen und Lehrer. Fragen sind dort primär ein Kontrollinstrument. Studieren heißt: selbst Fragen stellen. Fragen, die auf Erkenntnis zielen. Ohne einen Rollenwechsel vom befragten Objekt zum fragenden Subjekt kommt man an der Hochschule nur mühsam voran, macht Studieren keinen Spaß.

Fragen sind ein Patentmittel – vor allem dann, wenn es darum geht, eine Hausarbeit zu schreiben. Wer fragt, gewinnt.

Lesen

Vor dem Schreiben kommt das Lesen. Brecht empfahl im *Buch der Wendungen,* Texte zu lesen „als die Schriften von Verdächtigen" (1967, 561). Verdächtige werden verhört. Das Mittel sind Fragen.

Gefragt werden sollte bereits vor dem Lesen, denn ohne Fragen wird man vom Text gesteuert. Mit Fragen bestimmt man den Leseprozess selbst – zum Beispiel, wenn es darum geht, sich einen ersten Überblick über ein Thema, ein Problem oder die Auffassungen einer Autorin zu verschaffen.

Gleich, ob es um *Armut in der Europäischen Union* oder um *Medienpolitik* geht, um *Wasserknappheit* oder *George Sand*, um *Bildungspolitik* oder *Schadstoffreduktion*, um *Tierschutz* oder *Biodiversität* – zunächst sollte man klären, was man wissen will. Fragen orientieren und setzen der Lektüre greifbare Ziele.

Ein nützliches Frageinstrument sind die „W-Fragen":

Frage	zielt auf	Beispiele
Wer	Personen soziale Gruppen Handelnde Betroffene	Wer hat die geringsten Bildungschancen? Welche literarischen Vorbilder hatte George Sand?
Was	Gegenstandsbestimmung	Was versteht der Autor unter *Armut*? Was heißt *Neoliberalismus*?
Warum, wozu	Ursache, Grund, Zweck, Ziel	Warum gibt es in der EU noch Armut? Welche Probleme sollen mit Ganztagsschulen behoben werden?
Wie	Art und Weise	Wie hat sich die Medienpolitik im letzten Jahrzehnt entwickelt?
Wo	Ort, Geltungsbereich	In welchen EU-Staaten gibt es (große) Armut? Welche EU-Staaten haben Programme zur Bekämpfung von Armut? Für welche Lernprozesse treffen behavioristische Erklärungen zu?
Wann	Zeit	Seit wann gibt es Dürren im Sahel? Seit wann existiert in Italien Frauenliteratur(-Forschung)?

Mit Hilfe der W-Fragen lassen sich die Titel und (Kapitel-) Überschriften eines Buches oder Zeitschriftenaufsatzes in Fragen umwandeln. Ein Beispiel: ein Aufsatz in einer Fachzeitschrift mit dem Titel „Gewalt in der Schule".

- Wer übt Gewalt in der Schule aus?
- Wer sind die Opfer von Gewalt?
- Was wird unter Gewalt verstanden?
- Wie wird Gewalt ausgeübt?
- In welchen Formen wird Gewalt ausgeübt?
- Welche Mittel werden eingesetzt?
- Warum wird Gewalt ausgeübt?

- Welche Ursachen hat die Gewalt?
- Seit wann tritt Gewalt in der Schule gehäuft auf?
- In welchen Schultypen wird Gewalt ausgeübt?
- Wo wird Gewalt in der Schule ausgeübt?
- Was wird gegen Gewalt in der Schule unternommen?
- Wer soll gegen Gewalt in der Schule vorgehen?

Fragen orientieren das Lesen. Fragen steuern das gezielte Suchen nach Antworten. Fragen helfen, Lücken in Texten zu entdecken. Fragen haben einen weiteren Vorteil: Mit ihrer Hilfe können die Antworten – vorläufig – strukturiert werden, die man in Texten findet. Ein Beispiel:

F

Was Gegenstandsbestimmung	Was ist *Armut*?
Warum Gründe	Warum entsteht Armut, wird jemand arm?
Wer Betroffene	Wer ist von Armut betroffen? Welche Personengruppen sind armutsgefährdet?
Wann Entwicklung	Wann ging absolute Armut in der EU zurück? Seit wann nimmt die relative Armut zu?
Wo Verbreitung	In welchen Staaten gibt es in welchem Umfang absolute und relative Armut?
Warum Ursachen	Was sind die Hauptursachen für die unterschiedliche Armutsverteilung?
Wie Gegenmaßnahmen	Mit welchen Maßnahmen wird Armut staatlich bekämpft?

Diesen Gliederungspunkten können die (unterschiedlichen) Antworten zugeordnet werden, die in der Literatur gefunden wurden.

Ein Thema bearbeiten

Viele Studierende quälen sich mit dem Schreiben einer Hausarbeit, weil sie mit einem Handicap beginnen. Sie vertiefen sich – nach der Devise: „Mal sehen, was ich aus dem Thema machen kann" – sofort in die Literatur. Das Ergebnis: Die Arbeit wird zu einem zeitaufwendigen Prozess von Versuch und Irrtum. Die Ursache: Es fehlen Kriterien, was warum wichtig ist und was nicht.

Beginnt man mit Fragen, mit einer Reflexion des Themas, ertrinkt man nicht in der Literaturflut, sondern kann gezielt Literatur suchen und auswerten. – Ein paar Fragen zum Thema *Globalisierung:*

F

Frage	zielt auf	Beispiele
Was	Gegenstandsbestimmung	Was heißt *Globalisierung*?
Warum, wozu	Ursache, Grund, Zweck, Ziel	Warum werden wozu welche Vorgänge global?
Wie	Art und Weise	Wie und in welchen Bereichen vollzieht sich Globalisierung?
Wer	Person, soziale Gruppen	Wer sind die Akteure der Globalisierung? Wer ist betroffen? Wer sind die Gewinner und wer die Verlierer von Globalisierung?
Wo	Ort, Geltungsbereich	Welche Regionen werden von Globalisierung erfasst? Was wird in diesen Regionen globalisiert?
Wann	Zeit	Wann setzte Globalisierung in welchen Bereichen ein?

Diese Fragen und die auf den vorangegangen Seiten beziehen sich auf reale Vorgänge, auf Gegenstände wissenschaftlicher Erkenntnis. In der Wissenschaft nennt man dies „Objektebene".[10]

10 *Objekttheorien* beziehen sich auf Objekte, Prozesse, Vorgänge usw. Sie enthalten Aussagen über diese Objekte, Prozesse, Vorgänge – zum Beispiel Lern- oder

In vielen Disziplinen ist es sinnvoll und nützlich, auch – auf einer „Metaebene" – danach zu fragen, wie und warum ein Sachverhalt, ein Vorgang zum Thema der Wissenschaft wird und wie dieser Sachverhalt oder Vorgang in der Wissenschaft behandelt wird.

Die Fragen zum Thema Gewalt in der Schule (vgl. Seite 74) können zum Beispiel um folgende Fragen ergänzt werden:

- Seit wann wird Gewalt in der Schule wissenschaftlich untersucht?
- Warum wurde zu diesem Zeitpunkt Gewalt in der Schule zum Gegenstand der Wissenschaft?
- Wer hat Gewalt in der Schule zum Thema gemacht, und welche Disziplinen beteiligen sich an der Diskussion?
- Wie wird über Gewalt in der Schule diskutiert?
- Was wird in dieser Diskussion nicht berücksichtigt?
- Was hält die Diskussion am Leben?

Das Hilfsmittel W-Fragen lässt sich um ⇨ *problemstrukturierende Begriffe* wie *Fragestellung, Prämisse, Problem* ergänzen. Einige Beispiele für die Kombination von W-Fragen mit problemstrukturierenden Begriffen:

- *Warum* wurde diese *Fragestellung* in der Psychologie relevant?
- *Welche Prämissen* liegen dem Ansatz zugrunde?
- *Wann* wurde das *Problem* der Gewalt in der Schule erstmals formuliert?
- *Wer* sind die *Adressatinnen* und *Adressaten* dieser sozialpolitischen Maßnahme?
- *Welches Problem* soll mit diesen Arbeitsmarktreformen gelöst werden?
- *Wie* kann dieses (pädagogische) *Ziel* erreicht werden?

Oft ist es sinnvoll, problemstrukturierende Begriffe zu verbinden:

- *Struktur* und *Funktion* der Länderparlamente,

Motivationstheorien. Die zentralen Begriffe dieser Theorien (zum Beispiel Leistungsmotivation) gehören zur *Objektsprache*.

Metatheorien enthalten Aussagen über Theorien – zum Beispiel über Erkenntnisvoraussetzungen oder Forschungslogik. Die zentralen Begriffe einer Metatheorie (zum Beispiel Widerspruchsfreiheit) gehören zur *Metasprache*.

F

- *Ursache* und *Wirkung* der Auflösung klassischer Familienstrukturen,
- *Möglichkeiten* und *Grenzen* der Arbeitsmarktpolitik.

Mit der Kombination von W-Fragen und problemstrukturierenden Begriffen kann man in der Auseinandersetzung mit der Literatur fragend eine eigene ⇨ *Fragestellung* entwickeln.

Dieses Fragen-Set ist zudem nützlich, um sich Klarheit über die eigene Arbeit zu verschaffen:

F

- *Was* möchte ich herausbekommen? *Fragestellung*
- *Warum* möchte ich das herauskriegen? *Ziel*
- *Wie* will ich vorgehen? *Methode*
- Auf *welche* Quellen stütze ich mich? *Material*

⇨ *Exposé,* ⇨ *Fragestellung,* ⇨ Problemstrukturierende Begriffe, ⇨ *Schreiben in der Wissenschaft – Der Prozess*

Literatur

Brechts *Me-ti* ist das Fragen-lernen-Buch schlechthin. Franck informiert über die Bedeutung und Funktion von Fragen für die Kommunikation im Beruf und Alltag.

Bertolt Brecht: Me-ti. Buch der Wendungen. Frankfurt/Main: Suhrkamp 2000

Norbert Franck: Praxishandbuch Kommunikative Kompetenz. Schlüsselqualifikation für Studium und Beruf: Weinheim: Beltz-Juventa 2019

Fragestellung

Was tun, wenn man eine Hausarbeit schreiben soll über

- das Parteiensystem in den USA oder
- Europäisches Vertragsrecht oder
- vergleichende Werbung oder
- Glaubhaftigkeitsdiagnostik oder
- Privatsphäre in sozialen Netzwerken oder
- Aussehen und Erfolg im Beruf oder
- Dürren im Sahel oder
- Umweltpolitik in der Europäischen Union?

Was wird verlangt? Worauf kommt es an? Mit diesen Fragen lassen Lehrende die Studierenden oft allein. Allenfalls kommen Hinweise wie „Lesen sie mal den Aufsatz von ..." oder „Bei ... finden sie wichtige Ausführungen".

Die so betreute Studentin, der so beratene Student liest viel. Beide wissen nach der Lektüre mehr als zuvor – aber nicht, was sie mit dem Thema machen sollen. Soll referiert werden, was in der Literatur steht? Geht es „nur" um eine Zusammenfassung? Und wenn ja, was ist dabei wichtig? Oder soll – zum Beispiel – das Parteiensystem in den USA bewertet werden? Und ist für die Bewertung ein Vergleich mit anderen Parteiensystemen erforderlich?

Die Studentin und der Student müssen sich – sofern sie keine eindeutigen Vorgaben haben – entscheiden, ob sie Wissen *wiedergeben* oder *anwenden* wollen:

> „Knowledge transforming ... means using the knowledge of the scientific field for a purpose chosen by the student, as opposed to just paraphrasing sources. When you write down your questions to the field, or your interpretations, or the points you have observed and the points you find it important to make, when you take out parts of for example a theory and use it in a new context, for a new purpose, in a new combination, you are transforming the knowledge that was already there. Knowledge-transformation is the hall-mark of what is requested from ... students." (Rienecker 1999, 96)

Wenn man sich dafür entscheidet, in einer Hausarbeit oder einem Referat Wissen *anzuwenden*, braucht man eine Fragestellung: Man kann zum Beispiel aus dem Thema „Das Parteiensystem in den USA“ viel machen. Man kann der Frage nachgehen,

- wie das Parteiensystem entstand und sich entwickelte,
- welche Funktionen und welche Strukturen das Parteiensystem hat,
- ob es einen Zusammenhang zwischen Mehrheitswahlrecht und dem Parteiensystem gibt,
- welche Vor- und welche Nachteile die Stabilität des Parteiensystems in den USA hat,
- welche Zusammenhänge zwischen Wahlsystem, Wahlverhalten und Parteiensystem bestehen.

Wissen, was man wissen will

Man kann ganz unterschiedliche Fragen an das Thema „Parteiensystem in den USA“ stellen – und dementsprechend zu sehr unterschiedlichen Antworten kommen. Deshalb ist es notwendig sich zu entscheiden, was man über das Parteiensystem in den USA wissen will. Allgemeiner: Man braucht eine Fragestellung.

Zu einer Fragestellung kommt man mit der Hilfe von ⇨ *Fragen*. Der Zeitpunkt für die Formulierung einer Fragestellung lässt sich nicht eindeutig festlegen. In der Regel wird sie im Prozess der Auseinandersetzung mit der Literatur entwickelt. Ein Beispiel: Studentin A will eine Hausarbeit über Medien und Politik schreiben.

Die Themenanalyse und eine erste Literatursichtung machen ihr deutlich, dass in diesem Thema viele Themen stecken. Studentin A interessiert, welche Medienpolitik die *Parteien* in der Bundesrepublik verfolgen. Sie entscheidet sich deshalb, dieser Frage nachzugehen.

Im Prozess der Literaturauswertung stellt sie fest: Die Medienpolitik *aller* Parteien kann sie im Rahmen einer Hausarbeit nicht *angemessen* behandeln. Da sie keine Masterarbeit schreiben und nicht hochstapeln will, muss die Frage enger gefasst werden. Studentin A prüft deshalb, ob sie die Medienpolitik *einer Partei* untersuchen oder die Medienpolitik der Parteien in *ausgewählten Feldern* (zum Beispiel öffentlich-rechtlicher Rundfunk) analysieren soll. Oder: ...

Nehmen wir an, Studentin A entscheidet sich für die erste Möglichkeit und nimmt sich vor, die Medienpolitik der Grünen zum Gegenstand ihrer Arbeit zu machen. Ihre Fragestellung: Wie wollen die Grünen die Presse- und Meinungsfreiheit gewährleisten?

Vielleicht wird Studentin A während der weiteren Arbeit feststellen, dass diese Frage noch konkretisiert werden muss. Das ist kein Unglück, sondern die Regel und ein Indiz dafür, dass sie ihr Thema in den Griff bekommt.

Wissen anwenden

Studentin A wendet Wissen an. Wissen, das andere erarbeitet haben. Sie referiert dieses Wissen nicht einfach, sondern nutzt es für ihre Fragestellung. Niemand erwartet von ihr bahnbrechende neue Erkenntnisse, sondern den Nachweis, dass sie ein Thema mit Hilfe vorliegender Erkenntnisse bearbeiten kann. Kurz und umgangssprachlich formuliert: Eigene Fragen und wissenschaftliche Literatur ergeben die richtige Mischung für eine Hausarbeit.

C. W. Müller weist in einem Brief an einen (fiktiven) jungen Wissenschaftler darauf hin, dass in den Human- und Geisteswissenschaften „nahezu alle uns gegenwärtig relevant erscheinenden Themen in dem einen oder anderen Zusammenhang schon hinreichend *häufig* behandelt“ wurden (1999, 79).

Darüber *wie* diese Themen behandelt wurden, ist mit dieser Feststellung keine Aussage getroffen. Mit einer (originellen) Fragestellung kann man die „hinreichend häufig behandelten“ Themen neu akzentuieren oder sogar – in einer Abschlussarbeit – so strukturieren und bewerten, dass ein Erkenntnisgewinn dabei herauskommt.

Ohne Fragestellung erscheint die Literatur als Materialberg, der sich allenfalls mit viel Fleiß abtragen lässt. Die Unsicherheit, ob man dies „richtig“ gemacht hat, kann Fleiß nicht beseitigen. Eine Fragestellung hilft, Kriterien für das zu entwickeln, was für eine Arbeit oder ein Referat notwendig und wichtig ist.

Last, but not least: Eine Fragestellung hilft, Durststrecken beim Schreiben und Lesen zu überwinden, denn eine Fragestellung macht ein Thema zum *eigenen* Thema.

⇨ *Exposé*, ⇨ *Fragen*, ⇨ *Schreiben in der Wissenschaft – Der Prozess*

„A good Research Question

- is *interesting* to its writer
- and is *relevant* to the subject
- is based on:
  - ‚something not right‘: ‚it is said ... but in reality‘
  - ‚the relation between X and Y‘
  - ‚the observation that sticks out‘
  - ‚a sense of wondering‘
- makes it possible to *debate and argue a point*
- and makes it possible to *conclude* something
- is in *question-* or *statement* (claim-)form
- has *one* clear main question (and subquestions)
- in *posed* in *precise words*
- is *clearly marked* in the introduction
- is, wherever possible, *short*, preferably less than 10 lines long!“

(Rienecker 1999, 98)

F

Literatur

Formulating Your Research Question. In: Eva O. L. Lantsoght: The A-Z of the PhD Trajectory. Cham: Springer International, S. 75-87

Geschlechtergerechte Sprache

„Heimat großer Töchter und Söhne" heißt es in der österreichischen Bundeshymne. Die Töchter sind neu. Ende 2011 kamen sie hinzu. 2018 wurde der englische Text der kanadischen Nationalhymne geschlechtsneutral formuliert. Aus „true patriot love in all thy sons command" wurde „true patriot love in all of us command".

In der Wissenschaft hält sich das generische Maskulin – mittlerweile verbunden mit der Zusicherung, Frauen seien stets „mitgemeint". Diese Entscheidung wird, wenn überhaupt, so begründet: Die Lesbarkeit würde durch die Nennung beider Geschlechter, durch Studentinnen und Studenten beeinträchtigt, die sprachliche Eleganz leide. Unausgesprochen heißt das: Unsere Texte sind verständlich und elegant. Ein Selbstmissverständnis.[11]

Dabei bedarf es nur ein wenig Mühe, um geschlechtergerecht zu formulieren ohne die Lesbarkeit zu beeinträchtigen (s.a. das *Schreibportal* der Universität Leipzig):

- Geschlechtsneutrale Formulierungen: Reisende und Freiwillige, Studierende und Lehrende, Fachkraft und Fans.
- Ein wenig Fantasie: Alle, die diesen Ansatz kritisieren ... (statt: Alle Kritiker ...); wer den Sozialstaat verteidigt (statt: Die Verteidiger des Sozialstaates ...).
- Man wechselt, wie in diesem Buch, zwischen männlichen und weiblichen Bezeichnungen: Der Student und die Professorin, der Doktorand und die Forscherin.
- Das Binnen-I oder der Unterstrich bzw. Genderstern.[12]

„Sprache konstruiert Wirklichkeit, und die Worte, die wir wählen, machen Dinge und Menschen sichtbar oder unsichtbar." (Hinweise 2013) Deshalb ist geschlechtergerechte Sprache wissenschaftsangemessen. Bequemlichkeit ist es nicht.

---

11 Am Rande bemerkt: Ginge es tatsächlich nur um „Lesbarkeit", könnte – wie in der Grundordnung der Universität Leipzig (2013) – zum generischen Femininum gewechselt und versichert werden, Männer seien „mitgemeint".

12 Unter_strich und Gender*stern werden benutzt, um darauf hinzuweisen, dass Geschlecht nicht als binäres System verstanden wird.

Literatur und Links

Henning Lobin und Damaris Nübling begründen, warum eine geschlechtergerechte Sprache sinnvoll, wichtig und „demokratische Pflicht“ ist. Stefanowitsch geht der Frage nach, „warum wir eine politisch korrekte Sprache brauchen.“

Wer geschlechtergerecht schreiben möchte, findet im „Genderwörterbuch“ viele Anregungen und weitere Literaturhinweise. Informativ und inspirierend ist der „Leitfaden für eine geschlechtersensible und inklusive Sprache“, herausgegeben von der Gleichstellungsbeauftragten der Universität Köln. Auch die Dudenredaktion hat sich des Themas angenommen.

Wer Englisch schreibt, findet bei Macgilchrist Hinweise für eine *gender-inclusive language*.

Gabriele Diewald, Anja Steinhauer: Richtig gendern. Berlin: Dudenverlag 2017

Henning Lobin, Damaris Nübling: Genus, Sexus, Nexus. Süddeutsche Zeitung Nr. 128 vom 7.6.2018, S. 11

Felicitas Macgilchrist: Academic Writing. Paderborn: Ferdinand Schöningh 2014, S. 19f. (=UTB 4087).

Anatol Stefanowitsch: Eine Frage der Moral. Warum wir eine politisch korrekte Sprache brauchen. Berlin: Dudenverlag 2018

https://geschicktgendern.de (19.11.2018)

https://gb.uni-koeln.de/e2106/e2113/e16894/2017_Leitfaden-5.Auflage-Neu-web-final_ger.pdf (19.11.2018)

Gliederung, gliedern

Eine Gliederung ist Ergebnis und Voraussetzung für eine Haus- oder Abschlussarbeit.

Voraussetzung: Man muss den Bereich abstecken, der in einer Arbeit behandelt werden soll. Mit einer *vorläufigen* Gliederung schafft man einen Bezugspunkt für die Auseinandersetzung mit der Literatur. Mit einer vorläufigen Gliederung hat man einen Ausgangspunkt, um eine Rohfassung zu schreiben, in der das erarbeitete Wissen über ein Thema und eigene Überlegungen einzelnen Gliederungspunkten zugeordnet werden.

Im Prozess des Schreibens wird die Gliederung verändert. Das ist kein Problem, sondern die Regel. Entscheidend ist: Man verändert die *eigene* Gliederung, arbeitet also an der eigenen Arbeit. Wer sich ohne Gliederung ans Schreiben macht, startet zu früh und kommt nicht oder nur über große Umwege ans Ziel.

Es gibt viele Möglichkeiten, eine Arbeit zu gliedern – zum Beispiel:

- nach *zentralen Merkmalen* (interne und externe Faktoren oder: Geschichte, Ziele, Aufbau und Organisation),
- *chronologisch,*
- nach *Funktionen* (Erziehung, Bildung, Weiterbildung) oder *Funktionsbereichen* (Einkauf, Produktion, Vertrieb),
- geografisch,
- *nach Theorien und Konzepten* (phänomenologische, systemtheoretische, kommunikationstheoretische, materialistische Soziologie).

Gliederung empirischer Arbeiten

Empirische und experimentelle Arbeiten haben in der Regel folgende Struktur:

- Darstellung und
- Lösung

eines Problems.

Die Problem-*Darstellung* gibt Auskunft über

1. das Problem, seine Relevanz und den Wissensstand über das Problem. Das Problem kann zum Beispiel darin bestehen, dass Untersuchungen über ein bestimmtes Phänomen (soziales Lernen im Vorschulalter, die Wirkung von Gewaltdarstellungen in den Medien) zu widersprüchlichen Ergebnissen kommen und deshalb keine wissenschaftlich gesicherten Handlungsempfehlungen formuliert werden können.
2. das Vorgehen, um einen Beitrag zur Lösung des Problems zu leisten:
   - Fragestellung,
   - Annahmen: Hypothese(n) und Vorhersage(n).

Die Problem-*Lösung* umfasst

- den Versuch (das Experiment): Aufbau der Untersuchung (Versuchsaufbau, Versuchspersonen, Versuchsablauf) und Durchführung der Untersuchung,
- die Ergebnisse,
- die Diskussion der Ergebnisse und Schlussfolgerungen.

Von der Art der Arbeit hängt es ab, wie umfangreich die Darstellung des Problems sein muss, ob sie in der Einleitung erfolgen kann oder ein eigenes Kapitel erfordert.

Schlüssig und übersichtlich
Anforderungen an eine Gliederung

Als *Ergebnis* ist eine Gliederung die Grundlage für das ⇨ *Inhaltsverzeichnis*. Die endgültige Gliederung muss schlüssig und übersichtlich sein.

Schlüssig: Die Gliederungsziffern müssen die Beziehungen, die Über- und Unterordnungen zwischen den einzelnen Themenaspekten angemessen zum Ausdruck bringen. Sind *Funktionsbereiche* das Gliederungsprinzip, müssen zum Beispiel Einkauf, Produktion, Vertrieb in der Gliederung auf der gleichen Ebene zu finden sein. Gliedert man eine Arbeit über Medien nach den Kriterien *Struktur* und *Funktion*, werden alle behandelten Medien nach diesen Kriterien gegliedert: das Kapitel über Printmedien ebenso wie das über die elektronischen und die digitalen Medien.

Übersichtlich wird eine Gliederung, wenn die folgenden vier Gesichtspunkte beachtet werden:

1. Das Gliederungsprinzip, für das man sich entschieden hat, wird konsequent durchgehalten.
2. Die Gliederung sollte ausgewogen sein, das heißt relativ gleichmäßig unterteilt.
3. Nur ein Unterpunkt zu einem Kapitel oder Abschnitt macht keinen Sinn. Jeder Gliederungspunkt muss mindestens zwei Unterpunkte haben. „Wer A sagt, muss auch B sagen". Für Gliederungen gilt diese ansonsten fragwürdige Maxime.
4. Maximal acht Unterpunkte pro Gliederungspunkt, damit die Gliederung übersichtlich bleibt.

Der Auszug aus dem Inhaltsverzeichnis einer Abschlussarbeit über „Geschlechterpolitik im europäischen Integrationsprozess" (Seite 88) ist ein Beispiel für eine gelungene Gliederung:

- das gewählte Gliederungsprinzip wird konsequent durchgehalten,
- die Gliederung ist ausgewogen, das heißt relativ gleichmäßig unterteilt,
- die Gliederung ist mit acht Unterpunkten noch übersichtlich.

Meiner Variante dieser Gliederung (Seite 89) ist zu entnehmen, dass man Ziffern und Buchstaben kombinieren kann. Und man kann auf römische und arabische Zahlen, große, kleine und griechische Buchstaben zurückgreifen – sofern das nicht den Konventionen der jeweiligen Disziplin widerspricht.

⇨ *Exposé,* ⇨ *Inhaltsverzeichnis,* ⇨ *Schreiben in der Wissenschaft – Der Prozess*

Inhaltsverzeichnis

1 Einleitung

2 Wohlfahrtsstaatliche Geschlechterregime
2.1 Die theoriegeleitete Klassifizierung wohlfahrtsstaatlicher Geschlechterregime
2.2 Das Geschlechterregime in Schweden
2.2.1 Familienstruktur
2.2.2 Einkommenssituation
2.2.3 Das System der sozialen Sicherung
2.2.3.1 Berechtigung zu Sozialleistungen
2.2.3.2 Sozialausgaben und Sozialleistung
2.2.3.3 Alterssicherung und Altenbetreuung
2.2.3.4 Mutterschafts- und Familienleistungen
2.2.4 Arbeitsmarkt
2.2.4.1 Dienstleistungssektor
2.2.4.2 Arbeitszeit
2.2.4.3 Arbeitslosigkeit
2.2.4.4 Arbeitslosengeld und Arbeitslosenhilfe
2.2.5 Steuersystem
2.2.6 Politische Partizipation
2.2.7 Bildung
2.2.8 Kinderbetreuung
2.3 Das Geschlechterregime in der Bundesrepublik Deutschland
2.3.1 Familienstruktur
2.3.2 Einkommenssituation
2.2.3.3 Das System der sozialen Sicherung
2.3.3.1 Berechtigung zu Sozialleistungen
2.3.3.2 Sozialausgaben und Sozialleistung
(...)

3 Die Gleichstellungspolitik der Europäischen Gemeinschaft und der Europäischen Union
3.1 Die Phase 1957 bis 1972: Lohngleichheit nach 119 EWGV
(...)

Inhaltsverzeichnis

G

Hausarbeit

Haus-, Semester- oder *Seminararbeit* sind unterschiedliche Termini für dieselbe Sache: Über ein überschaubares Thema, das sich vielfach aus den Inhalten eines Seminars ergibt, einen Text produzieren, der ⇨ *wissenschaftlichen Standards* genügt.

Welche Anforderungen darüber hinaus mit einer Hausarbeit verbunden werden, ist sehr unterschiedlich. Deshalb sollten Sie die folgenden sieben Fragen unbedingt mit Ihrer Betreuerin, Ihrem Dozenten klären:

1. Was wird in erster Linie erwartet? Referieren und/oder interpretieren, analysieren, vergleichen, ein Überblick?
2. Welche Aspekte sollen angesprochen werden?
3. Sollen eigenständig Schwerpunkte gesetzt werden? Wenn ja, müssen sie abgestimmt werden?
4. Wie ordnet sich das Thema in das Seminar ein?
5. Welche Literatur ist auf jeden Fall zu berücksichtigen?
6. Wird eine eigenständige Literaturrecherche erwartet? Oder reicht die angegebene Literatur aus?
7. Welchen Umfang soll die Arbeit haben?

Mit einer Hausarbeit sollen Sie nicht das Rad neu erfinden, sondern *Wissen anwenden*. Mit einer Hausarbeit weisen Sie nach, dass Sie ein Thema mit Hilfe vorliegender Erkenntnisse bearbeiten können. Die *eigenständige* Leistung hängt von einer originellen ⇨ *Fragestellung* ab. Eine Fragestellung hilft, Kriterien zu entwickeln, was für eine Arbeit notwendig und wichtig ist.

Themenwahl

Eine Hausarbeit soll nicht die Wissenschaft voranbringen und ist keine Abschlussarbeit. Deshalb sollte man sich vor Themen hüten, über die man hundert Seiten und mehr schreiben müsste, um sie erschöpfend zu behandeln. „Nachhaltigkeit" ist zum Beispiel kein Hausarbeits-, sondern ein Sachbuchthema. „Die Nachhaltigkeitspolitik der Bundesregierung" könnte ein anspruchsvolles Thema für eine Abschlussarbeit sein, in der unter anderem darauf eingegangen werden müsste, ab wann und vom wem *Nachhaltigkeit* in die politische Diskussion eingebracht wurde, ob und wie in den vergangenen Legislaturperioden das Konzept der *Nachhaltigkeit* in der Regierungspolitik aufgegriffen wurde. Eine Hausarbeit erfordert weitere Eingrenzungen, soll sie Hand und Fuß haben – zum Beispiel auf einen überschaubaren Zeitraum: „Die Nachhaltigkeitspolitik der rot-grünen Koalition" oder eine Institution: „Die Nachhaltigkeitspolitik des Nachhaltigkeitsrats".

In einem Seminar über Körperkult ist eine Hausarbeit über die Haarlänge bei Männern eine sinnvolle Themenwahl. Um das Thema bearbeiten zu können, sind eine ⇨ *Fragestellung* und ein Ziel notwendig. Zum Beispiel: *Waren lange Haare in der 68er-Protestbewegung ein Bruch mit dem herkömmlichen Männlichkeitsbild? Eine Untersuchung über den Zusammenhang von Frisur und Geschlechtsidentität.*

Gewalt in der Schule: Jeder der auf Seite 74 aufgeführten Themenaspekte könnte Thema einer Hausarbeit sein. Zum Beispiel: *Gewalt in den Grundschulen in Rheinland-Pfalz und Berlin. Ein Vergleich.* Oder: *Gewalt in den Grundschulen der Berliner Bezirke Neukölln und Zehlendorf. Der Einfluss der Sozialstruktur.*

⇨ *Themenfindung. Themenwahl*

H

Eine Hausarbeit ist kein Dominospiel. Schreiben Sie mit Plan. Ein ⇨ *Exposé* ist eine große Hilfe, eine Hausarbeit ohne große Umwege zu schreiben. Ein Hausarbeitsexposé enthält

1. einen Arbeitstitel, der die Fragestellung zum Ausdruck bringt;
2. eine vorläufige Gliederung und
3. eine vorläufige Einleitung, in der in wenigen Sätzen Auskunft gegeben wird über:
   - das *Problem*, mit dem man sich auseinandersetzt,
   - die *Frage*, der man nachgeht,
   - das *Ziel* der Arbeit,
   - den *Aufbau* und der Arbeit und – wenn erforderlich – die Quellen, die herangezogen werden.

Hausarbeit. 10 Verweise

„Klassische" Fehler vermeiden

In Hausarbeiten müssen
- die Daten und Fakten stimmen sowie
- die Darstellung von Sachverhalten bzw. Meinungen und deren Bewertung auseinandergehalten werden.

Zudem sollten sich nicht folgende Schwächen „einschleichen":

1. Die Argumentation ist nicht schlüssig
Mehr dazu in den Kapiteln ⇨ *Argumentieren* und ⇨ *wissenschaftliche Standards.*

2. Die Arbeit ist übergliedert oder *untergliedert*
In einer Hausarbeit kommen Sie mit drei bis fünf Kapiteln aus, die in bis zu vier oder fünf Abschnitte untergliedert werden ⇨ *Gliederung.*

3. Ein *Thema* wird als *selbstverständlich gesetzt*
Erläutern Sie stets, um welches Problem, um welche Frage es geht (vgl. Seite 79f.).

4. Die *zentralen Begriffe* werden *vorausgesetzt*
Die tragenden Begriffe müssen erläutert werden ⇨ *Begriffe bestimmen.*

5. *Behauptung ohne Begründungen oder Belege*
Behauptungen müssen begründet und/oder belegt werden ⇨ *Argumentieren*, ⇨ *Belegen*.

6. *Trivialbehauptungen*
Alle wissen, dass „Erziehung ein schwieriger Prozess“ und „Globalisierung ein komplexes Phänomen“ ist. Das müssen Sie nicht mehr zu Papier bringen.

7. *Emphatischen Formulierungen*
„Die Menschen (Gesellschaft) müssen (muss) begreifen ...“ „Es ist endlich an der Zeit, dass wir ...“ Bleiben Sie sachlich ⇨ *wissenschaftlicher Stil*.

Von Max Frisch stammt der Hinweis: Schreiben heißt, sich selber lesen. Schreiben Sie Ihre Hausarbeiten so, dass Sie sie gerne lesen!

Links

Informationen über die formalen Anforderungen an eine Hausarbeit finden Sie auf den Webseiten Ihrer Hochschule oder Ihres Fachbereichs.

Ich, wir, man, die Arbeit: Schreibsubjekt

In meinen Seminaren werde ich oft gefragt: „Darf ich ‚ich' in einer Hausarbeit schreiben?" „Ist ‚ich' in einer Dissertation zulässig?"

Der Hintergrund dieser Fragen: Von sich in der ersten Person Singular zu schreiben, war lange Zeit verpönt; und ist es mancherorts noch immer.

Regine Schumacher weist auf den Widerspruch hin, dass einerseits die Promovendin in ihrer Dissertation und der Student in seiner Hausarbeit als Person nicht in Erscheinung treten sollen, sie aber andererseits verantwortlich für ihre Arbeit sind. Insofern „wäre *ich* der treffende und eindeutige Begriff für die Referenz auf den Verfasser oder die Verfasserin." (2017, 49)

Stitzel plädiert nachdrücklich für *Ich*: Ich müsste „Leitlinie und Identifikationsmerkmal wissenschaftlichen Schreibens werden. ‚Ich meine', ‚ich vertrete', ‚ich kritisiere' – und schon ist Wissenschaft spürbarer, lebendiger" (1999, 146).

Ich meine: Wer in einer Haus- oder Bachelorarbeit Fragen formuliert und Schwerpunkte setzt, wer meint, feststellt oder schlussfolgert, sollte *ich* schreiben – sofern *ich* nicht den Konventionen des Fachbereichs widerspricht oder den Vorlieben derer, die eine Arbeit beurteilen.

Ich empfehle nicht, dick aufzutragen, sondern plädiere dafür, die eigene Leistung nicht zu verstecken:

- Wer über die *eigene* Fragestellung schreibt: „Ich gehe der Frage nach ..."
- Wer das Ziel *seiner* Arbeit umreißt: „Ich verfolge das Ziel ..."

Kommentare zum Arbeitsprozess sollten Sie allerdings vermeiden, weil sie nichts zur Sache beitragen:

- Da *mich* frühkindliche Förderung *schon immer interessierte*, ...
- *Nach gründlichem Überlegen* habe *ich mich* für eine Konzentration auf ... *entschieden* ...

Die Entscheidung für *ich* oder *man* sollte vom Gegenstand abhängig gemacht werden, um den es in einer Arbeit geht. Es gibt Tatsachen, Erkenntnisse, Verallgemeinerungen, die unabhängig vom individuellen Denken und Meinen sind. Deshalb sind folgende Formulierungen unangemessen:

- *Ich meine,* dass im Januar 2018 über 2,5 Mio. Menschen in Deutschland arbeitslos gemeldet waren.
- *Ich denke,* Radfahren belastet die Umwelt weniger als Auto fahren.
- *Ich bin der Auffassung,* dass die Durchschnittstemperatur der erdnahen Atmosphäre und der Meere seit der Industrialisierung gestiegen ist.

Wem *ich* nicht gefällt, wer an einem Fachbereich studiert, an dem die erste Person verpönt ist, muss mehr schreiben:

- In dieser Arbeit wird der Frage nachgegangen ...
- In dieser Arbeit wird überprüft, ob ...
- Drei Gründe sprechen gegen die Auffassung, die hohe Arbeitslosigkeit sei eine notwendige Folge der Globalisierung. Erstens ...
- Zunächst werden die konkurrierenden Theorien vorgestellt, um dann ihre Relevanz für ... zu untersuchen.

I

Meines Erachtens ist keine sinnvolle Ich-Alternative. Schreibe ich, „deshalb ist diese These nicht haltbar", ist eindeutig, dass *ich* das meine. Wozu dann *m.E.?* Und was anderes sagt *m.E.* als *ich?*

In jedem Falle sollte die Arbeit nicht zum Subjekt erklärt werden: Eine Hausarbeit kann nichts, eine Masterarbeit untersucht nicht und ein Kapitel fragt nicht. Deshalb nicht:

- „Diese Arbeit möchte einen Beitrag zur Erforschung der italienischen Frauenliteratur leisten".
- Die Arbeit behandelt die hexagonalen Bauten des Architekten ..."
- „Die hier vorliegende Arbeit behandelt den ..."

Sondern:

- Diese Arbeit soll einen Beitrag zur Erforschung der italienischen Frauenliteratur leisten.
- In dieser Arbeit stehen die hexagonalen Bauten ... im Mittelpunkt.
- Mit dieser Arbeit wird das Ziel verfolgt, ...

„Hier vorliegend“ ist Murks: Wo ist *hier?* Und warum *vorliegend? Die(se) Arbeit* genügt!

Umständlich und altmodisch sind folgende Ich-Vermeidungen:

- *Die Verfasserin* kommt deshalb zu dem Schluss, ...
- *Der Verfasser* vertritt die Auffassung, ...

Den Plural der Majestät (Pluralis Majestatis) sollten Sie erst dann verwenden, wenn sich einen Lehrstuhl ergattert haben. Dann dürfen Sie getrost schreiben: „*Wir* ziehen daraus den Schluss, dass ...“ Und kundtun: *Wir, Ordinarius für neue deutsche Geschichte, weigern uns, eine E-Mail zu lesen, die ohne korrekte Anrede geschrieben wird.*[13]

Literatur

In dem von Narr und Stary herausgegeben Band ermuntern viele Autoren, in der ersten Person Singular zu schreiben. Groebner informiert über die Vorgeschichte der Vermeidung der ersten Person in der deutschen Wissenschaftssprache.

Valentin Groebner: Wissenschaftssprache. Konstanz: University Press 2012, S. 102-107

Wolf-Dieter Narr, Joachim Stary (Hrsg.): Lust und Last des wissenschaftlichen Schreibens. Frankfurt/Main: Suhrkamp 1999

13 Das namensgebende Original: „Wir, Wilhelm, von Gottes Gnaden deutscher Kaiser, weigern uns, auf einem Thron zu sitzen, der ohne ‚h‘ geschrieben wird. Mehr zum Pluralis Majestatis im *Duden-Newsletter* vom 13.11.2009.

Inhaltsverzeichnis, Inhaltsübersicht

Ein Inhaltsverzeichnis ist die in Form gebrachte ⇨ *Gliederung*. Es spiegelt den Aufbau einer Arbeit und erleichtert den Lesenden die Orientierung und das Nachschlagen.

Von den Konventionen des Fachs sollte die Entscheidung abhängig gemacht werden, ob man zur Gliederung nur Ziffern verwendet oder Ziffern und Buchstaben kombiniert, ob man römische und arabische Zahlen, große, kleine und griechische Buchstaben nutzt.

Im Text werden die Gliederungspunkte des Inhaltsverzeichnisses wiederholt. Zudem kann innerhalb eines Kapitels durch Absätze, Spiegelstriche usw. optisch gegliedert werden.

Die Kapitelüberschriften sollten *aussagekräftig* formuliert werden, zum Ausdruck bringen, worum es geht. Ein Beispiel – eine Hausarbeit über den Asylkompromiss von 1993:

„...
1. Entstehung des Asylkompromisses
2. Inhalte des Asylkompromisses
3. Umsetzung und Folgen des Asylkompromisses
...“

Die Kapitelüberschriften lassen sich als Fragen lesen: Wie entstand der Asylkompromiss? Was sind die Inhalte? Wie wurde er mit welchen Folgen umgesetzt?

Empirische Arbeiten folgen einer festen Struktur; die Kapitelüberschriften sind in der Regel nicht inhaltlich:

- Problem
- Hypothese (Weg der Problemlösung)
- Methode und Daten
- Ergebnisse
- Diskussion
- Schlussfolgerung

Ein Beispiel – das Inhaltsverzeichnis einer Masterarbeit in Life Science über die Grenzen der Süßwassernutzung und Biodiversität:

"...
2 The Concept of Planetary Boundaries
3 Environmental Flow Requirements
4 Methods and Data
5 Results
6 Discussion
7 Conclusion
..."

Übergliedert (und in einem scheußlichen Nominalstil formuliert) ist folgendes Kapitel einer Masterarbeit[14]:

„6 Subtraktive Gestaltungsmöglichkeiten mit Seife, Ytong und Stein 51
6.1 Begriffserklärung subtraktives Gestalten 51
6.2 Gestaltungsmaterial Seife 51
6.2.1 Subtraktive Möglichkeiten der Gestaltung mit Seife 52
6.2.2 Werkzeuge und deren Einsatz bei der Gestaltung 52
6.2.3 Didaktik und Methodik 52
6.2.4 Grenzen bei der Gestaltung mit Seife 54
6.3 Gestaltungsmaterial Ytong 54
6.3.1 Subtraktive Möglichkeiten der Gestaltung mit Ytong 55
6.3.2 Werkzeuge und deren Einsatz bei der Gestaltung 56
6.3.3 Didaktik und Methodik 57
6.3.4 Grenzen bei der Gestaltung mit Ytong 57
6.4. Gestaltungsmaterial Naturstein 58
6.4.1 Sandstein 61
6.4.2 Marmor 62
6.4.3 Granit 62
..."

Kapitelüberschriften sollten *präzise* formuliert werden. Das ist in der folgenden Hausarbeit über Studiengebühren nicht gelungen:

„Einleitung
...
3 Zur Diskussion über Studiengebühren
3.1 Argumente gegen die Studiengebühren
3.1.1 Sozialverträgliche Studiengebühren gibt es nicht
3.1.2 Geld ist genug da
3.2 Flickenteppich vermeiden
3.3 Neuer Anlauf für Föderalismusreform"

14 Von Heimes wird diese Gliederung als gelungen bezeichnet (2011, 88).

„Geld ist genug da" – mag eine gute Überschrift für ein Flugblatt sein. Und in einer Diskussion kann man mit guten Gründen behaupten, dass Studiengebühren nicht sozialverträglich sind. In einer Hausarbeit sollte zurückhaltender formuliert werden. Zwei Möglichkeiten:

3.1.1 Zur Sozialverträglichkeit von Studiengebühren
3.1.2 Studiengebühren und Finanzierung der Hochschulen

3.1.1 Sind Studiengebühren sozialverträglich?
3.1.2 Sind Studiengebühren zur Finanzierung der Hochschulen notwendig?

Ist ein Inhaltsverzeichnis sehr umfangreich, kann eine *Inhaltsübersicht* vorangestellt werden, in der nur die Kapitel ohne Unterpunkte aufgeführt sind.

Enthält eine Arbeit viele Tabellen, Abbildungen oder Abkürzungen, ist ein *Verzeichnis der Tabellen* und/oder *Abbildungen* Kür, ein *Abkürzungsverzeichnis* Pflicht. Solche ⇨ *Verzeichnisse* stehen nach dem Inhaltsverzeichnis.

Journal des Lesens, Fragens und Staunens: Studienjournal

Das Staunen ist der Anfang
der Erkenntnis (Platon)

„Greift nur hinein ins volle Menschenleben! Wo ihr's packt, da ist's interessant." Meint die „Lustige Person" in Goethes Faust (Vorspiel auf dem Theater).

Goethe hat recht. Und viele Studierende machen andere Erfahrungen. Themen, die für Hausarbeiten vergeben werden, wecken kein Interesse. Theorien langweilen. Und die (unüberschaubare) Literatur kann erdrückend wirken.

Frigga Haug hat untersucht, warum Theorien Studierende langweilen. In ihren Lehrveranstaltungen führten Studierende „Lerntagebücher", in denen sie ihre Auseinandersetzung mit Theorien festhielten. Diese Eintragungen wurden im Seminar besprochen. Frigga Haug berichtet über die Notizen einer Studentin:

> „Es geht um zunehmende Individualisierung in der Gesellschaft, wovon sie [die Studentin – NF] schon gehört hat und dem sie eigentlich ‚aus Erfahrung' zustimmen möchte. Sie wundert sich aber zugleich, dass sie dies als Erfahrung von anderen denkt, sich selbst außerhalb von Gesellschaft verortet. Sie probiert eine Reihe von Fragen: Vielleicht ist die These von der Individualisierung nicht so brandneu, wie die Autoren glauben machen wollen, und weckt daher aus einer Art Gewöhnung kein Interesse – geht einfach zu glatt herunter? Vielleicht aber bildet sie Gesellschaft scharf ab, lässt sich aber nicht kritisch aufnehmen, da man nicht gleichzeitig Teil von Gesellschaft sein kann und diese kritisieren? (...) An dieser Stelle bewegt sich die Studentin tastend in das Feld des Zusammenhangs von Erfahrung und Theorie ... Es geht gar nicht nur um eine Anknüpfung im Alltag, sondern ... um umfassende Kritik und zugleich Selbstveränderung, da die gesellschaftlichen Verhältnisse auch ‚von mir' gemacht und also veränderbar erfasst werden müssen. Der wahrgenommene Außenstandpunkt bezieht sich vielleicht zu Recht auf die Theorie, und also muss man die Grenzen, die eine Theorie steckt, überschreiten, um sie zu durchdringen? Wie kann man solche Grenzüberschreitungen vollziehen ...? Die Fragen werden probeweise formu-

liert, so wird gleichzeitig Fragen gelernt; damit werden erste Schritte in eigenständige Forschung getan.“ (2003, 180f.)

Die Studentin resümiert: Das Lerntagebuch, das schriftliche Festhalten meiner Beobachtungen, Zweifel und Überlegungen, hat mich „zu wichtigen Fragen geführt.“ (Haug 2003, 181)

Wissenschaftliches Arbeiten muss selbstreflexiv sein: Wissenschaftliches Arbeiten schließt das (selbst-)kritische Nachdenken darüber ein, wie man warum zu einer ⇨ *Fragestellung* oder Prämisse kommt. Selbstreflexion ist nicht nur notwendig für einen angemessenen Umgang mit einem Thema; sie kann auch das Studium interessanter machen: Wer meint, von sich selbst absehen zu müssen, um wissenschaftlich zu arbeiten, gerät entweder mit sich in Konflikt oder hat mit Langeweile zu kämpfen, weil kein Thema mit der eigenen Person zu tun hat. Wenn man eigene Erfahrungen als legitimes Thema von Wissenschaft begreift und *wissenschaftlich* reflektiert, dann sind Studium und Wissenschaft nichts Unpersönliches, nicht das „ganz Andere“. Diese Denkhaltung ist zudem eine zentrale Voraussetzung, um auch außerhalb des eigenen Studienfachs wissenschaftlich an Probleme und Fragestellungen heranzugehen.[15]

Studienjournal: Funktion

Ein Lerntagebuch ist ein hilfreiches Instrument, um sich Wissenschaft zu eigen zu machen, um Interesse zu entwickeln. Lerntagebücher, mir scheint der Terminus *Studienjournal* treffender,

- können zu Beginn des Studiums davor schützen, in der Flut neuer Informationen unterzugehen,
- sind ein gutes Schreibtraining,
- können sich zu einer Fundgrube für Themen von Prüfungen, Haus- und Abschlussarbeiten entwickeln,

15 In manchen Disziplinen darf man für eine solche Haltung keine Unterstützung erwarten. In den Rechtswissenschaften etwa wird vielerorts hartnäckig die Fiktion gepflegt, jeder neue Sachverhalt könne unter die vorhandenen Gesetze subsumiert werden. Es gibt keine Zweifel, neue Erfahrungen oder Widersprüche, sondern nur die Aufgabe, Gesetze, Urteile und Kommentare adäquat auszulegen.

- bilden eine Grundlage für Gespräche mit Dozentinnen und Dozenten über Themen, die bearbeitet werden sollen,
- helfen, sich selbst zum Zentrum wissenschaftlichen Arbeitens zu machen: Wissen zu prüfen, zu kritisieren, zu verknüpfen und anzuwenden.

Ein weiterer Gesichtspunkt kommt hinzu: Wir sind vergesslich. Daraus folgt „bereits von der ersten akademischen Veranstaltung an die nicht zu unterschätzende Problematik, das Gehörte und Gelesene nicht nur zu verstehen und zu verarbeiten, sondern ebenso auf geeignete Weise festzuhalten und aufzubereiten, sodass es später stets ohne Schwierigkeiten abgerufen, hervorgeholt und weiterverarbeitet werden kann." (Krajewski 2015, 62)

Studienjournal: Inhalte und Schreib-„Regeln"

Ein Studienjournal ist der Ort für drei Wissens- und Erkenntnisquellen:

1. *wissenschaftliche Quellen:* Seminarmaterialien, Seminarnotizen, Vorlesungsmitschriften, Exzerpte, Zitate, Definitionen, Begriffsbestimmungen, Zahlen, Tabellen, Statistiken, (kommentierte) Literaturhinweise, Rezensionen usw.
2. *literarische und andere Quellen:* Medienberichte, Autobiografien, Aussagen von Politikerinnen und Politikern, Gerichtsurteile, Wahlkampfaussagen von Parteien usw.
3. *eigene Überlegungen:* Fragen, Ideen, Zweifel, Thesen und Beobachtungen, Themen für Prüfungen, Ideen für Hausarbeiten, Referate, Bachelor- oder Masterarbeiten, Arbeitsvorhaben (zum Beispiel: Bücher oder Aufsätze, die gelesen werden sollen) usw.

„Laß dir keinen Gedanken inkognito passieren und führe dein Notizheft so streng wie die Behörde das Fremdenregister." (Benjamin 1928, 47)

Die wichtigste Schreib-„Regel" für ein Studienjournal lautet: keine Zensur ausüben. Das Journal dient der Selbstreflexion. Selbstreflexion kennt keine Verbote – außer einem: Man soll sich nichts vormachen. Deshalb sollte die Sprache verwendet werden, die dem momentanen Sprachniveau entspricht. Wer beim Schreiben fürs

Studienjournal Gutachter oder Prüferinnen im Kopf hat und sich deshalb bemüht, „anspruchsvoll“ zu schreiben, verleidet sich das Schreiben.

Die richtige Art, ein Studienjournal zu führen, gibt es nicht. Wichtig sind allerdings Kontinuität und die sorgfältige Dokumentation der Quellen, denen man Begriffe, Definitionen usw. entnommen hat.

Die Notizen sollte man mit einem Datum versehen und festhalten, auf welches Thema sich die Notizen beziehen.

Das Studienjournal kann, je nach Vorliebe, ein Heft oder ein Ordner sein. Nützlich ist es, auf allen Seiten einen breiten Rand zu lassen für Ergänzungen und nachträgliche Verweise. Die Arbeit mit dem PC erleichtert Ergänzungen, Mehrfachzuordnungen, die Verschlagwortung und das Finden von Notizen.[16] Literaturdatenbanken sind eine große Hilfe, das WWW-Problem zu lösen: *W*ie *w*iederfinden, *w*as man notiert hat.

Ein Studienjournal zu führen kann – und sollte – Spaß machen. Dass ein solches Journal ein gewisses Maß an Disziplin erfordert, muss kein Widerspruch sein. Wenn man mit einem Studienjournal beginnt, ist das zunächst eine Investition in die Zukunft. Kann man dem Journal für die nächste Hausarbeit oder das übernächste Referat ein treffendes Zitat, eine prägnante Definition oder einen originellen Einstieg entnehmen, hat sich die Anfangsinvestition gelohnt. Das mag Ansporn sein, das Studienjournal zur Themen- und Materialfundgrube für die Abschlussarbeit zu machen. Und vielleicht wird noch mehr daraus:

> „Wahrscheinlich hat jeder gewissenhafte Wissenschaftler unter seinen Ordnern einen, der über die Jahre hin das Beste seiner Forschungsgedanken schluckt. Gewiß, er mag sie, mehr oder minder bewußt, für ein Buch bestimmen, das er eines Tages zu schreiben hofft, und doch sind seine Notizen in erster Linie Versuche, sich selbst über den Sinn und den Wert seiner Tätigkeit als Wissenschaftler Rechenschaft abzulegen, wohin immer diese Forschungsarbeit ihn auch führen mag. Aus einem solchen Ordner ist dieses Buch hervorgegangen.“ (Devereux 1984, 13)

16 Wer sich für den PC entscheidet, sollte sich – vor allem während der Abschlussarbeit – zusätzlich ein Notizheft zulegen, um die Ideen notieren zu können, die fernab des Schreibtischs durch den Kopf gehen.

Literatur

Interessante Überlegungen zum „Lerntagebuch“ als Medium selbstbestimmten Lernens und der Lehre an Hochschulen sind bei Haug zu finden.

Hofmeister untersucht das Potenzial von Lerntagebüchern für die „Entwicklung von Reflexionskompetenzen“.

Im *Handbuch Qualitative Forschungsmethoden* wird das Tagebuch als Forschungsinstrument vorgestellt.

Krajewski informiert über Literaturdatenbanken und Möglichkeiten der elektronischen Verwaltung und Verknüpfung von Notizen und Exzerpten.

Hinweise zum Exzerpieren gibt Franck.

Norbert Franck: Handbuch Wissenschaftliches Arbeiten. 3. Aufl. Paderborn: Schöningh 2017, S. 79-87 (= UTB 4748)

Barbara Friebertshäuser, Antje Langer, Annedore Prengel (Hrsg.): Handbuch Qualitative Forschungsmethoden in der Erziehungswissenschaft. 4. Aufl. München und Weinheim: Beltz Juventa 2013

Frigga Haug: Lernverhältnisse. Selbstbewegungen und Selbstblockierungen. 2. Aufl. Hamburg: Argument-Verl. 2004

Arnd Hofmeister: Widerständiges Lernen und Lehren 2.0. In: Katrin Reimer-Gordinskaya, Michael Zander (Hrsg.): Krise und Kritik (in) der Psychologie. Festschrift für Wolfgang Maiers. Hamburg: Argument Verl. 2018, S. 25-40

Markus Krajewski: Elektronische Literaturverwaltungen. Kleiner Katalog von Merkmalen und Möglichkeiten. In: Norbert Franck, Joachim Stary (Hrsg.): Die Technik wissenschaftlichen Arbeitens. 17. Aufl. Paderborn: Schöningh. 2013, S. 91-109 (= UTB 724)

Leseführung

Wer vier Wochen oder gar zweieinhalb Jahre an einer Arbeit sitzt, kennt sich mit Sicherheit in dieser Arbeit gut aus. Andere nicht. Deshalb sind Orientierungen für Leserinnen und Leser nützlich: Metaaussagen, die Argumentationslinien transparent machen, Kapitel und Gedankengänge verbinden. Groebner hat für Leseorientierung eine anschauliche Analogie gewählt:

> Ein Reiseleiter „muss seinen Gästen zu Beginn sagen, wo sie sich befinden, und sie vielleicht auf den schönen Überblick über die Stadt aufmerksam machen – die Topografie, die großen Verkehrsachsen, die markanten Gebäude: Willkommen. Dann geht es in eine unauffällige Vorortstraße ..., in der sich ... eine stillgelegte Fabrik befindet. Es folgt eine Villa, ehemalige Arbeitersiedlungen, nie fertiggestellte Monumente: Vor ihnen erklärt der Reiseleiter, was dort geschieht oder geschehen ist, was daran jeweils zu sehen ist und welche Funktionen sie erfüllt haben." (2012, 71f.)

In einer Haus- oder Abschlussarbeit ist diese Führung *Ihre* Aufgabe. Wohl dosiert sollte die Führung sein: Wie eine Reiseleiterin nervt, die zu viel redet, stört ein Zuviel an Metatexten. Vor allem viele Rückverweise: Wie eingangs angedeutet ..." Oder: „Wie bereits ausführlich im vorangegangenen Kapitel erläutert, ist diese These in der Literatur umstritten " usw. Man hat doch das vorangegangene Kapitel gelesen. Und wenn nicht, hilft der Verweis auch nicht weiter.

Verweise sollten kurz sein:

- Statt „Ich will dabei der Frage nachgehen", kürzer: „Ich gehe der Frage nach"
- Statt „Im Folgenden werde ich zunächst YXZ behandeln", kürzer: „Ich behandle zunächst XYZ"
- Statt: „Wie bereits ausführlich im vorangegangenen Kapitel erläutert, ist diese These in der Literatur umstritten", kürzer: „Diese These ist (vgl. S. 11) in der Literatur umstritten";
- Statt: „Zusammenfassend lässt sich feststellen", kürzer: „Zusammengefasst:"

Sinnvoll sind orientierende Überleitungen. Zum Beispiel:

- „Um diese Frage zu beantworten, ist es notwendig …“
- „Worauf ist diese Entwicklung zurückzuführen?“

Verweise auf Erläuterungen in einem der folgenden Kapitel können das Leseinteresse aufrechterhalten und vermeiden, dass die Lesenden sich vorschnell ein Urteil über die Güte der Argumentation bilden:

- „Ausführlicher gehe ich auf diese These im vierten Kapitel ein.“
- „Dieser Ansatz wird auch von ABC verfolgt, dessen Konzept ich auf Seite 41 vorstelle.“

Wenig hilfreich sind unpräzise Verweise wie „an anderer Stelle“, „im Weiteren“, „später“.

Den Leserinnen sagen, was man tut. Auch in Hausarbeiten, die nur von einem Leser gelesen wird? Ja, Hausarbeiten sind Übungstexte, Mittel zum Zweck, wissenschaftliches Schreiben zu lernen. So wie man lernt, eine Fragestellung zu entwickeln, ein Thema einzugrenzen, sollte man sich auch damit vertraut machen, wie man Leserinnen und Leser durch einen umfangreichen Text führt. Schließen Sie nicht aus, dass Sie einmal Texte publizieren, die von vielen Menschen gelesen werden (sollen).

Literaturüberblick

In einer Abschlussarbeit oder Dissertation müssen Sie Auskunft geben über den Stand des Wissens bzw. die Diskussion über Ihr Thema:

- Was ist bekannt, was strittig?
- Welche Positionen werden vertreten?
- Welchen Fragen wurde noch nicht nachgegangen?
- Was wurde bislang übersehen?

In einer Handreichung für Promovierende wird diese Aufgabe anschaulich umgangssprachlich formuliert: „Convince the reader that we shouldn't be (completely) satisfied with the existing literature on the topic and that your research will fill some important or interesting gap or address some important limitation or deficiency." (University of Queensland, 2)

Indem Sie darüber Auskunft geben, weisen Sie nach, dass Sie unbekanntes oder ungeklärtes Terrain betreten, neue Erkenntnisse, Problemlösungen oder Klärungen anstreben. ⇨ *Exposé*, ⇨ *Fragestellung*, ⇨ *Dissertation*, ⇨ *Master-, Bachelorarbeit.*

Der Literaturüberblick als Ausgangpunkt eigener Forschung (oder bescheidener: Überlegungen) wird meist „Stand der Forschung" genannt. Dabei kommt es nicht darauf an, zu zeigen, wie viel Sie gelesen haben, sondern darauf, die Aspekte zu referieren, die für das eigene Vorhaben relevant sind.[17]

Der Literaturüberblick kann auch eine eigenständige Arbeit sein. Zum Beispiel ein Überblick über *Konzepte politischer Bildung*, die Diskussion um *Cultural Studies* oder die *Qualität von Online-Journalismus*.

17 Lantsoght (2018, 69f.) gibt Hinweise, wie Promovierende, wenn ihr Literaturüberblick (vorläufig) abgeschlossen ist, weiter auf dem Laufenden bleiben können, was zu ihrem Thema veröffentlicht wird.

Dissertation: Wann haben Sie genug gelesen?

„PhD students often ask: ‚When am I done with reading?‘ Let's rephrase this question as ‚When am I ready to write my literature review report?‘ The answer to the first question is, obviously, never. You are never ready with reading, as you will need to stay up-to-date with the scholarly output in your field as long as you want to consider yourself a self-respecting scholar. But this does not mean that you will never be ready to produce your literature review report." (Lantsoght 2018, 65)
⇨ *Schreiben in der Wissenschaft – Der Prozess*

Entscheidend für die Qualität eines Literature Reviews sind die Kriterien der Strukturierung der Literatur zum Thema. Literaturüberblick heißt nicht: eine Veröffentlichung nach der anderen vorstellen. Vielmehr geht es darum, das Themenfeld überschaubar zu machen.

Strukturieren können Sie zum Beispiel chronologisch (Entwicklung der Diskussion über ein Thema, Wandel in der Sicht eines Problems) oder nach Disziplingesichtspunkten (Behandlung des Themas in unterschiedlichen Disziplinen).

Ein Überblick über empirische *Untersuchungen* zu einem Problemfeld kann zum Beispiel strukturiert werden nach den Untersuchungsergebnissen, den unterschiedlichen Untersuchungsmethoden, Versuchspersonen oder der Grundgesamtheit.

Häufig ist es notwendig, die Strukturierungskategorien selbst zu finden: Nach einem Gang durch die Literatur sind Kriterien zu entwickeln, mit deren Hilfe sich die Literatur adäquat strukturieren lässt. Literatur zu *Konzepten der politischen Bildung* könnte zum Beispiel nach fünf Gesichtspunkten strukturiert werden:

- *Theoriebezug,*
- *Ziel(e)* der politischen Bildung,
- das den Konzepten zugrunde liegende *Menschenbild* und
- *Demokratieverständnis* sowie
- *Methoden* der politischen Bildung.

Literatur und Links

In angloamerikanischen Ländern gibt es eine Fülle von Literatur über „Literature Reviews“. Ich beschränke mich auf einen Buchhinweis und die Empfehlung für den *Short Guide for Research Students* auf den „Service-Seiten“ der Universität von Queensland.

Franck informiert über das Wie der für einen Review notwendigen Literaturrecherche.

Norbert Franck: Handbuch Wissenschaftliches Arbeiten. 3. Aufl. Paderborn: Schöningh 2017, S. 130-138 (= UTB 4748)

Diana Ridley: The Literature Review: A Step-By-Step Guide for Students. 2. Aufl. London: Sage Publications 2012

Reviewing the Literature. A Short Guide for Research Students. http://uq.edu.au/student-services/pdf/learning/lit-reviews-for-rx-students-v7.pdf (23.11.2018)

Literaturverzeichnis

Für Haus- oder Abschlussarbeiten ist ein Literaturverzeichnis in den meisten Disziplinen Pflicht – auch dann, wenn die zitierte Literatur in Fußnoten oder im Anmerkungsapparat ausgewiesen wird.

Ein Literaturverzeichnis ist sinnvoll, denn es gibt den Leserinnen und Lesern einen Überblick über die verarbeitete Literatur und damit die Möglichkeit zu überprüfen, ob die wichtige bzw. aktuelle Literatur berücksichtigt wurde.

Wie umfangreich ein Literaturverzeichnis sein muss, hängt vom Thema ab. Eine Abschlussarbeit in Zahnmedizin oder Mathematik kommt unter Umständen mit sehr wenig Literatur aus. Weist hingegen das Literaturverzeichnis einer Masterarbeit über den Einfluss der französischen auf die deutsche Literatur nur zehn oder zwölf Titel aus, ist das ein Hinweis darauf, dass der Stand der Forschung nicht angemessen berücksichtigt wurde.

Ein Literaturverzeichnis enthält die Quellen und Literatur, die in einer Arbeit angeführt wurden. Nicht mehr und nicht weniger.

Nicht weniger: Im Literaturverzeichnis werden alle Veröffentlichungen aufgeführt, aus denen wörtlich oder sinngemäß zitiert und auf die verwiesen wurde. Wer Quellen verschweigt, schummelt.

Nicht mehr: Wer mehr Literatur anführt, um den Eindruck zu erwecken, besonders belesen zu sein, täuscht die Leserin und den Prüfer. – Beides kann unangenehme Folgen haben.

Die Ordnung eines Literaturverzeichnisses ist von Fach zu Fach unterschiedlich. In Disziplinen wie den Rechts-, Geschichts-, Sprach- und Literaturwissenschaften werden „Quellen“ (zum Beispiel Gesetze, Urteile oder die Werke einer Schriftstellerin) und (Sekundär-)„Literatur“ unterschieden (und „Quellen- und Literaturverzeichnis“ überschrieben). Die Quellen werden zum Teil weiter unterteilt – beispielsweise nach den Kriterien veröffentlicht/unveröffentlicht oder gedruckt/ungedruckt.[18]

18 Die weitere Unterteilung der (Sekundär-)Literatur in Zeitschriften, Jahrbücher, Monografien usw. findet man immer seltener – zum Glück, denn die Unterte-

In anderen Disziplinen wird eine solche Unterscheidung nicht vorgenommen. Vielmehr werden alle verwendeten Quellen alphabetisch geordnet. Was ist dabei zu beachten?

Enthält das Literaturverzeichnis *mehrere Veröffentlichungen* einer Autorin oder eines Autors, werden

- zuerst die allein verfassten aufgeführt, dann die Titel, die mit anderen geschrieben oder herausgegeben wurden,
- die älteren vor den neueren Veröffentlichungen genannt.

Ein Beispiel:

Haug, Frigga: Lernverhältnisse. Selbstbewegungen und Selbstblockierungen. Hamburg 2003

Haug, Frigga: Lernen lehren und Lehren lernen. In: Forum Kritische Psychologie H. 57, 2013, S. 34-62

Haug, Frigga; Hipfl, Brigitte (Hrsg.): Sündiger Genuss? Hamburg 1995

Hat man sich für die angloamerikanische Zitierweise, für den Kurzbeleg im Text, entschieden ⇨ *Belegen*, ist es konsequent, die Jahreszahl direkt hinter die Autorenangabe zu stellen:

Kruse, Otto (2017): Kritisches Denken und Argumentieren. Konstanz

Bei diesem Verfahren ist die Jahreszahl sowohl im Kurzbeleg als auch im Literaturverzeichnis um einen Buchstaben zu ergänzen, wenn mehrere Veröffentlichungen eines Autors aus demselben Jahr zitiert werden:

Franck, Norbert (2017a): Handbuch Wissenschaftliches Arbeiten. 3. Aufl. Paderborn

Franck, Norbert (2017b): So gelingt Kommunikation. Weinheim Basel

Franck, Norbert (2017c): Erfolgreich mit Spenderinnen und Spendern korrespondieren. Wiesbaden

---

lung erschwert unter Umständen einen Überblick über die zitierten Veröffentlichungen einer Autorin oder eines Autors.

Nach der ersten Nennung kann der Name auch durch *ders.* (oder *Ders.*) bzw. *dies.* (*Dies.*) ersetzt werden:

Haug, Frigga: Gesellschaftliche Produktion und Erziehung. Kritik des Rollenspiels ...

Dies.: Lernverhältnisse. Selbstbewegungen und Selbstblockierungen ...

Dies.: Hipfl, Brigitte (Hrsg.): Sündiger Genuss? ...

Präfixe – de (Gaulle, Mause, Sade), *Mc*(Bride) oder *O'*(Neil) – werden als Teil des Familiennamens angesehen. *Adelstitel* werden nicht als Bestandteil des Familiennamens behandelt:

Goethe, Johann Wolfgang von: Gedenkausgabe der Werke, Briefe und Gespräche. ...

Humboldt, Wilhelm von: Über die innere und äußere Organisation der höheren wissenschaftlichen Anstalten ...

Bei Künstlern, Theologen, Königinnen usw. aus der Antike oder dem Mittelalter wird der bekannteste Teil des Namens zum Ordnungswort:

Erasmus von Rotterdam
Michelangelo, Buonarroti
Thomas von Aquin
Walter von der Vogelweide

Akademische Titel, Amts- und Berufsbezeichnungen führt man nicht auf. Bei Körperschaftsnamen werden Artikel nicht berücksichtigt: *Der Bundesminister* (oder *Das Bundesministerium*) *für Finanzen* wird unter „B" eingeordnet, *Die Bürgerschaft der Hansestadt Bremen* ebenfalls.

Anonyme Veröffentlichungen werden – sofern man sie überhaupt zitiert – nach dem Sachtitel geordnet, wobei der Anfangsbuchstabe des ersten Wortes ausschlaggebend ist: „Die Stadt ist krank" wird unter „D" aufgeführt und „Studiengebühren sind unsozial" unter „S".

Die gängigste Form der Gestaltung ist – wie in diesem Buch – die Einrückung der zweiten und der folgenden Zeilen (in *Word*-Deutsch: „hängend").

⇨ *Belegen*, ⇨ *Quellenangaben*, ⇨ *Zitat, zitieren*

Master-, Bachelor-, Abschlussarbeit

Man mag darüber streiten, ob die Bachelorarbeit eine große Hausarbeit oder eine kleine Masterarbeit ist. Eine solche Debatte ist wenig sinnvoll, denn die Ansprüche und Anforderungen an Abschlussarbeiten sind von Hochschule zu Hochschule und von Fach zu Fach sehr unterschiedlich. Hier wird Wert gelegt auf Praxisorientierung, dort auf eine internationale Ausrichtung der „Bachelor Thesis". Zum Beispiel.

Als kleinster gemeinsamer Nenner kann gelten: Master- und Bachelorarbeit sollen belegen, dass Studierende ein Thema selbstständig wissenschaftlich bearbeiten können. Der Unterschied besteht in der Breite des Themas und der damit verbundenen Anforderungen an die Rezeption der vorliegenden Forschung.

Vor der Wahl eines Themas für eine Abschlussarbeit sollte man über seine weiteren Lebenspläne nachdenken: Wer nicht an der Hochschule bleiben will, der oder dem rate ich – vor allem bei Bachelorarbeiten – zu einer Arbeit, in deren Mittelpunkt ein *praktisches* Problem steht. Einige Themenbeispiele (die Arbeiten finden Sie im Netz):

- Marketingkonzeption für Gastronomiebetriebe unter besonderer Betrachtung der Kommunikationspolitik
- Social Media Dienste als neuer Kommunikationsweg für Non-Profit-Organisationen
- Kosten und Preise von Mischfutter
- Didaktische Relevanz der Vorstellungen von Schülerinnen und Schülern zum Themenkomplex „Gewalt" im Sachunterricht

Anforderungen

Umberto Eco hat – vor der Einführung des Bachelor-Master-Systems – vier orientierende Kriterien formuliert, denen eine Abschlussarbeit genügen muss:

1. Gegenstand
Die Arbeit muss einen „erkennbaren Gegenstand" behandeln, „der so genau umrissen ist, daß er auch für Dritte erkennbar ist."

2. Originalität
In der Arbeit müssen Aussagen über einen Gegenstand getroffen werden, „die noch nicht gesagt worden sind" oder bereits getroffene Aussagen „aus einem neuen Blickwinkel" betrachtet werden. Der Nachweis, dass die Erde keine Scheibe ist, wäre keine wissenschaftliche Arbeit, denn sie würde bereits vorhandenem Wissen nichts hinzufügen. Wenn es, so Eco, noch keine Arbeit gibt, in der alle Methoden zum Bau einer Hundehütte verglichen und kritisch gewürdigt werden, dann könnte eine solche Arbeit „einen bescheidenen Anspruch auf Wissenschaftlichkeit erheben." *Hundehütte* ist ein Platzhalter. Er kann ersetzt werden durch *Konzepte zur Vermittlung von Schlüsselqualifikationen,* durch *Theorien der Massenkommunikation* oder *Untersuchungen über nachhaltigen Konsum*.

3. Nutzen
Die Arbeit muss „für andere von Nutzen" sein. Die *Anderen* müssen nicht *Viele* sein. Eine Masterarbeit über die *hexagonalen Bauten von Wilhelm Ulrich* wird nicht die Welt aufhorchen lassen. Für Wissenschaftlerinnen, die sich mit *Wilhelm Ulrich* beschäftigen, sollte diese Arbeit eine Erkenntnis oder Anregungen enthalten und vielleicht auch für Wissenschaftler, die über Architekturtheorie arbeiten. Voraussetzung dafür ist, dass die beiden ersten Kriterien erfüllt werden.

4. Überprüfbarkeit
Die Arbeit muss Angaben enthalten, die es anderen ermöglichen nachzuprüfen, ob die Hypothese, die Voraussetzungen und Schlussfolgerungen richtig oder falsch sind (2000, 40-44).

Um sicherzugehen, dass die Kriterien 2 und 3 erfüllt werden, muss – in einer Masterarbeit an der Universität – die vorliegende Forschung rezipiert werden: Wer nicht weiß, was andere bereits gedacht und herausgefunden haben, kann nicht entscheiden, ob er oder sie einen neuen Gedanken verfolgt, zu einer neuen Sichtweise oder Erkenntnis gelangt ist. Die Literatur umfassend zu berücksichtigen heißt nicht: sie lang und breit darzustellen (oder gar „aus den Angeln zu heben“), sondern sie zu kennen, um begründet neue Fragen stellen zu können oder nach abweichenden Antworten zu suchen.

Abschlussarbeit. 10 Verweise

1	Abstract	Seite 18
2	Begriffe bestimmen	Seite 35
3	Einleitung	Seite 54
4	Exposé	Seite 67
5	Fragestellung	Seite 79
6	Gliederung	Seite 85
7	Planung	Seite 155
8	Schluss	Seite 148
9	Titel	Seite 185
10	Vorwort	Seite 194

Fehler vermeiden

In Abschlussarbeiten ist zwischen Befunden und deren Interpretation zu trennen. Zentrale Begriffe müssen eingeführt werden. Die Schwerpunktsetzung muss begründet und eingeordnet werden. Und es sind folgende „klassische“ Fehler zu vermeiden:

1. Die Gliederung ist überfrachtet. Als Orientierung für hundert Seiten: fünf bis sieben Kapitel, mit bis zu acht Unterpunkten ⇨ *Gliederung.*
2. Die Methode bzw. Vorgehensweise wird nicht erläutert und begründet ⇨ *Einleitung.*
3. Es fehlen Angaben zur Materialauswahl bzw. Quellenlage ⇨ Einleitung, ⇨ *Exposé.*
4. Die Autorin setzt sich nicht ausreichend mit den Ergebnissen ihrer Arbeit auseinander; der Autor zieht keine Schlussfolgerungen, und er ordnet die Ergebnisse nicht in die wissenschaftliche Diskussion ein.

⇨ *Schreiben in der Wissenschaft – Der Prozess*, ⇨ *Wissenschaft. Wissenschaftliche Standards*

Literatur

Andreas Hirsch-Weber, Stefan Scherer: Wissenschaftliches Schreiben und Abschlussarbeit in Natur- und Ingenieurwissenschaften. Stuttgart: Ulmer Verl. 2016 (= UTB 4450)

Problemstrukturierende Begriffe

Womit setzt man sich auseinander, wenn man wissenschaftlich arbeitet? Mit einem Problem und seinem Ursprung. Man sucht nach Lösungen und Querverbindungen, systematisiert und definiert, gewichtet Fakten und Folgen. Und ...

Analyse und *Begründung*, *Dimension* und *Definition* – mit diesen Begriffen lässt sich wissenschaftliches Arbeiten angemessen in Worte fassen. Man „erzählt" nicht über drei „Dinge", von denen man „denkt", sondern *untersucht* (*interpretiert* oder *analysiert*) drei *Faktoren* (*Probleme* oder *Zusammenhänge*) und kommt zu dem *Schluss* (*Ergebnis* oder der *These*). Das sind die *sprachlichen* Signale für Wissenschaft. Das sind die Termini, mit denen man verhindert, sein Licht unter den Scheffel zu stellen. Beruht eine Bachelorarbeit – zum Beispiel – auf einer *Analyse*, die zu neuen *Hypothesen* führt, deren Bestätigung eine *Synthese* bislang widersprüchlicher *Ergebnisse* verspricht – dann sollten die Begriffe *Analyse, Hypothesen*, *Synthese, Ergebnisse* auch zu lesen sein. Allgemeiner formuliert: In der Wissenschaft verwendet man die Termini, die angemessen wiedergeben,

- womit man sich wissenschaftlich auseinandersetzt: mit *Determinanten* und *Bedingungen*, *Kategorien* und *Strukturen*, *Theorien*, *Methoden*, *Ansätzen* usw.;
- und wie das geschieht: *analysieren*, *vergleichen*, *interpretieren*, *erheben*, *befragen* usw.

Diese Begriffe sind logisch-analytische Kategorien – keine inhaltlichen wie Armut, Globalisierung, Sexualität oder Biodiversität. Mit ihrer Hilfe lassen sich gezielt ⇨ *Fragen* an Texte stellen und Themen von Haus- und Abschlussarbeiten aufschlüsseln (vgl. S. 77).

Problemstrukturierende Begriffe können zudem eine Hilfe bei der Strukturierung einer Arbeit sein – zum Beispiel Anregung, *Ursprung*, *Funktion* und *Entwicklung* von Sexualaufklärung zu untersuchen.

Auf der nächsten Seite sind rund hundert wichtige problemstrukturierende Begriffe aufgeführt.

⇨ *Umgangssprache*, ⇨ *Wissenschaftlicher Stil*

Problemstrukturierende Begriffe

Adressat
Aktualität
Analyse
Anfänge
Anlass
Ansätze
Ansatzpunkt
Anwendung
Aspekt
Ausgangspunkt
Ausmaß

Basis
Bedeutung
Bedingungen
Begriff
Begründung
Beispiel
Beziehung

Charakteristik

Daten
Definition
Determinanten
Dimension

Einsichten
Elemente
Entstehung
Entwicklung
Ergebnis
Erscheinungen

Fakten
Folgen
Folgerungen
Forderungen
Formen
Fragen

Gefahren
Geltungsbereich
Geschichte
Gründe
Grundfragen
Grundlagen
Grundstruktur

Hauptströmungen
Hintergrund
Hypothese

Inhalte
Intentionen
Interesse
Istzustand

Kategorien
Konkretisierung
Konsequenzen
Konzept(ion)
Kriterien
Kritik

Leitgedanke
Leitlinien
Lösung

Merkmale
Methode
Mittel
Modell
Motiv

Nachteil
Notwendigkeit

Ordnungskriterien
Organisation

Perspektiven
Phase
Position
Praxis
Prinzip
Probleme
Programm
Quellen
Querverbindungen

Relevanz
Richtlinien
Richtungen

Schema
Schwerpunkt
Schwierigkeit
Selbstverständnis
Situation
Struktur
Synthese
System
Systematisierung

Techniken
Tendenz

Test
Terminologie
Thema
Theorie
These

Übersicht
Ursprung

Vorgeschichte
Vorteil

Zukunft (Begründungs-, Entdeckungs-, Verwertungs-)
Zusammenhang
Zweck

P

Protokoll

Über Unfälle und Vernehmungen werden Protokolle geschrieben, Bundestagsdebatten werden Wort für Wort (einschließlich der Zwischenrufe und des Beifalls) protokolliert, es gibt Unterrichts-, Versuchsprotokolle und noch zahlreiche andere Protokollformen. An der Hochschule sind zwei Protokollformen relevant: das Ergebnis- oder Beschlussprotokoll und das Diskussions- bzw. Seminarprotokoll.

Protokolle können nützlich sein. Protokollschreiben ist lästig. Diese Last wird gemindert, wenn man mit den Anforderungen vertraut ist, die ein Protokoll erfüllen muss. Welche Funktion hat ein Protokoll? Welche Struktur ergibt sich aus dieser Funktion? Und was ist bei der Gestaltung zu beachten?

Protokolle sind ein Arbeitsmittel. Sie sollen Arbeitsprozesse erleichtern. Zu diesem Zweck werden in einem Protokoll die Inhalte einer Besprechung oder eines Seminars so festgehalten, dass alle Beteiligten nachlesen können, was mit welchen Ergebnissen besprochen wurde. Ein Protokoll muss so beschaffen sein, dass auch diejenigen, die an der Besprechung oder dem Seminar nicht teilgenommen haben, nach der Lektüre des Protokolls über alle notwendigen Informationen verfügen.

Beschlussprotokoll

Dort, wo Beschlüsse gefasst werden, in Gremien und Arbeitsgruppen, ist das Beschluss- oder Ergebnisprotokoll die richtige Wahl. Ein Beispiel:

1. *Streikaufruf*

Der Streik gegen Studiengebühren soll am 14.11. ... beginnen. Eine Woche vorher wird ein Aufruf veröffentlicht.

> Wir geben drei Versionen des Aufrufs heraus:

1. Ein Aufruf an die Studierenden.
2. Ein Anruf, der die Lehrenden informiert und zur Unterstützung der Studierenden auffordert.

3. Eine Pressemitteilung, in der Anlass und Ziel des Streiks populär zusammengefasst werden.
[ ] Tina schreibt den Aufruf an die Studierenden.
[ ] Rolf verfasst den Text, der sich an die Lehrenden richtet.
[ ] Von Beate kommt die Pressemitteilung.
> Die Texte sollen bis zum 7.11. ... vorliegen.

2. Streikgestaltung
Der Streik soll mit einer Kundgebung auf dem Humboldt-Platz eröffnet werden. In den folgenden Tagen werden in der Stadt öffentliche Lehrveranstaltungen durchgeführt.
> Die Kundgebung wird umgehend bei der Polizei angemeldet.
> Auf der Veranstaltung soll ein Professor, eine Studentin und einE VertreterIn der Gewerkschaft *verdi* sprechen.
> Vor und nach den Reden soll eine Latino-Rock-Band spielen.
> In den öffentlichen Lehrveranstaltungen sollen Themen behandelt werden, die nicht nur Studierende interessieren.
[ ] Petra meldet heute die Kundgebung an.
[ ] Vera besorgt bis zum ... eine Band.
[ ] Jens macht bis zum ... einen Vorschlag, wer auf der Kundgebung sprechen soll.
[ ] Tina erarbeitet in Zusammenarbeit mit den FachschaftssprecherInnen bis zum ... Themenvorschläge für die öffentlichen Lehrveranstaltungen.

P

3. Tagungsrhythmus der AG Streik
Während des Streiks trifft sich die AG täglich um 18 Uhr im SoWi-Café.
> Wir brauchen einen Vorschlag, wie alle Informationen zum Streikverlauf für diese Treffen vorliegen können.
[ ] Petra legt bis zum ... eine Übersicht vor, wer täglich wen wie und bis wann über den Streikverlauf an den einzelnen Fachbereichen informiert.

Unwichtig ist, wer eine Latino-Rock-Band vorgeschlagen oder angeregt hat, drei Versionen des Streikaufrufs zu veröffentlichen. Deshalb tauchen diese Angaben im Protokoll nicht auf. Festgehalten wird nur, worauf es ankommt, was alle wissen müssen:

- Wie ist der Stand der Dinge?
- Wie geht es weiter?
- Wer macht was bis wann?

Die Klammer dient der Beschlusskontrolle – sie verweist darauf, dass noch etwas aussteht, das *Erledigt* fehlt [✓].

Diskussionsprotokoll

Wird in einem Seminar Protokoll geführt, stehen im Mittelpunkt
- die zentralen Aussagen, Fragen, Thesen,
- die unterschiedlichen Auffassungen und deren Begründungen,
- Fragen, die in der Diskussion gestellt wurden,
- Antworten, die gegeben wurden,
- Fragen, die unbeantwortet blieben,
- Übereinstimmungen, die erreicht wurden,
- Differenzen, die bestehen blieben.

Ein Diskussionsprotokoll ist keine Nacherzählung. Der Diskussions*verlauf* mit allen Wiederholungen, Schlenkern, Nebensächlichkeiten usw. interessiert nicht. Deshalb verwende ich nicht den Begriff „Verlaufs"protokoll.

In einem gelungenen Diskussionsprotokoll wird der Verlauf der Diskussion nachträglich geordnet: das Für und Wider der Meinungen, (offene) Fragen usw. den einzelnen Themenschwerpunkten zugeordnet. Um ein solches Protokoll schreiben zu können, ist es während des Seminars notwendig, die Diskussionsbeiträge im Kopf zu strukturieren. Das gelingt nicht, wenn man versucht, möglichst viel oder gar wörtlich mitzuschreiben.

Gestaltung und Stil

Für die Gestaltung eines Protokolls sind einige Standards und ein Leitkriterium zu beachten. Zunächst zu den *Standards*: Jedes Protokoll beginnt mit Angaben über den zu protokollierenden Anlass. Das heißt für ein Seminarprotokoll:
1. Titel des Seminars
2. Name der Dozentin
3. Thema der Sitzung
4. Name der Referentin
5. Datum
6. Name des Protokollanten

Bei Protokollen, die in anderen Zusammenhängen geschrieben werden, enthält ein Protokoll-„Kopf" folgende Angaben:

1. *Was* wird protokolliert?
   Zum Beispiel: Protokoll der *Fachbereichssitzung.*
2. *Wer* hat teilgenommen?
   Folgende Unterscheidungen können sinnvoll sein:
   - Teilnehmerinnen und Teilnehmer (aus dem Hause),
   - Gäste,
   - Personen, die nur zeitweise teilgenommen haben,
3. *Wer* leitete die Sitzung?
4. *Wann* fand die Sitzung, Besprechung usw. statt?
5. *Wo* fand sie statt?
   Diese Angabe ist nicht erforderlich, wenn der Ort nicht wechselt. Hinweise wie *kleiner* oder *großer Sitzungssaal* sind überflüssig.
6. *Wer* führte Protokoll?

Eine verbindliche Reihenfolge für diese Punkte gibt es nicht. Die Teilnehmerinnen und Teilnehmer werden in alphabetischer Reihenfolge aufgeführt – sofern nicht Hierarchien zu beachten sind. Wenn es notwendig ist, die Personen aufzuführen, die nicht anwesend waren, sind angemessene Formulierungen: *abwesend, verhindert* oder *entschuldigt.*

P

Zum *Leitkriterium*: Wer in einem Protokoll etwas nachlesen will, sollte ohne große Mühe die gesuchten Informationen finden: Ein Protokoll muss übersichtlich sein, das Wesentliche kurz und präzise wiedergeben.

Mit den Leitkriterien *Thema* und *Aussage* lässt sich ein Protokoll übersichtlich gestalten:

- *Thema:* Worum ging es?
- *Aussage:* Was wurde zum Thema gesagt?

Das *Thema* hat Teilthemen. *Aussagen* meint – zum Beispiel – Thesen und Gegenthesen zu einem Themenaspekt. Die Unterscheidung in Thema und Aussage hilft, Ordnung in die Themen- und Meinungsvielfalt zu bringen. Ein Beispiel:

Thema Globalisierung und Wettbewerbsfähigkeit
Themenaspekt: Wettbewerbsfähigkeit und Lohnkosten

- These: Die hohen Lohnkosten in Deutschland beeinträchtigen die Wettbewerbsfähigkeit.
- Gegenthese: Entscheidend im produzierenden Gewerbe sind die Lohnstückkosten. Bei der Höhe der Lohnstückkosten liegt Deutschland bei einem internationalen Vergleich im Mittelfeld.

Themenaspekt: Wettbewerbsfähigkeit und Infrastruktur

- These: ...
- Gegenthese: ...

Die Begriffe *Thema* und *Themenaspekt* tauchen im Protokoll nicht auf. Es sind Gliederkategorien, die dazu dienen, Ordnung in den Diskussionsverlauf zu bringen, Aussagen thematisch zuzuordnen ⇨ *Problemstrukturierene Begriffe.*

Diese Kategorien lassen sich ergänzen: Wurde eine *Synthese* erarbeitet? Blieben *Fragen* zu einem bestimmten Themenaspekt unbeantwortet? Wurde ein *Fazit* gezogen? Usw.

Wenn in einer Diskussion komplizierte Themen behandelt wurden, sollte das Protokoll dieser Diskussion nicht kompliziert geschrieben werden. Vielmehr sollten Protokolle verständlich, präzise und sachlich sein. *Sachlich* meint: Ein Protokoll enthält keine Wertungen.

Protokolle werden im Präsens geschrieben. Bei der Wiedergabe von Meinungen lässt sich die indirekte Rede umgehen, wenn man gliedernde Kategorien ins Protokoll aufnimmt. Ein Beispiel:

P

Der These, die internationale Wettbewerbsfähigkeit deutscher Unternehmen werde durch die hohen Lohnkosten beeinträchtigt, wurde entgegengehalten, entscheidend seien die Lohnstückkosten, bei denen die Produktivität berücksichtigt wird. Im internationalen Vergleich läge Deutschland bei der Höhe der Lohnstückkosten im Mittelfeld.

Mit gliedernden Kategorien:

These: Die internationale Wettbewerbsfähigkeit deutscher Unternehmen wird durch die hohen Lohnkosten beeinträchtigt.
Gegenthese: Entscheidend sind die Lohnstückkosten, bei denen die Produktivität berücksichtigt wird. Im internationalen Vergleich liegt Deutschland bei der Höhe der Lohnstückkosten im Mittelfeld.

Literatur

Zum Versuchsprotokoll in den Naturwissenschaften sind auf den Webseiten der Universität Göttingen nützliche Informationen zu finden.

Schmidt informiert über das strukturierte Festhalten von Beobachtungen, einer Methode der Sozialwissenschaften zur Gewinnung von Informationen.

Eine Checkliste für das Protokollschreiben wird auf den Seiten der Fakultät für Erziehungswissenschaft an der Universität Bielefeld zur Verfügung gestellt.

Hinweise zum Schreiben von Protokollen im Beruf gibt Franck.

Norbert Franck: Schreiben wie ein Profi. 5. Aufl. Köln: Bund-Verlag 2011

Peter Schmidt: Beobachtungsverfahren. www.staff.uni-giessen.de/~g31070/23_01_01.pdf (2.12.2018)

uni-bielefeld.de/erziehungswissenschaft/scs/pdf/leitfaeden/studierende/protokoll.pdf (19.9.2018)

http://lp.uni-goettingen.de/get/text/5701 (9.10.2018)

Quellenangaben

Literatur- bzw. Quellenangaben müssen präzise sein, damit sie überprüft werden können. Welche Form eine präzise Quellenangabe haben muss, ist nicht *allgemein* verbindlich festgelegt. Das Deutsche Institut für Normung hat mit der Norm ISO 690 (vom Oktober 2013) Standards für Quellenangaben entwickelt. Ohne großen Erfolg: Kaum jemand beachtet diese Richtlinien. Deshalb weichen Quellenangaben in der Form voneinander ab – nur drei Beispiele:

Rommelspacher, Birgit: Rassismus und Rechtsextremismus. Der Streit um die Ursachen. In: Tillner, Christiane (Hrsg.): Frauen – Rechtsextremismus, Rassismus, Gewalt. Feministische Beiträge. Münster: Agenda-Verl. 1994, S. 11-24

Rommelspacher, Birgit: *Rassismus und Rechtsextremismus. Der Streit um die Ursachen.* In: Christiane Tillner (Hrsg.): Frauen – Rechtsextremismus, Rassismus, Gewalt. Feministische Beiträge. Münster: Agenda-Verl. 1994, S. 11-24

Rommelspacher, Birgit: Rassismus und Rechtsextremismus. Der Streit um die Ursachen, in: Christiane Tillner (Hrsg.): Frauen – Rechtsextremismus, Rassismus, Gewalt. Feministische Beiträge. Münster 1994, S. 11-24

Q

Es macht faktisch keinen Unterschied, ob man *in* oder *In* schreibt, ob man sich für *Tillner, Christiane (Hrsg.)* oder *Christiane Tillner (Hrsg.)* entscheidet. Wichtig ist, dass

- jede dieser drei Varianten es ermöglicht, den Aufsatz von Birgit Rommelspacher problemlos zu finden,
- man die gewählte Form der Quellenangabe konsequent durchhält.

Fachspezifische Konventionen für Quellenangaben sind sinnvoll, wenn sie den Besonderheiten einer Wissenschaftsdisziplin Rechnung tragen. Wenig sinnvoll sind die Privat-Regeln, die manche Fachbereiche und Hochschullehrer aufstellen. Die folgenden Hinweise ermöglichen präzise Quellenangaben. Sie sind daher nützlich – aber nicht verbindlich. Es ist ratsam zu prüfen, ob diese

Anregungen sich mit den Erwartungen des jeweiligen Fachbereichs oder Prüfers decken. Das erspart Ärger.

Bücher

Eine *vollständige* Titelangabe enthält folgende Angaben:

1. Name und Vorname der Autorin oder des Herausgebers
2. Sachtitel
3. Nähere Angaben zur Ausgabe bzw. Bandangabe
4. Erscheinungsort(e)
5. Verlag
6. Erscheinungsjahr
7. Reihenbezeichnung

Kaufmann, Jean-Claude: Singlefrau und Märchenprinz. Über die Einsamkeit moderner Frauen. Konstanz: UVK 2002 (Edition Discours, Band 26)

In diesem Beispiel sind keine näheren Angaben zur Ausgabe (zum Beispiel „3. Auflage") und keine Bandangabe (zum Beispiel „Band 2") erforderlich, da es sich um eine Erstausgabe handelt. Erste Auflagen werden nicht angegeben. Der Übersetzer oder die Übersetzerin auch nicht.

Angaben über den Verlag und die Reihenbezeichnung sind keine Pflicht. Vornamen können abgekürzt und der Sachtitel *kursiv* gesetzt werden:

Kaufmann, J.-C.: *Singlefrau und Märchenprinz. Über die Einsamkeit moderner Frauen.* Konstanz 2002

Q

Nähere Angaben zur Ausgabe bzw. zum Band werden in der Regel abgekürzt, die Namen mehrerer Autoren durch ein Semikolon getrennt:

Hans-Ulrich Wehler: Vom Beginn des Ersten Weltkriegs bis zur Gründung der beiden deutschen Staaten 1914-1949. Deutsche Gesellschaftsgeschichte Bd. 4. München: C. H. Beck 2003

Schneidewind, Uwe; Singer-Brodowski, Mandy: Transformative Wissenschaft. Klimawandel im deutschen Wissenschafts- und Hochschulsystem. Marburg: Metropolis Verlag 2013

Ist der Verlagsort in einer Veröffentlichung nicht angegeben, wird dies durch „o.O." (= ohne Ort) ausgewiesen. Kennt man den Erscheinungsort, fügt man ihn in eckigen Klammern hinzu. Ist das Erscheinungsjahr nicht ausgewiesen, verfährt man analog: „o.J." (ohne Jahr). Ist bekannt, wann (ungefähr) der Text erstmals veröffentlicht wurde, wird ergänzt: [1997] oder [um 1997].

Arbeitsgruppe Pädagogisches Museum (Hrsg.): Ich bin kein Berliner. Minderheiten in der Schule. o.O. [Berlin], o.J. [1987]

Bei Veröffentlichungen von *mehr als drei Personen* wird meist nur die oder der zuerst im Titel genannte Autorin oder Herausgeber angegeben und um den Zusatz „und andere" (u.a.) ergänzt:[19]

Beinke, Christiane u.a.: Die Seminararbeit. 3. Aufl. Konstanz: UKV Verlagsgesellschaft 2016

Bei Festschriften wird der Anlass der Veröffentlichung mit angegeben:

Katrin Reimer-Gordinskaya, Michael Zander (Hrsg.): Krise und Kritik (in) der Psychologie. Festschrift für Wolfgang Maiers. Hamburg: Argument Verl. 2018

Zitieren Sie aus einem E-Book, fügen Sie am Ende in Klammern E-Book hinzu:

Franck, Norbert: So gelingt Kommunikation. Weinheim, Basel: Beltz 2017 [E-Book]

Q

Ein Sonderfall sind Bücher wie der *Duden* oder der *Fischer Weltalmanach*, die vor allem unter ihrem Titel bekannt sind (und für die höchst komplizierte und umfangreiche Angaben zur Urheberschaft notwendig wären). Sie können unter dem Titel ausgewiesen werden:

Der neue Fischer Weltalmanach 2019. Frankfurt/Main: Fischer 2018

19 In den Ethik-Richtlinien der Deutschen Forschungsgemeinschaft wird gefordert, alle Personen zu nennen, die an einer Veröffentlichung inhaltlich mitgewirkt haben.

Aufsätze

Bücher, Zeitungen und Zeitschriften sind „selbstständige" Schriften. Aufsätze werden als „unselbstständige" Schriften bezeichnet. Die Literaturangabe muss den Weg zur selbstständigen Schrift bahnen, die in Bibliothekskatalogen erfasst ist. Folgende Angaben sind erforderlich:

1. Autorin/Autor
2. Aufsatztitel
3. „In:"
4. Angaben zur selbstständigen Quelle
5. Seiten- bzw. (in Lexika und Handwörterbüchern) Spaltenangaben

Zeitschrift

Binswanger, Mathias: Der Kampf gegen Tretmühlen. In: politische ökologie 31 (2013) 135, S. 51-57

Der Aufsatz erschien 2013 im Heft 135 der Zeitschrift *politische ökologie*. 31 ist die Jahrgangsangabe.

Ist der Jahrgang nicht bekannt:

Franck, Norbert: Nein sagen lernen. managerSeminare. H. 237, 12/2017, S. 82–88.

Q

Zeitung

Kunze, Anne: Rückkehr der Phantome. In: Die Zeit. Nr. 24 vom 2.6.2016, S. 10

Sammelband

Trattnigg, Rita: „Momente des Wandels". Über die österreichische Art, die Wachstumsdebatte zu führen. In: Irmi Seidl, Angelika Zahrnt (Hrsg.): Postwachstumsgesellschaft. Konzepte für die Zukunft. Marburg: Metropolis-Verlag 2010, S. 209-215

Zeitschriften-Sonderhefte, die nicht regelmäßig erscheinen, werden wie Sammelwerke zitiert:

Dewe, Bernd; Radtke, Frank-Olaf: Was wissen Pädagogen über ihr Können? Professionstheoretische Überlegungen zum Theorie-Praxis-Problem in der Pädagogik. In: Jürgen Oelkers, H.-Elmar Tenorth (Hrsg.): Pädagogisches Wissen. Weinheim: Beltz, 1991 (Zeitschrift für Pädagogik, 27. Beiheft), S. 143-162

Briefe

Veröffentlichte Briefe werden wie Aufsätze ausgewiesen. Die Besonderheit: Es werden der Empfänger und das Briefdatum angegeben.

Heinrich Mann: Brief an Thomas Mann vom 25. Mai 1939. In: Thomas Mann. Heinrich Mann – Briefwechsel 1900 bis 1949. Hrsg. v. Hans Wysling. Frankfurt/Main: Fischer 1975, S. 184-186

Bei unveröffentlichten Briefen ist vor allem eine präzise Angabe des Fundorts (zum Beispiel des Archivs) wichtig. Hat man für eine Arbeit über Politik und Moral Sigmar Gabriel und andere Politikerinnen und Politiker um eine Stellungnahme gebeten und eine Antwort erhalten, empfiehlt sich, eine gesonderte Rubrik im Literaturverzeichnis anzulegen (zum Beispiel: „Schriftliche Stellungnahmen von Politikerinnen und Politikern – im Besitz des Verfassers"). Dann kann die Quellenangabe kurz ausfallen:

Nahles, Andrea: Brief vom 19.12.2018

Kramp-Karrenbauer, Annegret: Brief vom 28.3.2019

Hat die Ministerin eine E-Mail geschickt und in der Betreff-Zeile eine Angabe gemacht, wird diese Antwort wie folgt zitiert:

Dreyer, Maria Luise Anna: Re: Politik und Moral. E-Mail vom 21.1.2019

Graue Literatur

„Graue Literatur" ist eine Sammelbezeichnung für Schriften, die nicht über den Buchhandel zu beziehen sind: Kongressreader, Arbeitspapiere eines Instituts, Forschungsberichte usw. sind vielfach die interessantesten Quellen, denn sie sind Medien der Erstveröffentlichung neuer Forschungsergebnisse oder innovativer Konzepte. Bei diesen Quellen ist es besonders wichtig, dass die *Bezugsquelle* eindeutig angegeben wird, zumal viele Bibliotheken keine graue Literatur sammeln.

Bundesministerium für Umwelt, Naturschutz und Reaktorsicherheit (Hrsg.): Aus Verantwortung für die Zukunft. Umweltpolitik als globale Herausforderung. Berlin 2002

Möllers, Christoph; Schneider, Linda: Demokratiesicherung in der Europäischen Union. Berlin: Heinrich-Böll-Stiftung 2018 (= Schriften zu Europa Bd. 9)

Hochschulschriften

Dissertationen, Diplomarbeiten und Habilitationsschriften zählen, sofern sie nicht als Buch veröffentlicht wurden, auch zur grauen Literatur. Deshalb ist eindeutig auszuweisen, wo sie erschienen sind.

1. Nachname, Vorname
2. Titel
3. Ort
4. Hochschule
5. Fachbereich bzw. Fakultät
6. Nähere Bezeichnung der Arbeit (Masterarbeit, Diss., Habil-Schr.)
7. Erscheinungsjahr

Q

Jägermeyr, Jonas: Assessing opportunities to increase global food production within the safe operating space for human freshwater use. Berlin: Humboldt-Universität zu Berlin, Mathematisch-Naturwissenschaftliche Fak., Diss. 2017

Jung, Walter: Ideologische Voraussetzungen, Inhalte und Ziele außenpolitischer Programmatik und Propaganda in der deutschvölkischen Bewegung der Anfangsjahre der Weimarer Republik – Das Beispiel Deutschvölkischer Schutz- und Trutzbund. Göttingen: Georg-August-Universität, Phil. Fak., Diss. 2001

Web-Dokumente

Texte und Daten, die nur als Bits und Bytes existieren, werden analog zu Aufsätzen aus Sammelwerken oder Zeitschriften nachgewiesen. Der Ort wird zur Adresse und eine Seitenangabe entfällt. Das Datum des Zugriffs auf die elektronische Quelle ersetzt das Erscheinungsdatum. Dieses Datum ist wichtig: Web-Adressen ändern sich und Dokumente werden ausgetauscht, was zu den bekannten unerfreulichen Meldungen führt: „Die Seite kann nicht angezeigt werden“ oder „Error. The requested URL could not be retrieved“. Die Angabe des Zugriffsdatums ist die Versicherung: „An diesem Tag wurde in dieser Quelle jenes ausgesagt.“

1. Autorin/Autor
2. Titel des Dokuments
3. Adresse (Uniform Resource Locator; URL)
4. Datum des Aufrufs der Webseite

Franck, Norbert: Nein sagen lernen. www.managerseminare.de/ms_Artikel/Abgrenzung-im-Job-Nein-sagen-lernen,260296 (23.11.2018)

Ähnlich zitiert man Dokumente, die man im Internet gefunden hat, die jedoch auch anderswo – zum Beispiel in einer Zeitung oder als graue Literatur – erschienen sind:

Q

Hörter, Michael: Das ambivalente Konfliktverhalten islamischer Bewegungen. Ein Vergleich zwischen den Khudai Khidmatgars und der Hamas. Tübingen 2007 (Tübinger Arbeitspapiere zur internationalen Politik und Friedens- und Konfliktforschung 50) https://publikationen.uni-tuebingen.de/xmlui/bitstream/handle/10900/47540/pdf/tap50.pdf?sequence (20.8.2016)

Audiovisuelle Materialien

Filme, CDs, DVDs und Schallplatten sind selbstständige Quellen und werden daher wie Bücher zitiert. Wie umfangreich zum Beispiel der Beleg einer Schallplatte ausfällt, hängt vom Kontext und

Zweck der Arbeit ab. Für eine Arbeit über Absatzchancen von Schallplatten im Fach Betriebswirtschaft mag genügen:

Verdi, Guiseppe: Ein Maskenball. Köln: Electrola 1975. – 3 Schallpl.

In einer musikwissenschaftlichen Arbeit sind sicher mehr Angaben notwendig. Ob es allerdings immer – wie in DIN 1505, Teil 4 vorgeschlagen wird – eine so umfangreiche Quellenangabe sein muss, ist eher unwahrscheinlich.

Verdi, Guiseppe [Komponist]; Muti, Ricardo [Dir.]; Arroyo, Martina [Sopr.]; Domingo, Placido [Tenor]; Cappuccilli, Piero [Bar.]: Ein Maskenball = un ballo in maschera / Verdi; Arroyo; Domingo; Cappuccilli; Cossotto; Grist; Chorus of the Royal Opera House, Covent Garden; New Philharmonic Orchestra; Ricardo Muti. Köln: Electrola, 1975. – 3 Schallpl. in Kassette; 33UpM; 30 cm + Beih.

Ob es auf den Komponisten, die Sängerin, das Orchester oder den Dirigenten ankommt, sollte in Abhängigkeit vom Gegenstand der Arbeit und dem Zweck der Quelle entschieden werden. Das gilt auch für Formatangaben wie *33UpM; 30 cm*. Wenn es um die Inhalte einer Quelle geht, kann darauf ebenso verzichtet werden wie auf den Hinweis zur Verpackung und das Beiheft. Und bei einer CD-ROM ist die Angabe überflüssig, wie viel Arbeitsspeicher erforderlich ist, um sie abzuspielen. Es genügen folgende Angaben:

Q

Bundeszentrale für politische Bildung (Hrsg.): Informationssystem Medienpädagogik: ISM 2001. Datenbanken zum Thema Medienkompetenz. CD-ROM. Bonn 2001

Adolf Grimme Institut, Bundeszentrale für politische Bildung, learn online Sci GmbH (Hrsg.): Bildbox für Millionen. Fernseh- und Mediengeschichte der Bundesrepublik Deutschland. CD-ROM. Marl u.a. o.J. [2002]

Für eine Arbeit, in der es um Medientechnik oder Mediengeschichte geht, mag (nach dem Titel und vor dem Ort) der Hinweis „mind. 64 MB Arbeitsspeicher“ sinnvoll sein.

Es gibt noch viele Quellen, die für wissenschaftliche Arbeiten herangezogen werden können – zum Beispiel Loseblattsammlungen, Gesetze und Urteile, Werke der bildenden Kunst, Computerprogramme, elektronische Datenbanken, Fernsehsendungen und Theateraufführungen, Flugblätter, Bedienungsanleitungen.

Es ist nicht sinnvoll, auf alle möglichen Quellen einzugehen. Zum einen deshalb nicht, weil es zahlreiche fachspezifische Konventionen gibt. Zum anderen kommen viele der genannten Quellenarten zu selten vor, um für alle Fälle Regeln aufzustellen. Wichtig ist vor allem die Perspektive der Lesenden einzunehmen: Welche Angaben ermöglichen es ihnen, die Quelle zu ermitteln (bei Konzerten, Ausstellungen und anderen Ereignissen, die nicht festgehalten wurden, Informationen über diese „Quellen" zu ermitteln)? Deshalb sind Angaben über Ort, Datum, Medium (und seine Beschaffenheit) unverzichtbar:

Gaul, Dieter; Bartenbach, Kurt: Arbeitnehmererfinderrecht. Kommentar. Köln: Schmidt – Loseblatt-Ausg., Erg.-Lfg. 28. Stand: Oktober 2001

Stadtplan Berlin. Maßstab: 1:30.000. Berlin: StadtInfo-Verl. Ausgabe 1999

Verein iranischer Flüchtlinge in Berlin: Solidarität mit der iranischen Studentenbewegung. Flugblatt. Berlin 2003

Q

Für Quellen in englischer Sprache können folgende Abkürzungen verwendet werden:

- Ed. (Editor), Eds. (Editors)
- ed. (edition)
- 2nd ed. (second edition)
- p. (page), pp. (pages)
- vol. (Volume), Vols. (Volumes)

Literatur

An vielen Fachbereichen und Instituten gibt es Vorgaben für das Belegen und Zitieren; sie sind auf den entsprechenden Webseiten zu finden.

Lydia Prexl geht ausführlich darauf ein, wie man digitale Quellen belegt.

Lydia Prexl: Mit digitalen Quellen arbeiten. Richtig zitieren aus Datenbanken, E-Books, YouTube und Co. 3. Aufl. Paderborn: Schöningh 2019 (= UTB 4420)

Q

Referieren und kritisieren

Der Aufbau eines Versuchs, ein Tathergang, die Symptome einer Krankheit müssen zunächst exakt beschrieben werden, bevor man eine Diagnose stellt, eine Schlussfolgerung zieht oder eine Bewertung vornimmt. In den Naturwissenschaften ist Trennung von Darstellung, Analyse und Bewertung eine Selbstverständlichkeit, und für die Darstellung gibt es präzise fachbezogene Vorgaben.

In den Sozial- und Geisteswissenschaften sind, von der Kunstwissenschaft einmal abgesehen, Beschreibungen eher die Ausnahme ⇨ *Bericht*. Die Regelanforderung in Soziologie, Geschichte oder Pädagogik lautet: Die Darstellung der Gedanken eines Autors, der Intention einer Autorin, der Grundlagen einer Theorie ist zu trennen von der Analyse und Bewertung: Zunächst müssen die Texte oder der Sachverhalt, um den es geht, korrekt und verständlich wiedergegeben werden.

Theorien oder Forschungsergebnisse sind dann gut referiert, wenn sie so verständlich und ausführlich wiedergegeben werden, dass für den Leser die Lektüre des Originals nicht zwingend ist. Die Kür lautet: so ausführlich wie nötig und so knapp (und präzise) wie möglich. Vermeiden Sie eine ausführliche Wiedergabe von Texten in eigenen Worten oder gar Zitatenreihungen.

Meinungen, Ergebnisse, Theorien werden als Meinungen, Ergebnisse, Theorien anderer referiert. Nach der Lektüre von Michel Foucaults *Der Gebrauch der Lüste* und *Die Sorge um sich* weiß man, was der Autor unter *Ethik* versteht. Dieses Wissen wird neutral referiert bzw. bilanziert: „Foucault versteht unter ..." Teilt man Foucaults Auffassungen, versteht man „*mit* Foucault *Ethik* als ...".

Indikativ, Präsens und Präteritum

Referieren Sie im Indikativ und Präsens. Das erleichtert das Schreiben und Lesen.

- Esselborn-Krumbiegel *weist* darauf hin, dass in der Diskussion der Ergebnisse ausschließlich Studien angeführt werden dürfen, die im einleitenden Teil erwähnt wurden (2017, 123).

- Im Unterschied zum Behaviorismus *wird* in der Handlungsregulationstheorie *betont*, dass ...
- Hacke *diagnostiziert* einen Verlust an „Anstand“, den er vor allem auf folgende Faktoren *zurückführt:* ...
- Jarras weist darauf hin, dass die Arbeitnehmerinnen und Arbeitnehmer in Deutschland im ersten Jahrzehnt des 21. Jahrhunderts nicht vom Wachstum des Volkseinkommens profitierten (2010, 157).

Wenn Sie dieser Empfehlung folgen, sollten Sie konsequent bei Indikativ und Präsens bleiben.

Das Präteritum ist angebracht, wenn die Geschichte einer Debatte oder Forschungsansatzes referiert wird:

- Das Konzept der „Staatsbürgerlichen Erziehung“ *wurde* in den sechziger Jahren abgelöst von einem konfliktorientierten Ansatz der politischen Bildung, der das eigenständige Denken und Handeln der Schülerinnen und Schüler in den Mittelpunkt *stellte*.
- Tillner (1994) *eröffnete* mit ihrem Sammelband die Auseinandersetzung über die vernachlässigte Frage nach dem Verhältnis von Frauen und Rechtsextremismus.

R

Auf der Grundlage der sachlichen und präzisen Wiedergabe einer Theorie oder eines Forschungsansatzes wird analysiert und bewertet.[20] Folgende Fragen können eine Einordnung, Analyse und Bewertung leiten:

- Wer [Autor, Autorin]
- sagt was mit welcher Intention und in welcher Form [Text]
- wem [Leserin, Leser]?

20 Die „persönliche Stellungnahme“ mag im ersten Semester noch erlaubt sein. Eigentlich ist die Bezeichnung Nonsens. Jede Stellungnahme ist persönlich. Die „persönliche Stellungnahme“ als unbekümmertes Drauflosmeinen hat mit wissenschaftlichem Arbeiten nichts zu tun.

Aus diesen Hauptfragen lassen sich unter anderem folgende Teilfragen ableiten:

- Wer ist der Autor, die Autorin?
- Welches Ziel verfolgt er oder sie?
- In welchem Kontext steht die Arbeit?
- Welche Frage, welches Problem steht im Mittelpunkt?
- Welche Fragen, welche Probleme werden ausgeklammert?
- Welche Aussagen werden getroffen, welche Problemlösungen vorgeschlagen?
- Ist das Problem relevant?
- Ist die Fragestellung sinnvoll?
- Werden Voraussetzungen erläutert?
- Wird die Methoden- und Quellenauswahl begründet?
- Ist die Begründung schlüssig?
- Ist die Argumentation stimmig?
- Sind die Ergebnisse (praktisch) relevant?
- Sind die Schlussfolgerungen schlüssig?
- Sind die Schlussfolgerungen praktisch relevant?
- Sind die Schlussfolgerungen von Bedeutung für die Wissenschaft?

Klassische Formulierungen

Für die sachlich-neutrale Wiedergabe von Positionen und Ergebnissen bieten sich folgende Formulierungen an:

- Die Autorin vertritt die Position, ...
- Haug widerspricht der These, ...
- Die Autorin betont, ...
- Nemitz behauptet, ...
- Nach Auffassung des Autors ist ...
- Der Autor geht der Frage nach, ...
- Die Autorin beruft sich ...
- Marx kommt zu dem Ergebnis, ...
- Die Autorin zeigt, ...
- Entscheidend ist jedoch, so Erlinger, ...

Wertende Kommentare lassen sich wie folgt formulieren:
- Für Camphausens These spricht ...
- Die Autorin macht deutlich, ...
- So gelingt ihr der Nachweis, ...
- Hacke betont zu recht, ...
- Volpert räumt allerdings ein, ...
- Allerdings übersieht Maaz, ...
- Unberücksichtigt bleibt bei Herrmann die Tatsache, ...
- Fritze bleibt daher den Nachweis schuldig, ...

Im Kapitel ⇨ *Argumentieren* werden drei Aussage-Kategorien vorgestellt: Aussagen über die Realität, über Mittel, Werte und. Normen. *Bewertungen* innerhalb dieser Kategorien können zum Beispiel sein:

Aussagen über die Realität
- richtig – falsch
- genau (vollständig, differenziert) – ungenau (unvollständig, undifferenziert)
- relevant – irrelevant
- neu – bekannt
- überprüfbar – nicht überprüfbar
- usw.

R

Aussagen über Mittel
- tauglich – untauglich
- effizient – ineffizient
- ökonomisch – aufwendig
- keine unerwünschten Folgen – unerwünschte Folgen
- usw.

Aussagen über Werte und Normen
- sozial – unsozial
- gerecht – ungerecht
- human – inhuman
- unterhaltend (spannend) – langweilig

- ausdrucksstark – ausdruckslos
- usw.

Nehmen wir an, in einer Hausarbeit soll ein Überblick über die (aktuelle) Literatur über Gentrifikation, Konzepte zur Reform des Sozialstaats oder zu den Folgen der Globalisierung gegeben werden. Dann sind diese Veröffentlichungen nicht nacheinander, sondern *kriteriengeleitet* zu referieren.

Die Kriterien müssen ausgewiesen und es muss begründet werden, warum sie zweckdienlich sind.[21] Zudem ist darauf zu achten, dass die kriteriengeleitete Wiedergabe eines Textes der Intention des Autors gerecht wird ⇨ *Literaturbericht.*

Diese Anforderungen gelten auch für *Vergleiche:* Die Vergleichskriterien müssen angemessen sein und expliziert werden. Die Gliederung auf der Seite 88 ist ein Beispiel für kriteriengeleitetes Vergleichen. Andere Gliederungen dieses Vergleichs sind möglich:

Kriterium 1	*Gemeinsamkeiten*
Schweden	Kriterium X
Deutschland	Kriterium Y
Kriterium 2	*Differenzen*
Schweden	Kriterium A
Deutschland	Kriterium B
usw.	usw.

R

Auf Gemeinsamkeiten von Autorinnen oder Theorien und Unterschiede zwischen Autoren oder Positionen lässt sich mit folgenden Formulierungen hinweisen:

- Gänzlich *andere Ergebnisse* ergaben die Befragungen von Müritz.
- Die Kritik von Holzkamp *geht weit* über die bisherige Kritik am Behaviorismus *hinaus.*
- *Im Gegensatz* zur neoliberalen Finanzpolitik wird von Vertretern des Keynesianismus betont, dass ...

21 Die ⇨ *problemstrukturierenden Begriffe* sind eine Hilfe bei der Auswahl solcher Kriterien.

- Die Thesen der Autorin stehen *im Widerspruch* zum klassischen Verständnis von Sexualität.
- Wenngleich sich alle Parteien für Chancengleichheit aussprechen, *unterscheidet sich* ihr Verständnis, was darunter zu verstehen sei, deutlich.
- Die Ergebnisse der Untersuchung von Dorn *decken sich* mit den Resultaten, die Horn und Hecke erzielten.
- Die Ergebnisse der Befragungen von 2005 und 2018 *weichen* deutlichen *voneinander ab.*

Literatur

Eine nützliche Hilfe zur Bewertung empirischer Untersuchungen sind die Fragen von Roberts und Rost.

Wer, anders als vorgeschlagen, im Konjunktiv referieren möchte, findet bei Schumacher nützliche Hinweise.

Über die Voraussetzungen fürs Referieren – Lesen und Exzerpieren – informiert Franck.

Norbert Franck: Handbuch Wissenschaftliches Arbeiten. 3. Aufl. Paderborn: Schöningh 2017, S. 79-85 und 116-130 (= UTB 4748)

Karlene H. Roberts, Detlef H. Rost: Analyse und Bewertung empirischer Untersuchungen: Hinweise zum Verständnis und zur Kritik erfahrungswissenschaftlicher Untersuchungen in Pädagogik und Psychologie. 2. Aufl. Weinheim, Basel: Beltz 1974

Regine Schumacher: Schreiben in den Literaturwissenschaften. Paderborn: Wilhelm Fink 2017 (= UTB 4749)

Satzbau

„Der Nachthimmel, der ganz frei von Wolken war, wies in der Ferne, über Ostberlin, schon einen hellen Schimmer auf, als Frank Lehmann, den sie neuerdings nur noch Herr Lehmann nannten, weil sich herumgesprochen hatte, dass er bald dreißig Jahre alt werden würde, quer über den Lausitzer Platz nach Hause ging."

Der erste Satz aus dem Bestseller *Herr Lehmann*. Der Satz hat 50 Wörter. Der Autor, Sven Regener, ist ein Meister kunstvoller Sätze.[22] Wer das nicht ist, sollte kürzere Sätze schreiben. Zum Beispiel Jürgen Grzesik:

„Fast alle ... mir bekannten Untersuchungen zur Analyse des Verstehens komplizierter Zusammenhänge in Texten von größerem Umfang führen zwar zu interessanten Befunden, z. B. zu einer Strategie der Befragung bestimmter Sorten von Sachtexten oder der Erschließung der Struktur bestimmter Erzählungen (story grammar) ..., sie lassen sich aber nicht auf jeden Leseprozeß übertragen, sondern haben in etwa den niedrigen Grad der Allgemeinheit, den die Vielzahl der didaktischen Vorschläge zur Erschließung einer bestimmten Textsorte bzw. für eine bestimmte Form der Interpretation besitzt." (1996, 95)

Viele wissenschaftliche Texte sind so umständlich formuliert wie dieser Text des Textexperten. Ein Ausdruck ⇨ *wissenschaftlichen Stils* ist das nicht.

Ein weiteres Beispiel:

„Mit der kognitiven Wende, durch welche sich (wie gesagt) die bisher dominante Stimulus-Response-Psychologie in die zweite Reihe verwiesen sah, wurden kognitive Ansätze und Fragestellungen der alten Bewußtseinspsychologie – die von Ebbinghaus inaugurierte assoziationspsychologische Gedächtnisforschung, die Würzburger Schule der Denkpsychologie, die Berliner Schule der Gestalttheorie etc. –, die seinerzeit durch die behavioristische Umwälzung zurückgedrängt worden waren – Mitte oder Ende der fünfziger Jahre wieder aufgegriffen." (Holzkamp 1995, 118)

22 Der zweite Satz in *Wiener Straße* (2017) erstreckt sich über drei Seiten.

Solche Satzkonstruktionen erschweren das Verständnis eines Textes. Mit solchen Satzkonstruktionen erschwert man sich das Schreibleben, weil man zum Beispiel mit den Anschlüssen nicht zurechtkommt. Deshalb empfehle ich: Schreiben Sie klare und verständliche Sätze. Zum Beispiel: Die Untersuchungen über das Verstehen umfangreicher Texte, in denen komplizierte Zusammenhänge behandelt werden, lassen sich nicht verallgemeinern.

Wie gelingt ein übersichtlicher Satzbau? Wenn man sich an den folgenden vier Empfehlungen orientiert:

- Jedem Gedanken einen eigenen Satz
- Erst Hauptsatz, dann Nebensatz
- Funktionsverben vermeiden
- Aktiv statt Passiv

Jedem Gedanken einen eigenen Satz

Es ist erfreulich, wenn man mehr als einen Gedanken hat. Gedankenreichtum sollte angemessen präsentiert werden. *Angemessen* heißt: nicht alle Gedanken in einen Satz packen. Ein Beispiel aus einer Abschlussarbeit:

> „Die Vermutung, dass der Körper des Menschen nicht nur seine äußere Hülle ist, sondern dass sich in ihm Elemente des Inneren widerspiegeln, spornt schon seit Jahrhunderten den Forschungsdrang von Wissenschaftlern (oder vermeintlichen Wissenschaftlern) an."

Wir wären irritiert, würden uns die drei Gänge eines Menüs gleichzeitig auf einem Teller serviert. Beim Lesen begegnet uns dieser Ein-Teller-Service ständig. Übernehmen Sie ihn nicht. Schreiben Sie statt eines Satzes drei Sätze (und Sie kommen dabei mit weniger Wörtern aus):

> Der Körper ist nicht nur die äußere Hülle des Menschen. Vielmehr spiegeln sich im Körper Elemente des Inneren. Diese Vermutung spornt seit Jahrhunderten den Forschungsdrang von Wissenschaftlern (oder vermeintlichen Wissenschaftlern) an."

Ohne Informationsverdichtungen werden Sätze entschieden lesbarer. Und sie gewinnen, wenn die Hauptsache im Hauptsatz steht. Ein Negativbeispiel:

„Neue Steuerungsmodelle, übergreifende Managementansätze, effizienzsteigernde Organisationsprozesse sind Themen, mit denen sich öffentliche Verwaltungen angesichts des Kostendrucks und der erforderlichen Haushaltssanierungen zunehmend beschäftigen."

Der Hauptsatz lautet: „Neue Steuerungsmodelle ... sind Themen". Was ist wirklich wichtig? Öffentliche Verwaltungen beschäftigen sich mit neuen Steuerungsmodellen. Warum tun sie das? Weil sie unter Druck stehen.

Aussagen sind verständlicher und prägnanter, wenn sie durch den Satzbau gestützt werden. Der Ort für die Hauptaussage ist, wie der Name sagt, der Hauptsatz, an den sich die Begründung im Nebensatz anschließt:

Öffentliche Verwaltungen beschäftigen sich zunehmend mit neuen Steuerungsmodellen, übergreifenden Managementansätzen und effizienzsteigernden Organisationsprozessen [Aussage], weil der Kostendruck gestiegen ist und die Haushalte saniert werden müssen [Begründung].

Ein weiteres Beispiel:

„Ein Textmuster, das in den USA sowohl in der Schule als auch im Studium einen großen Stellenwert einnimmt, bei uns merkwürdigerweise keine Bedeutung hat, ist der Book Report, für den ich kein besseres deutsches Wort als *Buchbericht* finde."

Der Hauptsatz lautet: *Ein Textmuster ist der Book Report* – für das der Autor kein besseres deutsches Wort findet als *Buchbericht*. Ist dieses Bekenntnis wichtig? Wusste es der Autor besser, als er es ausdrücken konnte?

In den USA hat der *Book Report* in Schulen und Hochschulen einen hohen Stellenwert. In Deutschland („bei uns" ist Umgangs- und Wahlkampfreden-Sprache) wird diesem Textmuster keine Bedeutung beigemessen.

Ein gelungener Satzbau stützt die Argumentation syntaktisch. Ein gelungener Satzbau setzt die Überlegungen voraus: Was ist die Hauptsache, die wichtigste Aussage? Der Ort für die wichtigste Aussage ist der Hauptsatz.

Erst Hauptsatz dann Nebensatz

Es ist unhöflich, andere Menschen zu unterbrechen. Es ist unfreundlich gegenüber Leserinnen und Lesern, Aussagen durch mehrere Nebensätze zu unterbrechen. Stellt man den Hauptsatz an den Anfang, wird aus Holzkamps Satzmonster (S. 141) ein klar strukturierter Text:

> Mit der kognitiven Wende wurden in den fünfziger Jahren kognitive Ansätze und Fragestellungen der alten Bewusstseinspsychologie wieder aufgegriffen: die von Ebbinghaus inaugurierte assoziationspsychologische Gedächtnisforschung, die Würzburger Schule der Denkpsychologie, die Berliner Schule der Gestalttheorie etc., die durch die behavioristische Umwälzung zurückgedrängt worden waren.

Sollte die durch „wie gesagt" angekündigte Wiederholung wichtig sein, kann in einem zweiten Satz ergänzt werden: „Die Stimulus-Response-Psychologie wurde mit dieser Wende in die zweite Reihe verwiesen."

Das Verständnis dieses Textes setzt Kenntnisse der Psychologie voraus. Nicht jeder Text muss auf Anhieb für alle verständlich sein. Diese Tatsache ist jedoch kein Freibrief für komplizierte – weil verschachtelte – Sätze. Auch ein komplizierter Sachverhalt kann in Sätzen ausgedrückt werden, die das Verständnis nicht erschweren und deren Struktur deutlich macht, was die Kernaussage und was nachgeordnet oder ein erläuterndes Beispiel ist.

Funktionsverben vermeiden

S

Mark Twain bemerkte einmal: „Wenn der deutsche Schriftsteller in einen Satz taucht, dann hat man ihn die längste Zeit gesehen, bis er auf der anderen Seite seines Ozeans wieder auftaucht mit seinem Verbum im Mund."

Nicht nur deutsche Schriftsteller haben diese Vorliebe, sondern auch deutsche Studentinnen und Studenten:

> „Die mangelnde Finanzausstattung des BUND scheint dabei nicht die Folge punktueller und zeitlich begrenzter Misswirtschaft, sondern eher ein strukturelles Moment oder zumindest ein chronisches Leiden, welches sich durch die Verbandsgeschichte zieht, darzustellen."

Nach 24 Wörtern erfahren wir, was „scheint". Die Trennung von „scheint" und „darzustellen" lädt zu weiteren Verschachtelungen ein:

> „Die mangelnde Finanzausstattung des BUND scheint dabei – und dies ist eine zentrale Differenz zu Greenpeace, der Umweltorganisation, die sehr erfolgreich Spenden akquiriert – nicht die Folge punktueller und zeitlich begrenzter Misswirtschaft, sondern eher ein strukturelles Moment oder zumindest ein chronisches Leiden, welches durch Verbandsgeschichte zieht, darzustellen."

Schon haben wir 40 Wörter zwischen „scheint" und „darzustellen". Es geht anders:

> Die mangelnde Finanzausstattung des BUND ist nicht die Folge von Misswirtschaft, sondern ein strukturelles Problem, das sich durch die Verbandsgeschichte zieht.

Verben, die sich nicht zerlegen lassen, beugen der Trennung von Satzgegenstand und Satzaussage vor – und damit auch Schachtelsätzen:

informieren	statt	mitteilen (teilte mit)
beteiligen	statt	teilnehmen (nahm teil)
können	statt	möglich sein
formulieren, sagen	statt	vortragen (trug vor)

Funktionsverben laden ebenfalls zu Schachtelsätzen ein und machen Texte schwerfällig. Funktionsverben sind Verben, die nicht ohne Substantiv auskommen. Deshalb:
- prüfen statt *einer Prüfung unterziehen.*
- beweisen statt *unter Beweis stellen*,
- können statt *in der Lage sein*,
- beachten statt *Beachtung schenken.*

S

Aktiv statt passiv. Subjekt und Prädikat dicht beieinander

Ein Wissenschaftler hält einen Vortrag, unterbricht ihn, geht zur Toilette, kommt zurück und setzt seinen Vortrag fort. Dieser Situation ähnelt die Lektüre von Sätzen, die durch Einschübe unterbrochen werden. Schumacher führt folgendes Beispiel an:

„Im zweiten Hauptkapitel dieser Arbeit, das sich mit dem Verhältnis von historischer Realität und historischem Roman befasst, wird die Funktion der dargestellten historischen Fakten, nach einleitenden Bemerkungen zu ihrer Historizität, für die fiktiven Geschichtserzählungen Scotts, insbesondere die Rolle der auftretenden historischen Personen in der Figurenkonstellation der Schottland-Romane, untersucht werden." (2017, 80)

In dem Satz wird die Satzaussage (*wird untersucht werden*) getrennt. Nach 29 Wörtern ist zu erfahren, was aus der „Funktion historischer Fakten *wird*". Bis wir auf das erlösende „untersucht werden" stoßen, können wir rätseln, ob die Funktion ihre Bedeutung verliert, übersehen oder unterschätzt wird.

Die Lesenden sind bei solchen Satzkonstruktionen häufig so angestrengt damit beschäftigt, die Satzaussage zu erfassen, dass der Satz nicht verstanden wird oder ein falscher „Zwischensinn" entsteht. Ein Beispiel: „Ingo schlug Patricia (der Böse!) als Diskussionsleiterin vor."

Bei einem so kurzen Satz gibt es keine Verständnisschwierigkeiten. Doch das Beispiel und der Satz Holzkamps auf S. 141 zeigen, welche Satzungetüme entstehen können, wenn die Satzaussage auseinandergerissen wird. Solche Sätze sind schwer zu verstehen.

Vermeidet man das Passiv, vermeidet man dieses Problem:

Im zweiten Hauptkapitel dieser Arbeit, das sich mit dem Verhältnis von historischer Realität und historischem Roman befasst, untersuche ich, nach einleitenden Bemerkungen zur Historizität der dargestellten historischen Fakten, deren Funktion für die fiktiven Geschichtserzählungen Scotts, insbesondere die Rolle der auftretenden historischen Personen in der Figurenkonstellation der Schottland-Romane.

S

Diese Verbesserung stellt noch nicht zufrieden: Satzgegenstand und Satzaussage stehen zu weit auseinander.

Im zweiten Hauptkapitel dieser Arbeit steht das Verhältnis von historischer Realität und historischem Roman im Mittelpunkt. Nach einleitenden Bemerkungen zur Historizität der dargestellten historischen Fakten untersuche ich deren Funktion für die fiktiven Geschichtserzählungen Scotts, insbesondere die Rolle der auftretenden historischen Personen in der Figurenkonstellation der Schottland-Romane.

Noch enthält der Satz zu viel Ballast:

- *In dieser Arbeit* – wo sonst?

- *Einleitende Bemerkungen* müssen nicht angekündigt werden.

Das Ergebnis (für *auftretende* historischen Personen und die *Figurenkonstellation* übernehme ich keine Verantwortung):

> Im zweiten Hauptkapitel steht das Verhältnis von historischer Realität und historischem Roman im Mittelpunkt. Ich untersuche die Funktion der dargestellten historischen Fakten für die fiktiven Geschichtserzählungen Scotts, insbesondere die Rolle der auftretenden historischen Personen in der Figurenkonstellation der Schottland-Romane.

Das Passiv ist *angebracht*, wenn
- ein Erleiden ausgedrückt werden soll: Ich wurde im Urlaub von Autolärm belästigt;
- nicht interessiert, wer die handelnde Person ist: Das Museum wird um neun Uhr geöffnet;
- ein Handlungsträger fehlt: In der Prüfungsordnung ist vorgesehen, dass ...

⇨ *Wissenschaftlicher Stil*

Literatur

Wer sich intensiv mit einem korrekten Satzbau beschäftigen möchte, findet bei Schumacher nützliche Hinweise.
Franck informiert über professionelles Schreiben im Beruf.
Vergnüglich sind Twains Kommentare zur deutschen Sprache.

Norbert Franck: Schreiben wie ein Profi. 5. Aufl. Köln: Bund-Verlag 2011
Regine Schumacher: Schreiben in den Literaturwissenschaften. Stuttgart: Wilhelm Fink Verl. 2017, S. 197ff. (= 4749)
Mark Twain: Die schreckliche deutsche Sprache. Löhrbach: Werner Pieper's Medienexperimente 2013 (= Der Grüne Zweig 170)

Schluss

Die ⇨ *Einleitung* einer Haus- oder Masterarbeit soll zum Lesen einladen. Der Schluss soll die Dissertation oder Bachelorarbeit abrunden. Wie rundet man ab?

Es gibt keine verbindlichen Schluss-Formen. Pflicht ist eine Bilanz: Was wurde mit welchem Ertrag gezeigt? An diese Bilanz kann man anschließen:

1. *Bewertung bzw. Einordnung der Ergebnisse*

In Abschlussarbeiten und Dissertationen: In welchem Zusammenhang stehen die Ergebnisse der Arbeit zu vorliegenden Befunden, Theorien und Studien?

2. *Ausblick* mit Hinweisen auf *ungeklärte Probleme, offene Fragen* oder *praktische Konsequenzen*

In Abschlussarbeiten und Dissertationen: Welche Schlussfolgerungen können aus der Arbeit für die weitere Forschung, zukünftige Untersuchungen gezogen werden? Wo sollte „further research" ansetzen?

Und man kann die in der Einleitung gestellte(n) Frage(n) zusammenfassend beantworten oder das behandelte Problem thesenartig in einen größeren Zusammenhang einordnen.

Der Schluss ist nicht der Ort für wilde Spekulationen, sondern der Teil einer Arbeit, dem besondere Aufmerksamkeit geschenkt werden sollte. Der Schluss ist auch nicht der Ort für Appelle an die Menschheit – wie in den folgenden Schlusszeilen einer Hausarbeit:

> „*Letztendlich* bleibt bei der Asylfrage nur die Antwort durch die Bekämpfung der Fluchtursachen statt ihrer Folgen. Eine solche Politik *müsste selbstverständlich* auf globaler Ebene betrieben werden. Dabei *darf schließlich nicht vergessen werden*, dass die meisten betroffenen Länder keineswegs nur durch eigenes Verschulden in politische und wirtschaftliche Probleme geraten sind. (...)
> Es läuft auf die generelle Fragestellung hinaus, ob man bereit ist, auf individueller Ebene traditionelle Denkweisen aufzugeben, auf politi-

> scher Ebene Verantwortung zu übernehmen und vorhandenen Reichtum zu teilen oder ob man das Unmögliche versuchen und sich gegenüber anderen Ländern abschotten möchte. Eine Antwort im Sinne der zweiten ‚Möglichkeit' wäre für beide Seiten *tragisch*." (Herv. NF)

Es gibt gute Gründe, den zwischen CDU und SPD geschlossenen Asylkompromiss als gravierende politische Fehlentscheidung zu bewerten. Die Kritik an dem Kompromiss darf in einer Hausarbeit aber nicht im Stil eines Flugblatts formuliert werden, in dem *letztendlich, selbstverständlich, es darf nicht vergessen werden, tragisch* angemessene Formulierungen sein mögen. ⇨ *Umgangssprache,* ⇨ *Wissenschaftlicher Stil.*

In der Wissenschaft ist der kühle Kopf gefragt, wenn man über Zustände oder Entscheidungen schreibt, die man für schlecht oder falsch hält. Ein Übersetzungsvorschlag:

> Die Lebensverhältnisse in vielen Staaten zwingen die Menschen dazu, ihr Land zu verlassen. In der Asylpolitik kommt es meines Erachtens darauf an, diese Flucht*ursachen* zu bekämpfen. Erfolgreich können ...
>
> Die zentrale Frage in der Asylpolitik lautet daher: Sind die Menschen [in Deutschland, in den Industrienationen – eine nähere Bestimmung fehlt in der Vorlage] bereit, traditionelle Denkweisen aufzugeben, und sind die westlichen Staaten bereit, Reichtum zu teilen? Die Alternative wäre eine Politik der Abschottung, die für ... [der Autor lässt offen, ob er mit „Seiten" Menschen oder Staaten meint; unklar bleibt daher auch, ob „tragisch" sich auf Menschen oder die Politik bezieht].

Titel und Umfang

Der Schlussteil muss nicht „Schluss", „Fazit" oder „Bilanz", *Ausblick* oder bescheiden *Zusammenfassung* heißen. Man kann zum Beispiel *Bilanz* oder *Bewertung* ergänzen:

- „Bilanz der Mittelstandsförderung in den 90er Jahren"
- „Bewertung des US-Parteiensystems"

Und man kann in einer Überschrift inhaltliche Aussagen treffen. Zwei Beispiele.

- „Zurichtung von Weiblichkeit" (Fazit einer Analyse des Frauenbildes in der Werbung).

- „Abschied von der Bildung" (Schluss einer Untersuchung über die Entwicklung der der Hochschulpolitik in den letzten 30 Jahren).

Es gibt keine verbindliche Regel, welchen Umfang der Schluss haben soll. Für eine Hausarbeit genügt eine Seite. Für eine Bachelor- oder Masterarbeit darf es wie beim Metzger „etwas mehr sein".

Die eigene Leistung hervorheben

Im Schluss wird die eigene Arbeit bilanziert. Er ist daher der Ort für eigene Worte. Zitate sollten die Ausnahme sein. Ein Zitat sollte man nur dann in den Schluss aufnehmen, wenn es die *eigenen* Ergebnisse und Überlegungen prägnant auf den Punkt bringt. Die folgenden Schlusszeilen einer Diplomarbeit sind bemüht – und misslungen:

> Praktikable Alternativen für eine effiziente, nicht staatlich inszenierte Umweltpolitik sind denn auch nicht in Sicht: „Ausblicke sind keine Auswege ... Diese Arbeit bietet keine Lösung, schon gar keine Rezepte."[346] Diesem bescheidenen Vorsatz möchte ich mich in der Hoffnung, eine Tendenz darlegen zu können, anschließen.

„Darlegen zu können" ist Schwulst und falsch – gemeint ist, *dargelegt haben zu können*. Das klingt noch scheußlicher. Das Zitat kommt unvermittelt. Unverständlich bleibt, warum das Zitat einen „bescheidenen Vorsatz" ausdrückt.

Schließlich: Auf den letzten Seiten sollte man die eigenen Leistungen nicht schmälern. Aus dem Schluss der bereits zitierten Diplomarbeit:

S

> „Die vorangegangenen Ausführungen weisen auf das schwierige Unterfangen für Umweltverbände hin, Einfluss auf das politisch-administrative System zu nehmen und umweltpolitische Initiativen gesetzlich zu verankern."

Die Ausführungen *weisen* lediglich auf etwas *hin*. Das ist etwas wenig für eine Diplomarbeit. In einer Abschlussarbeit sollte man *deutlich gemacht*, *gezeigt* oder *belegt* haben. Übersetzt man diesen Satz, wird deutlich, dass die Aussage hinter den Blähwörtern dürftig ist: „Ich habe darauf hingewiesen, dass es für Umweltverbände schwer ist, die Politik zu beeinflussen."

Umständliche Formulierungen verhindern Prägnanz; der Ich-Verzicht lässt die eigene Leistung nicht hervortreten. Ein Beispiel. Ich zitiere den ersten Satz des vorletzten Abschnitts einer Magisterarbeit im Studiengang „Öffentliches und betriebliches Umweltmanagement“:

> „Als weiteres Ergebnis kann festgehalten werden, dass sich der von Krüger verfolgte Ansatz zur Untersuchung sozialökologischer Bündnisse, auf den die vorliegende Arbeit aus Gründen der Vergleichbarkeit aufgebaut [sic], aufgrund seiner fehlenden Differenzierung in inhaltliche Kooperationsbereiche als wenig geeignet erweist, um entscheidende Veränderungen in der Bündnispraxis von Gewerkschaften und NGOs adäquat darzustellen.“

Im Schluss wird nicht noch einmal aufgeführt, warum man sich auf einen Ansatz stützt. Meine Überarbeitung: Ich habe zudem gezeigt,[23] dass der Ansatz von Krüger es nicht vermag, entscheidende Veränderungen in der Bündnispraxis von Gewerkschaften und NGOs adäquat darzustellen, da die Differenzierung inhaltlicher Kooperationsbereiche unterbleibt.

Umständliche und missverständliche Formulierungen sind nicht nur in studentischen Arbeiten zu lesen. Wissenschaftler und Wissenschaftlerinnen schaffen das auch. Der letzte Absatz einer Studie über Demokratie in der Europäischen Union:

> „Der Schutz mitgliedstaatlicher Demokratien ist zuletzt keine Aufgabe, die allein den Institutionen der Europäischen Union überlassen werden kann. Mitgliedstaatliche Regierungen sollten sich im Ernstfall auch direkt zu den politischen Entwicklungen äußern und sich nicht hinter den Institutionen der Union verstecken. Vor allem müsste klarwerden, dass wir es mit einer gesamtgesellschaftlichen gesamt-europäischen Aufgabe zu tun haben, die nicht einfach an Institutionen delegiert werden kann. Berufsverbände, Hochschulen, Vereine und andere Organisationen müssen sich europäisieren und in diesem Prozess gerade auch den Kontakt mit Mitgliedstaaten pflegen, deren demokratische Ordnung in Frage steht.“ (Möllers, Schneider 2018, 104)

Gemeint ist in der ersten Zeile: *nicht* zuletzt (oder *schließlich*); überflüssig sind (in der Reihenfolge ihres Auftretens:) *allein, auch,*

23 Weitere Formulierungsvorschläge: *darüber hinaus nachgewiesen* oder *außerdem belegt.*

einfach und *auch*. Mangelnde sprachliche Sorgfalt kommt ferner zum Ausdruck im Wechsel von *ist* zu *sollte* und müsste und dann wieder zu *kann*. Mein Vorschlag:

> Last, but not least: Der Schutz der Demokratien in den EU-Mitgliedsstaaten ist nicht nur eine Aufgabe der EU-Institutionen, sondern auch der Regierungen der Mitgliedsstaaten; sie sind gefordert, sich direkt zu politischen Entwicklungen zu äußern, statt sich hinter den Institutionen der Union zu verstecken. Vor allem muss klar werden: Wir haben es mit einer Herausforderung zu tun, die nicht an Institutionen delegiert werden kann, sondern gesamteuropäisch und gesamtgesellschaftlich zu bewältigten ist. Deshalb müssen sich Berufsverbände, Hochschulen, Vereine und andere Organisationen europäisieren und gerade mit den Mitgliedstaaten Kontakt pflegen, deren demokratische Ordnung gefährdet ist.

Kurz: Man sollte im Schluss sein Licht nicht unter den Scheffel stellen und wirkungsstark formulieren. Die letzten Seiten beeinflussen das Urteil der Leserinnen und Leser stark. Deshalb nimmt der Schluss in der Text-Dramaturgie eine wichtige Rolle ein. Deshalb sollten Sie am Schluss besonders sorgsam feilen.

⇨ *Schlusskorrektur*

Schlusskorrektur

Vor der Abgabe einer Arbeit sollten Sie Ihr Werk von A bis Z noch einmal sorgfältig durchsehen, die Abkürzungen und Anmerkungen ebenso prüfen wie die Zitate. Sieben „Prüfaufträge“:

1. Wird korrekt belegt und sind die Quellenangaben vollständig?
2. Wird einheitlich zitiert und abgekürzt?
3. Sind alle Füllwörter gestrichen?
4. Werden Wortwiederholungen vermieden?
5. Ist der Text frei von Stilbruch?
6. Sind wiederkehrende Termini einheitlich geschrieben?
7. Enthält der Text so viele Fachtermini wie nötig und so wenige Fremdwörter wie möglich?

Rechtschreib- und Grammatikfehler machen keinen guten Eindruck. Eine Häufung solcher Fehler führt dazu, dass nicht die Inhalte der Arbeit im Vordergrund stehen, sondern die Deutschkenntnisse des Autors oder der Autorin. Lesen Sie deshalb die Endfassung mehrmals durch. Nutzen Sie ein Rechtschreibprogramm, aber verlassen Sie sich nicht allein darauf.

Alle Rechtschreibprogramme sind unzureichend. Zwar wird *Fehler* für „Fehlr“ vorgeschlagen, aber Sinnentstellungen entdeckt das beste Rechtschreibprogramm nicht: Die *Währungskreise* in der EU gehen ebenso durch wie *Verhältniswal*, die strittigen *Termine* in den Sozialwissenschaften oder der *Uhrsprung* der Frauendiskriminierung. Und wenn man sich die Welt in den schönsten Farben *ausmahlt*, überfordert man die *Word*-Rechtschreibkontrolle ebenso wie mit den Anforderungen an moderne *Vorgesetze*.

Ein PC ist eine nützliche Hilfe für die Erstellung der Endfassung. Mehr nicht. Eine perfekte Gestaltung gleicht inhaltliche Schwächen nicht aus. Eine schlüssige Gliederung und ein Text ohne Tippfehler sind wichtiger als eine schöne Schrift. Der Blick ins Wörterbuch ist nützlicher als ein professionelles Layout. Gleichwohl: Auch die Form sollte stimmen. Und die Gestaltungsvorgaben von Prüferinnen und Prüfern sollten beachtet werden.

⇨ *Abkürzungen*, ⇨ *Belegen*, ⇨ *Quellenangaben*, ⇨ *Umgangssprache*, ⇨ *Verzeichnisse*, ⇨ *wissenschaftlicher Stil*, ⇨ *Zitieren*.

Link

Das Bibliografische Institut, der Dudenverlag, hilft auch online: duden.de/rechtschreibpruefung-online/ und mentor.duden.de/

S

Schreiben in der Wissenschaft – Der Prozess

Um eine Haus- oder Abschlussarbeit zu Papier zu bringen, muss man sich über ein Thema *sachkundig machen,* das erarbeitete Wissen *strukturieren* und in eine angemessene schriftliche *Form bringen.*

Und man braucht einen Plan, um diese Anforderungen gezielt bewältigen zu können. Planung hilft, Umwege zu vermeiden. Planung verhindert, dass man beim Lesen vom Hundertsten ins Tausendste gerät und in der (scheinbaren) Informationsflut untergeht. Fünf Schritte sind vom Start zum Ziel zu planen und zu gehen.

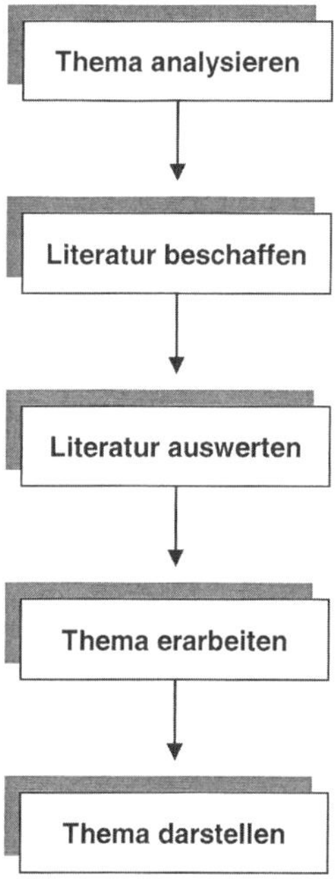

Abbildung 3: Die Arbeitsschritte von der Themenwahl bis zur Endfassung

S

Thema analysieren

Studieren und sich nicht verlieren. So könnte man die Herausforderung nennen, vor der man steht, wenn man eine Arbeit schreibt. Man muss sich in ein Thema vertiefen und darf dabei nicht untergehen. Das gelingt, wenn man seinen Arbeitsprozess gezielt steuert – statt von der Literatur gesteuert zu werden. Grundlage für das richtige Prozessmanagement ist die Themenanalyse. Dieser erste Arbeitsschritt besteht aus drei Teilschritten.

1. Thema erschließen

„Habe Mut, dich deines *eigenen* Verstandes zu bedienen!", schrieb Kant 1783 (1974, 9). Dieser Leitsatz der Aufklärung sollte auch an der Hochschule gelten. Schlichter formuliert: Wer sich mit einem Thema auseinandersetzt, sollte *eigene* Überlegungen anstellen. Von Anfang an. Das zentrale Überlegungsmittel sind ⇨ *Fragen.* Zum Beispiel:

- Was weiß ich über das Thema?
- Was interessiert mich an dem Thema?
- Welche (aktuellen) Bezüge zu anderen Themen sehe (vermute) ich?

Für solche Vorüberlegungen sollte man sich eine oder zwei Stunden Zeit nehmen, um eigenes Vorwissen, Fragen und die eigene (vorläufige) Meinung zum Thema zu notieren. Diese Notizen sind eine nützliche Stütze und Bezugsgröße für den ersten Durchgang durch die Literatur ⇨ *Clustern,* ⇨ *Journal des Lesens, Fragens und Staunens.*

2. Literatur sichten

Die ersten Überlegungen müssen mit „hartem" Wissen unterfüttert werden: Welche Daten und Fakten, Gesetze und Kommentare liegen vor, welche Auffassungen und Kontroversen, Begriffe und Theorien, welche Interpretationen und (historischen) Analysen?

Diese Arbeitsphase dient dazu, sich einen Überblick über das Thema zu verschaffen. Die Literatursichtung geht nicht in die Tiefe, sondern in die Breite. Einen Themen-Überblick erhält man in Handbuchartikeln, Sammelbesprechungen oder aktuellen Zeitschriftenaufsätzen, in denen der Stand der Forschung bzw. Diskussion referiert wird.

Der Umfang der Literatursichtung hängt von den Anforderungen an die Arbeit ab. Ist die Literatur vorgegeben und das Thema präzise formuliert, kommt man mit einem Text aus, in dem der Gegenstand in die wissenschaftliche Diskussion eingeordnet wird. Anders formuliert: Eine ⇨ *Hausarbeit* ist häufig Teil eines Seminarpuzzles. Zusammen mit anderen Hausarbeiten ergibt sie ein Bild vom gesamten Seminarthema. Man liest und schreibt souveräner und die Arbeit fällt leichter, wenn man an seinem „Puzzle"-Teil mit einer Vorstellung vom gesamten Bild arbeitet.

Ist ein Thema vage formuliert und die Literatur nicht verbindlich vorgegeben, muss mehr Energie in die Literatursichtung investiert werden, um eine Vorstellung zu gewinnen, welchen Schwerpunkt man setzen will und kann.

Bei einer *Masterarbeit* und einer *Dissertation* zielt die Literatursichtung auf einen Überblick über den Stand der Forschung, um bestimmen zu können, welchen Beitrag die eigene Arbeit leisten soll.

3. Thema eingrenzen

Eine Hausarbeit braucht klare Grenzen, sonst ufert sie aus. Jede Arbeit braucht einen Schwerpunkt, sonst misslingt sie, weil alles angesprochen und – deshalb – nichts Substanzielles gesagt wird. Allgemeiner: Ein Thema darf nicht so weit gesteckt sein, dass es nur oberflächlich behandelt werden kann. Mit einem überschaubaren Thema steht man auf sicherem Grund. Ein überschaubares Thema erhöht die Chance, eine „runde" Arbeit zu schreiben.

Umberto Eco hat vier nützliche Regeln aufgestellt, die bei der Themenwahl für eine Abschlussarbeit zu beachten sind. Diese Regeln lassen sich auch auf Hausarbeiten übertragen:

1. Das Thema soll den Interessen des Studenten entsprechen.
2. Die Quellen, die herangezogen werden müssen, sollen für die Studentin auffindbar sein.

3. Der Student soll mit den Quellen, die herangezogen werden müssen, umgehen können.
4. Die methodischen Ansprüche des Forschungsvorhabens müssen dem Erfahrungsbereich der Studentin entsprechen. (2000, 14)

Kurz: Wer eine Arbeit schreiben will, soll eine Arbeit schreiben, „die er schreiben kann". Manche Arbeit misslingt „auf eine dramatische Weise", weil diese Kriterien nicht berücksichtigt wurden (ebd.).

Um eine Haus- oder Abschlussarbeit zu schreiben, die man schreiben *kann*, müssen Grenzen abgesteckt werden. Wie kann ein Thema eingegrenzt werden? Unter mindestens zehn Gesichtspunkten:

1. *zeitlich:*
   - von ... bis,
   - im ... Jahrhundert,
   - im Nachkriegsdeutschland,
   - in den 60er Jahren;
1. *geografisch:*
   - in Westeuropa,
   - in Ostdeutschland,
   - im südlichen Afrika,
   - in (West-)Berlin;
2. nach *Institutionen:*
   - in Einrichtungen der Weiterbildung,
   - in Landesparlamenten,
   - in Grundschulen;
3. nach *Personengruppen:*
   - Frauen, Männer,
   - Jugendliche,
   - Arbeitslose,
   - Beamte;
4. *nach Quellen:*
   - die Öffentlichkeitsarbeit der SPD im Internet,
   - Comics als Protestform,
   - Kriegsalltag in Feldpostbriefen;
5. nach *Personen:*
   - Das Motiv der Versöhnung in den Werken von ...,
   - Kulturkritik in den Romanen von ...,

S

   - Ämterhäufung in der Politik. Das Beispiel Angela Merkel;
6. nach *Disziplingesichtspunkten:*
   - theologische Anmerkungen zur Gentechnik,
   - eine soziologische Analyse deutscher Krimiserien,
   - medienrechtliche Aspekte des Privatfernsehens;
7. nach *Theorieansätzen, Erklärungskonzepten:*
   - eine strukturfunktionalistische Betrachtung,
   - ein statistischer Vergleich,
   - Radiowerbung aus der Sicht der Wirkungsforschung;
8. nach *Vertreterinnen und Vertretern eines Theorie- bzw. Erklärungsansatzes:*
   - eine Analyse in Anlehnung an Bourdieu,
   - eine Interpretation von Lernprozessen im Anschluss an Paul Willis;
9. nach *ausgewählten Aspekten:*
   - Schule als bürokratisches System,
   - Politik als Männerwelt.

Häufig sind Kombinationen solcher Eingrenzungen erforderlich. Drei Beispiele:

Gesellschaftskritik und Popmusik
⇩
Gesellschaftskritik in der Popmusik der 80er Jahre
⇩
Gesellschaftskritik in der Popmusik der 80er Jahre –
Die *Sex Pistols.*

Frauenpolitik in der Bundesrepublik Deutschland
⇩
Die Frauenpolitik der Parteien
⇩
Die Frauenpolitik der CDU
⇩
Die Frauenpolitik der CDU in den Nachkriegsjahren 1945-1951

S

Literatur beschaffen

Der zweite Schritt führt in die Bibliothek oder zum Online-Katalog (bei Abschlussarbeiten: zu Katalog*en*). Literatur zu finden, ist Handwerk. Um die richtige Literatur zu finden, muss man wissen, was man sucht. Auch deshalb ist die Themenanalyse so wichtig. Wer sich vor dieser Analyse auf die Literatursuche begibt, macht den zweiten Schritt vor dem ersten.

Literatur auswerten

War die Literatursuche erfolgreich, folgt die Qual der Wahl: Was zuerst lesen? Mit einem *Grundlagentext* beginnen oder *selektiv* lesen? Wer genau weiß, welche Informationen wofür gebraucht werden, kann die Literatur selektiv auswerten. Mit einem Grundlagentext sollte man beginnen, wenn man mit dem Thema nicht vertraut ist. Die Lektüre eines Grundlagentextes zielt darauf, sich umfassend mit der Materie vertraut zu machen und unterschiedliche Positionen zum Thema kennenzulernen. Das Risiko auf diesem Weg: Im Grundlagentext wird unter Umständen nur eine Problemsicht akzentuiert. Wer kritisch liest, kann dieses Risiko eingehen.

Nach dem Studium des Grundlagentextes gibt es wiederum zwei Möglichkeiten: Entweder Sie lesen einen ähnlich umfassenden Text, in dem das Thema unter einem anderen Blickwinkel betrachtet wird. Oder Sie greifen zu Texten, in denen einzelne Aspekte vertieft oder ergänzt werden. Den zweiten Weg können Sie dann einschlagen, wenn Sie sicher sind: Ich überblicke das Thema.

Während der Lektüre sollten wichtige Informationen, Quellenhinweise, eigene Gedanken und Fragen aus vier Gründen festgehalten werden.

1. Misstrauen gegenüber dem eigenen Gedächtnis ist „Pflicht“, denn Vergessen ist menschlich.
2. Notizen machen die eigene Arbeit greifbarer. Das kann entlasten, weil sichtbar wird: Man hat etwas geschafft, man ist zu einem (Zwischen-)Ergebnis gekommen.
3. Der Kopf wird frei für neue Gedanken.
4. Wer parallel zur Lektüre eigene Gedanken notiert, schafft leichter den Sprung von der Literatur- zur Themen-Erarbeitung. ⇨ *Journal des Lesens, Fragens und Staunens.*

Zu einem bestimmten Zeitpunkt muss die Lektürephase abgeschlossen werden. Doch man wird im nächsten Arbeitsschritt nicht ohne Literatur auskommen, sondern in diesem Buch oder jenem Aufsatz noch einmal nachlesen, zu einem bestimmten Aspekt, dessen Bedeutung erst beim Schreiben bewusst wird, weitere Literatur heranziehen. Kurz: Die Grenzen zwischen dem dritten und vierten Schritt sind fließend.

Thema erarbeiten: Exposé und Rohfassung

Wer eine Reise nach Spanien oder in die USA plant, informiert sich über das Reiseziel und legt dann fest, wohin genau die Reise gehen und was in der Zielregion gemacht werden soll. Mit dem Schreiben einer Arbeit ist es ähnlich: Wenn man sich über ein Thema informiert hat, muss man entscheiden, was man aus dem Thema machen will – wohin die Themenreise geht.

Exposé

Der Reiseführer beim Schreiben ist das ⇨ *Exposé*, eine Kurzbeschreibung der geplanten Arbeit, die Auskunft gibt, was warum wie und in welcher Reihenfolge behandelt werden soll.

Das Exposé ist eine Regieanweisung für den *ersten Entwurf*: Die zusammengetragenen Informationen, das erarbeitete Wissen und die eigenen Überlegungen werden den einzelnen Gliederungspunkten zugeordnet, Bezüge, Zusammenhänge und Argumentationsabfolgen überdacht und geprüft:

- Wurden wichtige Gesichtspunkte übersehen?
- Sind Abweichungen von den ursprünglichen Überlegungen sinnvoll und begründet oder einfach „passiert"?
- Müssen noch Lücken durch gezieltes Lesen geschlossen werden?

S

Rohfassung

Sind diese Vorbereitungen abgeschlossen, wird der erste Entwurf geschrieben: die Rohfassung – ein unverzichtbares Zwischenergebnis. Welche Funktion hat die Rohfassung? Was ist beim Schreiben zu beachten?

Der erste Entwurf ist nicht der letzte. Die Endfassung wird abgegeben. Den ersten Entwurf schreibt man *für sich*. Mit der Rohfassung vergewissert man sich schreibend:

- Was will ich sagen?
- Ist der roten Faden erkennbar?
- Kann ich die wesentlichen Argumente zusammenhängend darstellen?

Beim Schreiben der Rohfassung folgt man einerseits der vorläufigen Gliederung. Andererseits sollte man Raum lassen für Überlegungen, die zunächst nicht ins Konzept passen. Ein Rohmanuskript darf Brüche enthalten.

Den Ausdruck „Rohfassung" sollten Sie wörtlich nehmen und „roh" formulieren, statt sich mit einzelnen Formulierungen herumzuschlagen. Vor allem in dieser Schreibphase sollten Sie in *eigenen* Worten schreiben und nicht versuchen, einen Stil zu kopieren. Das bringt Sie nicht voran, sondern in unnötige Schwierigkeiten.

Beim Schreiben der Rohfassung kann es hilfreich sein, die richtigen Adressaten vor Augen zu haben: Studentinnen und Studenten, die mit der Materie nicht vertraut sind. So gewinnt man einen Anhaltspunkt für das „richtige Niveau" einer Hausarbeit ⇨ *Schreibhürden*.

Mit einer Rohfassung schafft man eine gute Grundlage zum Weiterdenken. Gut ist diese Grundlage vor allem deshalb, weil mit ihr das Thema überschaubar wird. Das erleichtert die Weiterarbeit. Um diese Erleichterung bringen sich alle, die diese Stufe überspringen. Man kann und soll unzufrieden sein mit der Rohfassung – und den Vorzug sehen, dass man sich mit dem *eigenen* Text auseinandersetzt. Das ist ein großer Schritt zum Ziel.

Thema darstellen und in Form bringen

Mit der Rohfassung ist das Thema *erarbeitet*. In der letzten Etappe vor dem Ziel muss das Thema *aufbereitet* werden. Viele machen vor dem Ziel schlapp und bringen sich um einen krönenden Abschluss. Was ist notwendig, um erfolgreich ans Ziel zu kommen?

Vorläufige Fassung

Die Rohfassung ist eine Selbstvergewisserung: So stellt sich mir die Sache dar. Was man zu Papier gebracht hat, erschien zum Zeitpunkt des Schreibens wichtig und schlüssig. Nun geht es darum, das Produkt mit kritischer Distanz zu prüfen: Ist wirklich alles wichtig und schlüssig? Ist der Text für andere verständlich, die sich nicht intensiv mit dem Thema beschäftigt haben? Auf sieben Aspekte ist besonders zu achten:

1. Roter Faden

Ist die Arbeit schlüssig gegliedert und folgerichtig aufgebaut – ein roter Faden ersichtlich? ⇨ *Gliederung.*

2. Wurde die Schwerpunktsetzung begründet und eingeordnet?

In der ⇨ *Einleitung* wird erläutert, warum man welchen Schwerpunkt setzt, und worauf man warum nicht eingeht. In einer Hausarbeit sollte – und in der Abschlussarbeit muss – auf die Zusammenhänge zwischen dem behandelten Themen-Ausschnitt und dem Themen-Ganzen hingewiesen werden. Der Ort für diese Einordnung ist die ⇨ *Einleitung* oder der ⇨ *Schluss.*

3. Hat jedes Kapitel eine klare Struktur?

Für den Beginn und das Ende eines Kapitels gibt es bewährte Strukturen, die helfen, Gedanken zu ordnen, Verbindungen und Zusammenhänge deutlich zu machen.

Kapitel-Anfang
- Was wurde bisher behandelt, gezeigt oder erreicht?
- Worum geht es nun?
- Welchen Bezug zur Fragestellung hat das Kapitel?
- Welche Bedeutung hat das Kapitel für die gesamte Arbeit?
- Welche Methode der Darstellung wird gewählt?
- Wie ist das Kapitel aufgebaut?

Kapitel-Ende

- Was wurde mit welchem Ergebnis gezeigt? (Zusammenfassung)
- Wie geht es weiter?

Diese Strukturelemente sind kein Zwangskorsett. Steht am Ende eines Kapitels, wie es im nächsten Kapitel weitergeht, muss im folgenden Kapitel nicht mehr der Bezug zum vorhergehenden hergestellt werden. Es ist auch nicht zwingend, eine Vorschau über den Aufbau eines Kapitels zu geben. Und bei einer Hausarbeit von zwölf Seiten genügt eine Zusammenfassung am Schluss der Arbeit. Auf den Übungseffekt kommt es in erster Linie an und darauf, Klarheit in einen Text zu bringen.

4. Sind die wichtigsten Begriffe erläutert, Definitionen eindeutig?
In den Sozial- und Geisteswissenschaften sind verbindliche Definitionen von zentralen Fachbegriffen die Ausnahme. *Bildung, Emanzipation* oder *Moderne* lassen sich nicht nach dem Muster $E = mc^2$ auf eine Formel bringen oder wie ein Quadrat eindeutig definieren. Deshalb müssen in der Soziologie oder Pädagogik die zentralen Begriffe einer Arbeit geklärt werden.

Begriffe können aus der Literatur übernommen, erweitert oder eingegrenzt werden. Soll in einer Arbeit ein Begriff neu gefasst werden, kann man mit Hilfsbegriffen beginnen und den Begriff Schritt für Schritt neu bestimmen.

Begriffsklärungen sollten so kurz wie möglich und so ausführlich wie nötig sein. ⇨ *Begriffe bestimmen.*

S

5. Was kann gestrichen werden?
Wenn man sich ein Thema erarbeitet, ist vieles für das *eigene* Verständnis der Sache wichtig – aber nicht unbedingt für die Arbeit relevant. In einer Hausarbeit wird *aufbereitet*, was man gelesen hat – nicht alles zu Papier gebracht, was man über ein Thema weiß. Deshalb wird gestrichen, was nicht zum Verständnis des Gegenstandes beiträgt, was die Argumentation verdeckt statt verdeutlicht. Auch wenn es schwerfällt, sich von Formulierungen zu trennen, um die man hart gerungen hat: Die meisten Arbeiten gewinnen, wenn sie gekürzt werden. Weniger ist oft mehr. Und „was gestri-

chen ist, kann nicht durchfallen.“ (Tucholsky Bd. 8, 292) ⇨ *Anmerkungen.*

6. Was muss ergänzt werden?
Rohfassungen geraten an einigen Stellen zu lang und an anderen zu kurz. Die eine oder andere Überlegung wird im Kopf vollzogen, aber nicht zu Papier gebracht. Deshalb ist zu prüfen, ob die Argumentation Schritt für Schritt entwickelt wird und nachvollziehbar ist.

7. Einleitung und Schluss abgleichen
Die Kernfrage dieses Prüfschrittes lautet: Hält die Arbeit, was in der Einleitung versprochen wurde? Kann die Frage, die einleitend aufgeworfen wurde, im Schluss bilanzierend beantwortet werden? Kann die These, die in der Einleitung formuliert wurde, zusammenfassend verifiziert oder falsifiziert werden?

Endfassung

Wurde Überflüssiges gestrichen und Fehlendes ergänzt, sind die zentralen Begriffe erläutert und notwendige Umstellungen vorgenommen, hat man den Kern der vorläufigen Fassung. Damit daraus eine gelungene Arbeit wird, ist sorgfältiges Redigieren notwendig:

- Der Text muss sprachlich überarbeitet werden ⇨ *Wissenschaftlicher Stil.*
- Die Struktur der einzelnen Kapitel muss vereinheitlicht und um Überleitungen und Teilzusammenfassungen ergänzt werden.
- Einleitung und Schluss müssen den letzten Schliff erhalten.
- Zitate und Quellenangaben müssen überprüft und in eine einheitliche Form gebracht werden.

Diese Feinarbeiten tragen entscheidend zum Gelingen einer Arbeit bei. Adorno: „Keine Verbesserung ist zu klein oder geringfügig, als daß man sie nicht durchführen sollte. Von hundert Änderungen mag jede einzelne läppisch und pedantisch erscheinen; zusammen können sie ein neues Niveau des Textes ausmachen.“ (1945, 95)

Abschließen

Irgendwann muss Schluss sein. Jeder Text kann verbessert werden. Die Entscheidung, einen Text als *endgültigen* Text zu betrachten, ist daher immer mit Willkür verbunden. Rückt der Abgabetermin näher, sollte man sich rechtzeitig zu dieser Willkür durchringen, um genügend Zeit für eine sorgfältige ⇨ *Schlusskorrektur* zu haben.[24]

Zum Schluss dieses Kapitels eine pragmatische Empfehlung von C. W. Müller für alle, die an ihrer Abschlussarbeit sitzen:

> Entwickeln Sie die Routine eines Handwerkers, „der früh in die Werkstatt geht, der eine halbe Stunde vespert und der am späten Nachmittag auf die Uhr schaut, um den Feierabend nicht zu verpassen. All die nächtlichen Schreiborgien, deren Pathetisierung wir dem bürgerlichen Geniekult des letzten Jahrhunderts verdanken, sind ... wenig effektiv. Der Großteil der ... produzierten Texte fällt, wenn es gut geht, am übernächsten Morgen der Selbstzensur ... zum Opfer. Machen Sie also, wenn Sie soweit sind, einen ganz gewöhnlichen Achtstundentag und gönnen Sie sich anschließend den verdienten Feierabend" (1999, 86).

Es darf auch die Routine einer Handwerkerin sein!

Literatur

Hinweise zur Literatursuche, zum gezielten Lesen sowie zum Exzerpieren und zum Visualisieren von Texten enthält das *Handbuch Wissenschaftliches Arbeiten.* Über Zeitplanung beim Schreiben informiert Wymann.

Norbert Franck: Handbuch Wissenschaftliches Arbeiten. 3. Aufl. Paderborn 2017 (= UTB 4748)

Christian Wymann: Der Schreibzeitplan. Zeitmanagement für Schreibende. Opladen & Toronto: Budrich 2015 (= UTB 4308)

24 Mit dem Zweifel, ob die Arbeit gelungen ist, sind Sie nicht alleine. Bestseller-Autor Daniel Kehlmann etwa denkt immer dann, wenn ein Manuskript abgeschlossen ist: „Das ist misslungen! Aber da muss man durch." (Vielleicht 2018, 29)

Schreibhürden

An der Hochschule gibt der „Stoff", geben die Inhalte der Wissenschaft den Takt in Seminaren und Vorlesungen an:

> „Die Inhalte der wissenschaftlichen Tätigkeit sind zentrales Planungsdatum, nicht die Tätigkeit selber. (...) Lichtenbergs metaphorischer Hinweis, daß die Auseinandersetzung mit einer Sache ‚Bahnen' hinterlassen müsse, die man auch bei anderer Gelegenheit benutzen könne, gilt nicht im universitären Unterricht." (Rückriem, Stary 1996, 98)

Professoren interessieren sich für die Inhalte einer Hausarbeit. Der Prozess, der zu einer Hausarbeit führt, ist für sie Angelegenheit der Studierenden. Über das Schreiben wird nicht gesprochen – schon gar nicht über Schwierigkeiten beim und mit dem Schreiben. Zwar weiß man, dass Schwierigkeiten mit dem Schreiben eine zentrale Ursache für lange Studienzeiten und Studienabbruch sind. Aber diese Quittung für unzureichende Lehre schmerzt nicht: Viele Hochschulen sind ohnehin überlaufen, und Fachbereiche mit einer hohen Abbruchquote können sich damit brüsten, sie seien selektiv und leistungsorientiert.

Leidtragende sind die Studierenden: Viele Studentinnen im ersten und Studenten im siebten Semester quälen sich mit Hausarbeiten. Sie schreiben „auf den letzten Drücker"; sie entwickeln Vermeidungsstrategien – aber keine Sicherheit und Routine im Schreiben. Jede Hausarbeit erscheint als ganz neue Herausforderung. Fehlende Schreibroutine stelle ich selbst in meinen Schreibworkshops für Doktorandinnen und Doktoranden fest.

Zwar gibt es keine Patentrezepte für wissenschaftliches Schreiben, aber Anhaltspunkte, wie man

- zielgerichtet an der Produktion eines Textes arbeitet
  ⇨ *Schreiben in der Wissenschaft – Der Prozess;*
- Texte strukturiert
  ⇨ *Anmerkungen, Einleitung, Literaturverzeichnis, Quellenangaben, Schluss;*
- lesbar schreibt
  ⇨ *Satzbau, Umgangssprache, Wissenschaftlicher Stil.*

Und es gibt Erfahrungen mit Haltungen und Einstellungen, die das Schreiben erschweren. Sechs solcher Schreibhürden – und ihre Überwindung – stehen auf den folgenden Seiten im Mittelpunkt. Vorab der Hinweis auf eine Selbstverständlichkeit: Wer über ein Thema etwas Substanzielles schreiben will, muss sich sachkundig machen. Je umfassender das Wissen, desto größer die Chance im Schreibprozess voranzukommen.

1. Selbstüberforderung: Kein Training

Französisch und Fallschirmspringen, Geschichte und Golf, Jura und Judo, Musik und Mathematik – kein Weg führt am Lernen vorbei. Für Französisch oder Englisch braucht man mehrere Jahre, um es zur Perfektion zu bringen. Mit dem Schreiben wissenschaftlicher Texte verhält es sich nicht anders. Eine wissenschaftliche Hausarbeit ist wie ein Marathonlauf: Sie gelingt nicht „aus dem Stand", nicht ohne Training.

Gedanken, Ideen oder Argumente in eine angemessene sprachliche Form zu bringen, muss – um im Bild zu bleiben – trainiert werden. Diese Fähigkeit ist kein Nebeneffekt der Auseinandersetzung mit der System- oder der Kritischen Theorie, mit Eignungsdiagnostik oder Volkswirtschaft. Wer auf das Training verzichtet und meint, aus dem Stand wissenschaftlich schreiben zu können, überfordert sich – und bringt sich um eine Lernchance. Wer sich einräumt, dass wissenschaftlich schreiben gelernt werden muss, hat gute Chancen, es zu lernen. Wer oft trainiert, kommt in der Regel schneller voran. Deshalb: „Viel schreiben, jeden Anlaß nutzen, möglicherweise Anlässe selber schaffen" (Ueding 1996, 20)

Das Lernen sollte bereits bei der ersten Hausarbeit beginnen. Ist zum Beispiel die „Sozialpolitik in der Europäischen Union" Thema dieser Hausarbeit, wird man viel lesen müssen über Verträge, Institutionen und Kommissionen, über Instrumente der Sozialpolitik usw. Wissenschaftliches Schreiben lernen heißt, sich bewusst damit auseinanderzusetzen, *wie* die Ergebnisse dieser Lektüre dargestellt werden können.

Darauf kommt es an. Es ist nicht sicher, ob man, wenn diese Hausarbeit abgegeben ist, das mühsam zusammengetragene *Wissen* über die Sozialpolitik in der Europäischen Union noch einmal braucht. Sicher hingegen ist: Bei der nächsten Hausarbeit – und vor allem bei der Abschlussarbeit – wird die *Fähigkeit* verlangt, Wissen zusammenzutragen, zu strukturieren und verständlich zu formulieren. Und in sehr vielen Berufen ist es eine Schlüsselqualifikation, Sachverhalte angemessen darstellen zu können.

2. Selbstüberforderung: Druckreif schreiben wollen

Der Angestellte Joseph Grand träumt in Camus' *Die Pest* davon, ein großes Werk zu schreiben, das mit einem beeindruckenden Satz beginnt. Dieser Satz kommt nie zu Papier und das Werk wird nie geschrieben.

Auch Studierende, die nicht darauf aus sind, dass Dozenten „Hut ab" vor dieser Hausarbeit rufen, tun sich schwer, mit dem Schreiben zu beginnen. Sie betrachten das Schreiben als ein „Alles-oder-nichts-Unternehmen", bei dem nur *ein* Versuch gestattet ist. Sie wollen auf Anhieb „druckreif" schreiben – und überfordern sich.

Man sollte nicht zu früh mit dem Schreiben anfangen (vgl. Hürde 4) – aber auch nicht darauf setzen, dass eine Arbeit im Kopf konzipiert und formuliert werden kann. Das erarbeitete Wissen und die eigenen Überlegungen müssen geordnet werden. Um Ordnung schaffen zu können, muss man die Gedanken zu Papier bringen. Dort können sie strukturiert, ergänzt, vertieft oder korrigiert werden.

Ein vorzeigbarer Text ist ein Text, der umgeschrieben wurde. Die angemessene Form und der treffende Ausdruck gelingen nicht auf Anhieb. Wer viel schreibt, weiß das und bringt einen ersten, zweiten (und dritten) Entwurf zu Papier, aus dem ein gelungener Text werden kann. Diese Erfahrung hilft, gelassen mit Schwächen der ersten Fassung umzugehen und das Problem des Anfangs loszuwerden.[25]

S

Der Schreibprozess sollte jedoch nicht durch häufige Korrekturen gebremst werden. Der erste Entwurf eines Kapitels oder Abschnitts ist eine Rohfassung. Jede Rohfassung ist unzulänglich.

---

25 Zum ersten Satz eine Empfehlung von W. F. Haug: „Führe ein Register solcher Sätze, mit denen angefangen werden könnte und die Schlaglichter auf dein Thema werfen, zusammen mit allen anderen Einfällen, die im Moment ‚nicht dazugehören', wohl aber irgendeine Relevanz bekommen können." (1999, 73) ⇨ *Journal des Lesens, Fragens und Staunens*

Wer bereits nach den ersten Sätzen korrigiert, blockiert sich, kommt nicht voran, wird unzufrieden oder beißt sich an der Korrektur der Korrekturen fest.

Perfektionismus ist der kleine Bruder des Auf-Anhieb-Druckreif-Schreiben-Wollens. Perfektionismus ist ein „schreckliches Laster“ (Willy Brandt), keine hilfreiche Haltung beim Schreiben einer Hausarbeit.

3. Schlechte Texte

Eine große Schwierigkeit beim Schreiben-Lernen sind die Bücher und Aufsätze, die während des Studiums zu lesen sind: Viele Wissenschaftlerinnen und Wissenschaftler haben nicht gelernt, präzise, verständlich und anschaulich zu schreiben. Sie beginnen ihre Schreibkarriere mit der Nachahmung des Stils der Autoritäten in ihrem Fach. Und mit der Zeit wird deren schlechter Stil ihr Stil.

Manche Autorinnen sind zu bequem, einen komplizierten Sachverhalt verständlich darzustellen. Sie können es sich leisten, weil viele Leser über unverständliche Texte nach dem Grundsatz urteilen, „in dubio pro reo“. Statt den Urheber eines unverständlichen Textes „anzuklagen“, suchen sie die „Schuld“ bei sich: Ich bin zu dumm, diesen Text zu verstehen.

In der Welt der Wissenschaft ist die Zahl der „einschlägigen“ Veröffentlichungen das zentrale Erfolgskriterium. Veröffentlichungen, in denen vorläufige Überlegungen zur Diskussion gestellt werden, sind nicht „einschlägig“, mögen diese Überlegungen noch so anregend sein. Veröffentlichungen, die vor der Fachöffentlichkeit bestehen sollen, müssen „wasserdicht“ sein. Offene Fragen oder ausstehende Beweise werden deshalb oft „zuformuliert“. Das Ergebnis sind schlechte Texte. „Wir drücken uns deshalb so schwammig aus“, schreibt der Soziologe Howard S. Becker über seine Zunft, „weil wir fürchten, bei größerer Präzision von Kollegen auf offensichtlichen Irrwegen ertappt und ausgelacht zu werden.“ So entstehen „verschwommene Phrasen“, in denen die „generelle Bereitschaft“ signalisiert wird, einen „Gedanken im Falle der Kritik sofort wieder fallenzulassen“ (1994, 24 f.).

Wer sich die „akademische Pose" (C. Wright Mills) zum Vorbild nimmt, macht sich das Schreiben unnötig schwer und bringt sich um die Chance, Schreiben zu lernen.

In der Rhetorik wird empfohlen, „den Meistern durch Nachahmung die Regeln des Handwerks zu entlocken", um „es zu eigener Meisterschaft zu bringen" (Ueding 1996, 21). Wer einen Krimi schreiben will, sollte die Erzählperspektiven und den Aufbau eines Plots bei Patricia Highsmith oder Celia Fremlin studieren. In den wissenschaftlichen Texten, die Ihr täglich (Lese-)Brot sind, finden Sie selten brauchbare Anhaltspunkte, um Schreiben zu lernen. Machen Sie aus dieser Not eine Tugend: Lassen Sie sich von schlechten Vorbildern nicht beeindrucken.[26]

4. Zu wenig Planung

Man stellt sich eine große Schreibhürde in den Weg, wenn man das Schreiben lange hinauszögert – und wenn man zu früh startet. Es ist sinnvoll, sich bei der *Erarbeitung* eines Themas Notizen zu machen, Lektüre-Ergebnisse und eigene Gedanken schriftlich festzuhalten. Es kann jedoch in eine Sackgasse führen, wenn man die *Darstellung* des Themas zu früh beginnt. Zwar können beim Schreiben „die besten Ideen kommen". Aber diese Ideen brauchen eine Struktur und eine angemessene Form, damit aus ihnen eine schlüssige Hausarbeit wird. Die „besten Ideen" ersetzen keine Kriterien, was warum wichtig ist und was nicht.

Hausarbeiten lassen sich nicht wie der Schulaufsatz aus dem Ärmel schütteln. Sie lassen sich nicht im Kopf konzipieren und gestützt auf ein paar Gliederungspunkte am Stück „runterschreiben". Wer ohne ein Konzept schreibt, landet im Abseits.

26 „Früher wurde der Wissenschaftler berühmt, der etwas Neues erfand und der sich bemühte, das große Ganze zu beschreiben. Heute widmen sich vor allem Geisteswissenschaftler immer kleinteiligeren Gedanken ... So entstanden schwierige Theorien und Sprachgebäude. In den Naturwissenschaften ist die Lage kaum anders. Theodore H. Savoy, ein britischer Spinnenforscher, hat es einmal so formuliert: ‚Es kann keinen Zweifel daran geben, dass die Wissenschaft in vielerlei Hinsicht der natürliche Feind der Sprache ist'." (Debrebant 2009)

Es ist sehr hilfreich,

- Einfälle, die beim Schreiben kommen, zu notieren,
- stets ein Notizbuch für Ideen zur Hand zu haben,
- in einem Studienjournal ohne Zensur Überlegungen zur Arbeit festzuhalten.

Doch wenn man die erste Fassung einer Hausarbeit ohne Konzept schreiben will, kommt man allenfalls sehr mühsam und auf Umwegen voran.

Eine Hilfe für alle, die mit dem Frühstart-Problem zu kämpfen haben, ist ein Kapitel-Abstract: Man schreibt nicht nur für die gesamte Arbeit ein ⇨ *Exposé*, sondern auch für jedes Kapitel eine kurze Inhaltsangabe von fünf bis zehn Zeilen: Worum soll es in welcher Reihenfolge in diesem Kapitel gehen? Man gibt sich also vor dem Schreiben eines Kapitels eine Regieanweisung: Das will ich jetzt zu Papier bringen. Und an eigene Anweisungen kann man sich getrost halten.

5. Autorität Dozentin, Dozent

Wer beim Schreiben statt mit dem „Stoff" mit der Vorstellung ringt, was die potenziellen Leserinnen und Leser von dem Text halten werden, kann sich blockieren – vor allem dann, wenn man einen Prüfer oder eine Betreuerin vor Augen hat, der oder die alles schon (besser) weiß.

Wenn solche Vorstellungen am Schreiben hindern, können eine Einsicht und ein Bildertausch helfen.

Die Einsicht: Das Schreiben im Studium ist in einer Hinsicht eine paradoxe Situation: Mit einer Haus- oder Masterarbeit verstößt man gegen eine Grundregel der Kommunikation: Man teilt anderen nicht mit, was diese bereits wissen.

S

> „Stellen Sie sich vor, Sie sitzen in einem Zug und jemand steigt in Hannover zu. Sie sagen zu ihm: ‚Sie sind in Hannover zugestiegen'. Er wird sie erstaunt anblicken und wissen wollen, warum Sie ihm das sagen, denn Sie haben eine Konversationsregel verletzt: Wir sind gehalten, unseren Adressaten nur das zu sagen, was sie vermutlich noch nicht wissen." (Keseling 2013, 212)

Diese Konversationsregel gilt zum Beispiel nicht bei Prüfungen. Prüfer kennen die Antworten auf ihre Fragen. Mit Hausarbeiten verhält es sich ähnlich. Zwar vergeben didaktisch versierte Betreuerinnen Themen, die eigenständiges Arbeiten ermöglichen. „Aber die Paradoxie lässt sich nie ganz aufheben." Und man tut „gut daran, sich damit abzufinden" (ebd.).

Der Bildertausch: Keseling rät, sich einen interessierten, „noch nicht wissenden Leser" vorzustellen und so zu schreiben, dass dessen Interesse nicht erlahmt:

> „Bauen Sie Ihren Text so auf, dass eine gewisse Spannung aufkommt, indem Sie zum Beispiel zuerst eine Frage stellen, diese in Teilfragen zerlegen und die eigentliche Lösung nicht vorwegnehmen. Versetzen Sie sich in die Rolle des Lesers, und versuchen Sie nachzuvollziehen, wie er auf Ihre Darstellung reagieren könnte. Die Fähigkeit, die Sie in Ihrer Arbeit unter Beweis stellen sollen, besteht nicht nur darin, Ihr Wissen zu demonstrieren. Sie sollen auch zeigen, dass Sie argumentieren und einen Stoff angemessen darstellen können." (2013, 212f.)

Der tatsächliche Leser wird dies – in der Regel – zu schätzen wissen: Wer eigene Fragen formuliert und Argumentationsfolgen präsentiert, bietet mehr als die Reproduktion des Wissens, das der Prüferin geläufig ist.

6. Autorität Text

Vielen Studierenden fällt es schwer, sich von den Texten zu lösen, die sie gelesen haben, und einen Sachverhalt in eigenen Worten auszudrücken. Sie reihen Zitat an Zitat und formulieren nur die Verbindungssätze selbst. Das Ergebnis ist ein Zitate-Patchwork – keine eigenständige Arbeit.

Ein Grund für dieses Vorgehen ist zu großer Respekt vor dem *Wortlaut* wissenschaftlicher Texte und zu geringes Vertrauen in die eigenen Fähigkeiten. Zu großer Respekt und zu geringes Selbstvertrauen führen nicht nur zu einem unbefriedigenden Ergebnis, sondern auch dazu, dass der Schreibprozess nur langsam und mühsam vorankommt.

Wer am Wort klebt, dringt nicht zum Sinn vor. Was man nicht in eigenen Worten wiedergeben kann, bleibt fremd. Wir können erst dann mit einer Theorie umgehen oder mit einer Einsicht in Zusammenhänge etwas anfangen, wenn wir in der Lage sind, diese Theorie oder Zusammenhänge in eigenen Worten wiederzugeben. Für den Umgang mit der Text „Autorität Text" heißt das: Texte müssen klug – nicht wortgetreu – genutzt werden. Howard S. Becker hat dafür eine treffende Analogie gefunden:

> „Stellen Sie sich vor, Sie führen eine Schreinerarbeit aus, zimmern vielleicht einen Tisch. Sie haben ihn im Entwurf gezeichnet und in Teilen auch schon zugesägt. Günstigerweise brauchen Sie nicht alle Teile selbst zu fertigen. Einige weisen Standardgrößen und -formen auf und sind in jedem Holzgeschäft zu haben. Andere sind bereits von anderen Schreinern konzipiert und gefertigt worden – z.B. Schubladenknäufe und gedrechselte Tischbeine. Sie müssen sie nur noch in die von Ihnen dafür vorgesehenen Leerstellen einpassen." (1994, 188)

Fürs Schreiben wie fürs Schreinern braucht man Übung. Von einer Hausarbeit werden keine neuen Erkenntnisse erwartet, sondern der Nachweis, dass ein Thema mit Hilfe der Literatur bearbeitet werden kann. Dieser Nachweis kann gelingen, wenn man selbst denkt und das eigene Nachdenken auf die Literatur stützt und bezieht. Wissenschaftliche Texte sind Autorität. Respektvoller Umgang mit dieser Autorität verlangt eine sorgfältige und kritische Lektüre – mit dem Ziel, die Erkenntnisse *nutzen* zu können, die diese Texte enthalten.[27] Ohne eigene Überlegungen und ⇨ *Fragestellung* gelingt es nicht, in der Literatur Mittel zum Zweck zu sehen, vorhandene Erkenntnisse in das *eigene* Vorhaben „einzupassen".

Eigene Gedanken und wissenschaftliche Literatur ergeben die richtige Mischung für eine Hausarbeit. Wenn man eigene ⇨ *Fragen* entwickelt und die Literatur nutzt, um Antworten zu geben – dann beweist man: Ich kann wissenschaftlich arbeiten.

S

Literatur

Hürden kann man umgehen oder überspringen. Sind Schreibhürden so groß, dass sie zu Schreibblockaden werden, lohnt es, das eigene Schreibverhalten zu überprüfen. Keseling hat zu diesem Zweck einen ausführlichen Fragebogen entwickelt, mit dessen Hilfe man Schreibstörungen auf die Spur kommen kann.

27 „Buchstabengelehrte" nennt man Menschen, die wissen, was in Büchern steht, aber nichts mit dem Wissen anfangen können. „Es ist ihnen selten um den lebendigen Begriff der Sache zu tun, sondern um das, was man davon gesagt hat." (Goethe Bd. 18, 844).

Gisbert Keseling: Schreibblockaden überwinden. In: Norbert Franck, Joachim Stary (Hrsg.): Die Technik wissenschaftlichen Arbeitens. 17. Aufl. Paderborn: Schöningh 2013, S. 191-216 (= UTB 724)

Themenfindung – Themenwahl

Die gute Nachricht: Spannende Themen gibt es „wie Sand am Meer." Man muss sich nur entschließen, eines auszuwählen (Narr 1999, 95)

Studierende der Natur- und Ingenieurwissenschaften haben meist keine Wahl, sondern bekommen Themen vorgegeben. Ähnlich ist es in den Rechtswissenschaften. In Physik oder Biologie ist der Mangel an Wahlfreiheit keine Willkür: In den ersten Semestern kann von Studierenden nicht erwartet werden, dass sie den Stand der Forschung überblicken und komplexe Untersuchungsmethoden anwenden können.

In den Sozial- und Geisteswissenschaften besteht – jedenfalls bei Abschlussarbeiten – Wahlfreiheit, die allenfalls durch den Interessenshorizont der möglichen Prüferinnen oder Gutachter begrenzt wird. Für Hausarbeiten steckt das Seminar, in dem die Arbeiten vergeben werden, den Themen*rahmen* ab.

Wer wählen kann, sollt die Wahlfreiheit nutzen. „Kein Thema ist ... langweilig. Wir können es allenfalls trübsinnig betrachten. Dann bleibt es kalt und schal". (Narr 1999, 95)

Selbst dann, meint Narr, „wenn ein Thema vorgegeben ist, können aus ihm Funken geschlagen werden, sobald derjenige oder diejenige, die es bearbeiten soll, das Thema als das ihre eigensinnig packen." (Ebd.)

Das gelingt nicht bei jedem Thema. Durch die Grammatik-Hausarbeit in Mittelhochdeutsch habe ich mich gequält. Von Motivation keine Spur. Unmotiviert ohne Interesse am Thema zu schreiben, kann gelingen, wenn das Thema überschaubar und das Ende der Anstrengungen absehbar ist. Es ist die Hölle, ein Thema sechs Monate und länger unmotiviert zu bearbeiten. Deshalb ist die Themenwahl zentral für jede Arbeit.

Wählen Sie, empfehle ich daher, ein Thema, das Sie interessiert. Interesse setzt Energie frei. Und treffen Sie pragmatische Entscheidungen: Wählen Sie Themen, deren Bearbeitung für das weitere Studium nützlich sein können; wobei die Methoden, die Sie anwenden, möglicherweise wichtiger sind als das Thema selbst. Entscheiden Sie sich für ein Thema, das es Ihnen ermöglicht, Bezüge zu Themen herzustellen, mit denen Sie sich bereits beschäftig haben.

Vor allem jedoch: Wählen Sie ein Thema, das nicht zu weit gefasst, sondern angemessen ist. *Small is beautiful.* Wenn man mit einer Materie noch nicht vertraut ist, neigt man dazu, ein Thema zu weit zu fassen. Ein Seminar über das *Epische Theater* oder *Ernährungssicherheit* kann einen Eindruck vermitteln, worum es Brecht ging und was man über Mahlzeitenpolitik wissen sollte. Soll eine Hausarbeit geschrieben werden, muss aus *Ernährungssicherheit* ein kleineres Thema gemacht werden, das überschaubar und bearbeitbar ist – zum Beispiel eine Untersuchung der *Food and Agriculture Organization* (FAO) nach dem Ende des Kalten Krieges (mehr zur Eingrenzung von Themen auf S. 157f.).

Wie kommt man zu einem interessanten Thema? Wie macht man aus einem vorgegebenen Thema „mein" Thema? Das Patentmittel sind ⇨ *Fragen;* sehr nützlich ist es, sich ein Themen-Bild zu machen ⇨ *Clustern.*

Fragen dürfen und sollen subjektiv sein, wenn es darum geht, sich Klarheit über die Motivation zu verschaffen, ein Thema zu bearbeiten.

Bleiben wir beim Thema Ernährung: Was *irritiert* mich? Dass

- „Glaubenskriege" über „richtiges Essen" ausgefochten werden können.
- es ein paar (US-amerikanischen) Ketten gelang, europaweit Geschmack zu normieren.
- die Haute Cuisine eine Männerdomäne ist.
- Menschen es problemlos vereinbaren können, mit einem 3-Liter-SUV zum Bio-Supermarkt zu fahren.
- die Deutschen im europäischen Maßstab die teuersten Küchen haben und am wenigsten für Lebensmittel ausgeben.
- Dass Menschen Frösche und Hunde, Schlangen und Insekten essen.
- ...

Was *fasziniert* mich?

- Der Wandel von Tischsitten.
- Dass junge Frauen nicht mehr in Scharen unter die Fahne der Haushaltspflichten eilen und Kochen lernen.

- Die Frage nach dem Platz des Kochens in einer Suffizienz-Strategie.
- Die vielen Projekte von Frauen gegen Hungersnot in Afrika und Asien.

Zehn Hausarbeitsthemen! Die weiter aufgeschlüsselt werden müssten, um sie so bearbeiten zu können, dass das Ergebnis Hand und Fuß hat – *Der Wandel von Tischsitten* zum Beispiel zeitlich und räumlich. „Es ist besser, eine Sammlung von Fußball-Bildchen von 1960 bis 1970 zu machen als ein unseriöses Museum." (Eco 2000, 12)

Literatur

Wenn Sie interessiert, welche Größen der Philosophie und Literatur Bewegung, Kontemplation oder das Gespräch suchten, um Anregungen für Ihre Arbeit zu bekommen, dann ist das erste Kapitel in Krajewskis Bändchen eine kurzweilige Lektüre:

Markus Krajewski: Lesen. Schreiben. Denken. 2 Aufl. Köln u.a.: Böhlau Vgl. 2015, S. 15-30 (= UTB 3858)

Thesen und Thesenpapier

Am 31. Oktober 1517 schlug Martin Luther 95 Thesen an die Pforte der Schlosskirche in Wittenberg. In einer dieser Thesen heißt es: „Wer den Armen gibt oder den Bedürftigen leiht, tut besser, als wenn er Ablass kauft. Gesegnet sei, wer der Frechheit der Ablassprediger Einhalt tut."

1845 schrieb Karl Marx seine *Thesen über Feuerbach*. Die elfte und bekannteste lautet: „Die Philosophen haben die Welt nur verschieden interpretiert; es kommt aber darauf an, sie zu verändern."

Eine These ist eine Behauptung, die belegt werden muss, eine Aussage, die der Begründung bedarf:

- Dieselfahrzeuge sind die Hauptverursacher der Luftbelastung in großen Städten.
- Vorurteile und Sozialneid sind die zentralen Ursachen von Fremdenfeindlichkeit.

Die Aussagen „Ein Euro hat hundert Cent" oder „Im Winter ist es länger dunkel als im Sommer" sind keine Thesen. Sie geben bekannte Tatsachen wieder, die nicht bewiesen werden müssen.

Eine These ist eine Behauptung, der mit Argumenten widersprochen werden kann. Die Aussagen „Gott ist gütig" und „Das Leben ist voller Rätsel" können nicht widerlegt werden. Ich kann *glauben*, dass Gott gütig und das Leben rätselhaft ist. Thesen sind jedoch weder Glaubenssätze noch Allgemeinplätze.

Thesenpapiere dienen als Diskussionsgrundlage. Sie

- können ein Referat oder einen Vortrag ergänzen oder ersetzen,
- sind eine nützliche Vorlage für mündliche Prüfungen,
- können die eigene Meinung oder die anderer Autoren wiedergeben.

Damit Thesen zur Diskussion anregen, sollten sie kurz und prägnant sein. Die wichtigsten Argumente und Ergebnisse einer Arbeit müssen zu pointierten Behauptungen verdichtet oder zugespitzt werden. Erscheinen Thesen allen plausibel, kommt keine Diskussion zustande. Sind Thesen so überzogen, dass kein rationaler

Kern erkennbar ist, werden sie als absurd bewertet und nicht diskutiert.

Aufmerksamkeit wecken

Thesen, die populär und pointiert formuliert sind, können Aufmerksamkeit wecken. Ein Thesenpapier in BWL, VWL oder Psychologie könnte so eröffnet werden: „Das Einzige, was am Flughafen Berlin Brandenburg fliegt, sind die Manager."* – Um dann sehr sachorientiert folgende These aufzustellen: Großbauprojekte, die in Händen des Staates liegen, werden deshalb so enorm viel teurer und so viele Jahre später fertig als geplant, weil die Verantwortlichen die Tendenz haben, gegenüber einem sicheren, wenn auch geringen Verlust das Risiko eines weit höheren Verlustes einzugehen, solange dieser noch nicht unvermeidlich erscheint. (Dies ist der Kern der *Prospect Theorie*, für die Kahneman und Tversky (1979) den Nobelpreis für Wirtschaftswissenschaften erhielten.)

Das macht das Studium interessant: Dem, was man erlebt, worüber man den Kopf schüttelt – Stuttgart 21, die Elbphilharmonie und der Flughafen Berlin Brandenburg – wissenschaftlich nachzugehen.

* Den Formulierungsvorschlag habe ich von Jaeger (2018, 11) übernommen.

Ein Thesenpapier zum Referat oder Vortrag sollte vor dem Referat/Vortrag verteilt werden. Die Reihenfolge der Thesen muss mit dem Aufbau des Referats korrespondieren, damit die Zuhörenden dem Referat problemlos folgen können und nicht der Eindruck entsteht, im Thesenpapier stünde etwas anderes als im Referat zu hören ist.

T

Dient ein Thesenpapier als Gesprächsgrundlage für eine Prüfung, sollten die Thesen durch Literatur belegt werden. Für ein Seminar ist das nicht zwingend notwendig.

Ein Thesenpapier kann unterschiedlich aufgebaut werden. In einfach strukturierten Thesenpapieren folgt These auf These:

These 1
⇩
These 2
⇩
These 3
⇩
usw.

These
Die deutsche Klimapolitik ist gescheitert. In fast 30 Jahren nationaler Klimapolitik ist es nie gelungen, die gesteckten Ziele zu erreichen.

Anspruchsvoller sind folgende „Baupläne“:

These – Begründung

Jeder These folgt eine kurze Begründung oder ein knapper Kommentar:

These 1
Begründung (Kommentar)
⇩
These 2
Begründung (Kommentar)
⇩
usw.

Kommentar
Das nationale Klimaziel 2020 wurde von der Regierung aufgegeben. Deutschland wird Emissionszertifikate von europäischen Nachbarländern kaufen müssen, um seine EU-Verpflichtungen zur Reduktion von CO_2 in den Bereichen Verkehr, Gebäude und Landwirtschaft einzuhalten.

Begründungen sind, wie aus dem Beispiel deutlich wird, noch keine erschöpfenden Beweise, sondern Hinweise, welche Überlegungen der These zugrunde liegen.

Das gilt erst recht für Thesen, in denen eine Prognose formuliert wird: Die SPD wird sich in der Großen Koalition, anders als Anfang 2018 versprochen, nicht erneuern.

Niemand kann diese These beweisen oder widerlegen. Faktengestützt lassen sich Pro- und Kontra-Argumente anführen: Was ist über die führenden Köpfe der Partei bekannt? Welche Schlussfolgerungen lassen sich aus der Geschichte der Partei über ihre Lernfähigkeit und Veränderungsbereitschaft ziehen?

Stützen lassen sich Begründungen nicht nur durch Fakten, sondern auch durch Verweise auf anerkannte Theorien (Studien, prominente FachvertreterInnen) oder repräsentative Beispiele.

These – Schlussfolgerung

Jeder These wird zudem noch eine Schlussfolgerung angefügt:

These 1
Begründung (Kommentar)
Schlussfolgerung
⇩
These 2
Begründung (Kommentar)
Schlussfolgerung
⇩
usw.

Schlussfolgerung
Die Bundesregierung muss der Ökologie in allen Politikbereichen Vorrang einräumen.

These – Antithese

Jeder These wird eine Antithese gegenübergestellt:

T

These 1
Antithese
⇩
These 2
Antithese
⇩
usw.

Antithese
Angesichts des globalen Wettbewerbs muss sich der Klimaschutz dem Primat der Wettbewerbsfähigkeit beugen.

These – Antithese – Synthese

Aus den Thesen und Antithesen werden Synthesen entwickelt:

These 1
Antithese
Synthese
⇩
These 2
Antithese
Synthese
⇩
usw.

Synthese:
Ein wirksamer Klimaschutz ist unerlässlich – und eine große Chance für zukunftsfähige Unternehmen. Es ist ökonomisch nicht vernünftig, an einer klimaschädlichen Produktion festzuhalten.

Diese Baupläne können auch kombiniert werden:

These 1 – Begründung
Antithese – Begründung
Synthese – Begründung
⇩
These 2 – Begründung
Antithese – Begründung
Synthese – Begründung
⇩
usw.

T

1. Nationale deutsche Klimapolitik
Die deutsche Klimapolitik ist gescheitert.

Das nationale Klimaziel 2020 wurde von der Regierung aufgegeben. Deutschland wird Emissionszertifikate von europäischen Nachbarländern kaufen müssen, um seine EU-Verpflichtungen zur

Reduktion von CO_2 in den Bereichen Verkehr, Gebäude und Landwirtschaft einzuhalten.

Angesichts des globalen Wettbewerbs muss sich der Klimaschutz dem Primat der Kostenbegrenzung beugen.
(Begründung: ...)

Ein wirksamer Klimaschutz ist unerlässlich – und eine große Chance für zukunftsfähige Unternehmen. Es ist ökonomisch nicht vernünftig, an einer klimaschädlichen Produktion festzuhalten.
(Begründung: ...)

2. *Internationale deutsche Klimapolitik*
In der EU bremste die „Auto-Kanzlerin“ viele Initiativen zur CO_2-Reduktion.
(Begründung: ...)

Die deutsche Klimapolitik setzte in der EU und darüber hinaus Maßstäbe.
(Begründung: ...)

Deutschland war in der Vergangenheit klimapolitisch sowohl Motor als auch Bremse.
(Begründung: ...)

3. ...

Welcher Aufbau am zweckmäßigsten ist, hängt vom Thema ab. Für jede Variante gilt:

T

- Thesen sollten in einer logischen Folge entwickelt werden, so dass ein innerer Zusammenhang erkennbar wird.
- Eine These sollte sich auf einen überschaubaren Themenaspekt beziehen.

Literatur

Otto Kruse: Kritisches Denken und Argumentieren. Konstanz: UKV Verlagsgesellschaft 2017, S. 93-114 (= UTB 4767)

Titel

Der Titel ist die Visitenkarte einer Arbeit. Er sollte, gleich ob Haus- oder Abschlussarbeit, wie eine Visitenkarte informativ sein und keine falschen Erwartungen wecken. Vom Titel sollte eindeutig auf den Inhalt geschlossen werden können. Ein Bewertungskriterium ist die Frage, ob die Ausführungen halten, was der Titel verspricht.

„Der Erste Weltkrieg" – selbst eine Dissertation kann die Erwartungen nicht erfüllen, die mit einem solchen Titel verbunden werden. Deshalb haben viele Abschlussarbeiten und wissenschaftliche Veröffentlichungen oft sehr lange (und geschraubte) Untertitel: *Der Erste Weltkrieg. Der Wandel der Stimmung in Deutschland in den letzten beiden Kriegsjahren. Ein Vergleich zwischen Großstadt und ländlicher Region. Die Beispiele Berlin und Uckermark* (s.a. S. 157).

Titel müssen nicht griffig sein, sondern aussagekräftig. Titel dürfen ein Aufmerksamkeitswecker sein, wenn der Untertitel präzise umreißt, worum es geht:

- „Du Opfer, was geht?" Eine Untersuchung über die Jugendsprache an sieben Schulen in Berlin-Neukölln.
- „Glücklich sein, heißt ohne Schrecken seiner selbst innewerden können." Ein Vergleich der Konzepte eines „gelungenen Lebens" bei Foucault und Schmid.

Nicht zweckdienlich sind Untertitel, die ein Essay erwarten lassen: *Anmerkungen über ...*, Überlegungen zur ..., *Reflexionen über.*

Links

Wenn Sie Ihre mit „gut" oder besser bewertete Arbeit ins Netz stellen und möchten, dass sie gefunden wird, gilt es zu prüfen: Wird nach den Begriffen gesucht, die der Titel der Arbeit enthält? Hilfen zur Suchmaschinenoptimierung gibt *Google*.

google.com/webmaster/learn

Umgangssprache, Modewörter, Stilbruch

Erzählt man in einer Hausarbeit über drei *Dinge*, von denen man *denkt*, dass sie für die Diskussion über *Sustainable Development* und *Social Corporate Responsibility* relevant sind – dann ist das ein Stilbruch par excellence.

Wörter haben einen „Stilwert". *Erzählen*, *Dinge* und *denkt* sind in der Umgangssprache angemessen. In der Wissenschaft *untersucht* (*interpretiert* oder *analysiert*) man drei *Faktoren* (*Probleme* oder *Zusammenhänge*) und kommt zu dem *Schluss* (*Ergebnis* oder der *These*). Das sind die Termini, die angemessen wiedergeben,

- womit man sich wissenschaftlich auseinandersetzt: mit *Determinanten* und *Bedingungen*, *Kategorien* und *Strukturen*, *Theorien*, *Methoden*, *Ansätzen* usw.;
- und wie das geschieht: *analysieren*, *vergleichen*, *interpretieren*, *erheben*, *befragen* usw. ⇨ *Problemstrukturierender Begriffe.*

Nachhaltige Entwicklung und *Unternehmensverantwortung* sind eingeführte Begriffe, die englischen daher unnötig; sie machen den Stilmix noch deutlicher.

Par excellence kommt aus dem Französischen. Ich signalisiere mit diesem Ausdruck, dass ich mich an gebildete Leserinnen und Leser wende. *Schlechthin* hätte es auch getan. Der *Duden* bezeichnet *par excellence* als „bildungssprachlich".

Bei Haus- und Staatsexamensarbeiten wird häufig bemängelt, sie seien „zu umgangssprachlich". Zum Beispiel dann, wenn eine These *angedacht* wird, wenn etwas *Kult* und vieles *mäßig* ist: *beziehungsmäßig* oder *lifestylemäßig*, wenn sich Modewörter und Sprachschludrigkeiten häufen:

> Salingers „Der Fänger im Roggen" wurde ein *Renner* und *Kult*: Der Roman verkaufte sich innerhalb von zehn Jahren dreieinhalb Millionen mal. Auch international löst er einen *Hype* aus: Die Weltauflage betrug zur gleichen Zeit mehr als zehn Millionen. In den USA galt er bald als „moderner Klassiker". Heute hat sich der *Fänger absatzmäßig* als Longseller mit jährlich einer Viertelmillion Exemplaren etabliert.

Einen solch kruden Stil sollte man niemandem zumuten. Nur eine Anmerkung: Für *Longseller* gibt es ebenso wie für *Bestseller* kein griffiges deutsches Wort. Im Zusammenziehen von Bedeutungen ist das Englische dem Deutschen vielfach überlegen. *Netizen* muss allerdings nicht sein; *Netzbürger* oder *Netzbürgerin* tut es auch.

Bleibt anzumerken, dass Sprachschludrigkeiten kein Privileg von Studieren sind. So schreibt ein Professor für deutsche Sprache und Literatur:

> „Ich kenne viele Studenten, die z.B. gar nicht wissen, wann sie (und warum sie gerade zu dieser Zeit) – schreibmäßig – am besten drauf sind und die deshalb diese Zeiten auch nicht besonders schützen." (Ortner 2003, 79)

Man muss *kritikmäßig gar* nicht streng *drauf sein,* um festzustellen: Dieser Stil würde auch in der Sekundarstufe I nicht durchgehen.

⇨ *Wissenschaftlicher Stil*

Literatur und Link

Im Zweifelsfalle hilft der *Duden* weiter, in dem gekennzeichnet wird, ob ein Wort „umgangssprachlich" (*danebenliegen*), „gehoben" (*despektierlich*), „veraltet" (*Maid*) oder „abwertend" (*Knast*) ist oder aus der „Amts-, Fach- oder Jugendsprache" stammt.

Regine Schumacher geht auf knapp 40 Seiten der Frage nach, wie man zu einer „differenzierten Wortwahl" gelangt.

Mit dem „BlaBlaMeter" können Sie kostenlos überprüfen, wie viel „heiße Luft" ein Text enthält. Sehr amüsant und anregend.

Handbuch Korrekt und stilsicher schreiben. Bearb. von der Duden-Redaktion. Berlin: Bibliographisches Institut 2013

Regine Schumacher: Schreiben in den Literaturwissenschaften. Wilhelm Fink Verl. 2017 (= UTB 4749)

www.blablameter.de

Veranschaulichen: Analogien, Beispiele, Bilder und Vergleiche

Auf den folgenden Seiten geht es um die „Kür“ beim Schreiben. Um Texte, die von mehr Menschen als den Prüfern oder Gutachterinnen gelesen werden sollen. Um Texte, die zwar auch Leistung nachweisen – vor allem aber die Leistung, komplizierte Sachverhalte anschaulich machen zu können, für Wissenschaft Interesse zu wecken. Zum Beispiel in einem (populärwissenschaftlichen) Aufsatz für eine Fachzeitschrift.

Analogien, Beispiele, Bilder und Vergleiche können dafür sehr nützlich sein.

Analogien

Mit Analogien lassen sich Sachverhalte veranschaulichen. Das gelingt zum Beispiel Howard S. Becker sehr gut mit der auf Seite 174 zitierten Antwort auf die Frage, wie man beim Schreiben einer Hausarbeit mit der vorliegenden Literatur umgehen soll.

Analogien ermöglichen es, Zahlen und Zeiträume vorstellbar zu machen, deren Größe unseren Erfahrungshorizont überschreitet: Wenn man das Alter der Erde mit einer Woche gleichsetzt, dann wäre das Universum etwa zwei bis drei Wochen alt. Der Mensch wäre während der letzten zehn Sekunden aufgetreten. Das „Computerzeitalter“ wäre noch keine Sekunde alt.

Analogien sind ein Mittel, um die Wirkung einer Aussage zu verstärken: Viele Wissenschaftler sind wie fahrende Ritter. Reisten Ritter im Mittelalter von Turnier zu Turnier, um ihren Ruhm zu mehren, ziehen heute Wissenschaftler von Kongress zu Kongress, um sich mit ihren wissenschaftlichen Gegnern zu messen (Lodge 1996, 82).

Mit einer Analogie lässt sich ein Sachverhalt ironisch kommentieren:

> Was ist Sinn und Zweck der Fußnote? Eine Frage, „die jeden Studienanfänger quält, wenn er zum ersten Mal in jene Unterwelt von Kurztexten eintaucht, aus der jeder wissenschaftliche Großtext wie durch ein Kanalisationssystem zugleich mit Belegen versorgt und von den abweichenden Lehrmeinungen unfähiger Kollegen entsorgt wird. Fußnoten sind also beides: Nahrungszufuhr und Verdauung, Bankett und Toilette, Gastmahl und Vomitorium" (Schwanitz 2002, 461)

Zudem können Analogien helfen, so Rückriem, mit Schreibproblemen umzugehen: Es fällt „mir leichter meine Gedanken zu ordnen und die übliche Schreibhemmung zu überwinden, wenn ich mit einer Analogie zu dem zu behandelnden Gegenstand beginne, die mir – wenigstens im Moment – emotional näher liegt als dieser Gegenstand selbst und mir daher weniger Anfangsschwierigkeiten bereitet." (1999, 106) Eine seiner vielen gelungenen Analogien:

> „Jeder kann laufen, aber nicht jeder kann deshalb auch schon einen Marathon laufen. Die Fähigkeit ... muß ich vorher entsprechend trainiert haben und zusätzlich eine Reihe formaler Aspekte strikt beachten, wenn ich nicht spätestens bei Kilometer 30 erschöpft aufgeben soll: Ich darf unter keinen Umständen zu schnell anlaufen, muß ein gleichbleibendes Tempo beibehalten und auf kräftezehrende Zwischenspurts verzichten, sollte nicht zu warm bekleidet sein und regelmäßig trinken." (1999, 124)

Beispiele

Mit Beispielen lassen sich Aussagen gut veranschaulichen – mit *konkreten und verständlichen* Beispielen, die einen erkennbaren Bezug zum Thema haben. Alle mögen solche Veranschaulichungen. Aktuelle und Beispiele aus der Praxis oder dem Alltag sind besonders beliebt. Ein Beispiel:

> Als Pontius Pilatus sich nach dem Urteilsspruch über Jesus demonstrativ in der Öffentlichkeit die Hände wusch, um symbolisch seine Unschuld zu signalisieren, war das eine gekonnte und wohlkalkulierte politische Inszenierung.
>
> Die Inszenierung von Politik hat Tradition. Die Inszenierung von Politik ist keine Erfindung des Medienzeitalters. Nicht erst Andrea Nahles oder Robert Habeck versuchen, sich durch Inszenierungen ins rechte Licht zu setzen.

Beispiele sind – wie Medikamente – nur in der richtigen Dosierung hilfreich. Deshalb sollten sie angemessen eingesetzt werden.

Bilder, Metaphern

Die deutsche *Alterspyramide* und ein *Computervirus* sind nicht nur ein Problem, sondern auch Metaphern. Bilder und Metaphern können Leben in einen Text bringen – wenn sie verständlich, treffend und originell sind. Wenn es in einer BWL-Hausarbeit um die Retouren-Quote im Onlinehandel geht, die bis zu 50 Prozent erreicht, kann die Metapher *Achillesferse* des Online-Versandhandels eine Aussage pointieren.

Bilder verblassen, und Metaphern sind nicht mehr originell, wenn wir sie hundertmal gelesen oder gehört haben. Sie werden zu Klischees. Zum Beispiel: *Auge des Gesetzes, das Kind mit dem Bade ausschütten,* Öl ins Feuer gießen, *Zahn der Zeit, Licht am Ende des Tunnels* und *Silberstreifen am Horizont.*

Auf bekannte Bilder oder Metaphern sollte nur dann zurückgegriffen werden, wenn man sie originell fortsetzen kann. Zum Beispiel so in einer Hausarbeit über die Politik der Bundesregierung während der Finanzkrise Griechenlands: Dem Finanzminister genügte es nicht, das Kind mit dem Bade auszuschütten; er musste dem Kinde auch noch Seife in die Augen reiben.

Wenn überall Keime *lauern* und Kaninchen *bestrebt* sind, viele Kinder auf die Welt zu bringen, dann haben wir es mit einem Kinderbuch zu tun. In eine Hausarbeit gehören Anthropomorphismen nicht: Tieren und Pflanzen werden in der Wissenschaft keine menschlichen Züge oder Eigenschaften zugeschrieben.

Der *Kredithai* ist zu salopp für eine Hausarbeit und *wider den Stachel löcken* zu antiquiert (und vielen jungen Menschen daher unverständlich).

Vergleiche

V

Mit Vergleichen kann man Sachverhalte verdeutlichen – zum Beispiel die Tatsache, dass es in vielen Zusammenhängen auf Qualität ankommt und nicht auf Quantität: „Mit einem Tropfen Honig fängt man mehr Fliegen als mit einem Fass Essig.“ (Italienisches Sprichwort).

Vergleiche sind zudem geeignet, um einen Text mit etwas Ironie oder einem Schuss Polemik zu würzen:

> „Die Lektüre von mit Fußnoten gespickten Texten (ist) gewöhnungsbedürftig. Im Text lesen wir etwas über die Geschichte Preußens, aber in den Fußnoten lesen wir Hinweise zur Entstehungsgeschichte dieses Textes. Das ist so, wie wenn wir einen Witz hören und ihn gleichzeitig erklärt bekommen. Oder wie Noel Coward sagt, als wenn man mitten im Liebesakt zur Tür gehen muss, um einen Besucher zu empfangen, um dann weiterzumachen." (Schwanitz 2002, 462)

Vergleiche können hinken, geschmacklos sein – etwa wenn man aus vielen E-Mails einen E-Mail-*Tsunami* macht. Vergleiche können schiefgehen (und Politikerinnen und Politiker die Karriere kosten), aber auch viel Kreativität freisetzen. Vergleiche müssen konkret und verständlich sind. Vielen sagen zum Beispiel Sportvergleiche nichts. Es interessieren sich nun einmal nicht alle dafür, wer aus der Pole- oder einer anderen *Position* startet, wie man den *Ball flach hält* oder wo *Abseits* liegt.

Literatur

Franck informiert über rhetorische Stilfiguren, zum Beispiel Wortwiederholung, Klimax und Antiklimax.

Kühtz schreibt amüsant über Anthropomorphismen.

Norbert Franck: Der Karriereführer für Referenten. Frankfurt/Main, New York: Campus Verl. 2019

Stefan Kühtz: Wissenschaftlich formulieren. 4 Aufl. Paderborn: Schöningh 2018, S. 36-37 (= UTB 3471)

V

Verzeichnisse

Die Seiten, die nach dem ⇨ *Inhaltsverzeichnis* folgen, sind die Orte für vier Verzeichnisse: das ⇨ *Abkürzungsverzeichnis*, das Symbol-, Tabellen- und das Abbildungsverzeichnis. Diese Verzeichnisse kommen nicht in den ⇨ *Anhang*.

Formeln und Symbole sind eine Variante der ⇨ *Abkürzungen*. Formeln und Symbole, die in einer Arbeit häufiger vorkommen, führt man in einem Symbolverzeichnis auf – zum Beispiel so:

A	Konzentrationsfläche einer Lorenzkurve
F (x)	Verteilungsfunktion
G	Gini-Koeffizient
μ_2	2. Moment einer Verteilungsfunktion F
...	

Allgemein bekannte Symbole wie das Summenzeichen Σ gehören nicht ins Symbolverzeichnis.

Im *Abbildungsverzeichnis* werden Grafiken, Diagramme und Bilder aufgeführt, im *Tabellenverzeichnis* Tabellen.

Alle Verzeichnisse paginiert man wie das Inhaltsverzeichnis entweder mit arabischen oder mit römischen Ziffern. Es ist ratsam, den Konventionen oder Regeln des jeweiligen Fachbereichs bzw. Prüfers zu folgen.

Zwei Gestaltungsbeispiele:

Verzeichnis der Abbildungen

Abbildung 1:	Die Elemente einer Einleitung	72
Abbildung 2:	Themen-Landkarte	102
Abbildung 3:	Kreisdiagramm	151
Abbildung 4:	Visualisierter Text	245
Abbildung 5:	Elemente eines Flussdiagramms	246
...		

List of Figures

Literatur

Krämer informiert über die Darstellung von Zahlen und Maßeinheiten, Formeln und Symbolen sowie Gleichungen.

Walter Krämer: Wie schreibe ich eine Seminar- oder Examensarbeit? 3. Aufl. Frankfurt/Main, New York: Campus Verl. 2009, S. 125-132

V

Vorwort

Vor dem ⇨ *Inhaltsverzeichnis* einer Arbeit stehen der Titel bzw. das Titelblatt. Vor dem Inhaltsverzeichnis *können* stehen:

- ein Motto,
- eine Widmung,
- ein Geleitwort oder
- ein Vorwort.

Ein Vorwort ist keine Einleitung und heißt nicht *Vorbemerkung*. Im Vorwort werden Hinweise und Erläuterungen gegeben, die nicht unmittelbar zum eigentlichen Thema gehören – zum Beispiel: Aussagen über die Bedingungen, unter denen die Arbeit entstand, der Dank an Personen oder Institutionen, die die Arbeit unterstützt haben.

Ein Vorwort wird nur umfangreichen Arbeiten vorangestellt. Eine Hausarbeit kommt ohne Vorwort aus.

Mit einer *Widmung* sollten Sie bis zu Ihrer ersten Buchveröffentlichung warten – und prüfen, ob Sie die Unsitte vieler Professoren kopieren wollen, die im Vorwort zu einer wissenschaftlichen Arbeit bekennen, wem sie zur Last gefallen sind. Verzichten Sie, spottet Probst, in Hausarbeiten auf „Danke Tobias", auf „Für Luise" und „Meinen Eltern": Die Diskrepanz zwischen einer „wirtschaftsgeschichtlichen Arbeit von zehn Seiten über die Rolle der Mühle im ausgehenden 17. Jahrhundert und dem ... Gestus des Widmens" ist zu groß (2018, S. 69).

Wer Lebensratgeber schreibt, kann dem Text ein *Motto* voranstellen.

Gegen ein treffendes Zitat nach dem Titel ist nichts einzuwenden. Die Mühe, ein treffendes Zitat zu finden, sollte man sich frühestens bei der Dissertation machen.

Geleitwort ist ein Terminus aus dem letzten Jahrtausend.

Wird eine Dissertation veröffentlicht, kann ein *Vorwort* des Doktorvaters oder der Doktormutter sinnvoll sein.

Wissenschaft. Wissenschaftliche Standards

Was ist das Wissenschaftliche einer Masterarbeit oder Dissertation? Welche wissenschaftlichen Standards sind bei einer Haus- oder Bachelorarbeit zu beachten? Oder grundsätzlicher: Wissenschaft – was ist das eigentlich?

Das Bedürfnis nach einer verbindlichen Antwort ist groß – aber nicht seriös zu erfüllen. Es gibt nicht *das* allgemeingültige Verständnis von Wissenschaft und nicht *die* richtige Methode. Wohl aber von der *Scientific Community* akzeptierte Standards.

Wissenschaftspluralismus

In der Politikwissenschaft gibt keine Einigkeit über den Gegenstand und die Methoden des Faches, über die Aufgaben und den Anspruch von Politikwissenschaft. Trotzdem wird Politikwissenschaft gelehrt. Das ist kein Widerspruch, und die Politikwissenschaft ist kein Einzel- oder Sonderfall.

Die Entwicklung der Wissenschaft verläuft nicht als geradliniger und kontinuierlicher Prozess, in dem „eins zum anderen kommt". Forschungsergebnisse, die heute als gesichert gelten, werden morgen aufgrund neuer Erkenntnisse verworfen, Methoden werden durch neue abgelöst. Und Forschungen, die gestern belächelt wurden, werden morgen mit einem Nobelpreis ausgezeichnet.[28]

Wissenschaftlicher Fortschritt vollzieht sich in Sprüngen, in kleineren oder größeren Revolutionen.

Wissenschaftlicher Fortschritt wurde oft nur durch unkonventionelles Vorgehen abseits traditioneller Methoden und Verfahren erzielt. Die Vorstellung von *einem* Modell wissenschaftlicher Forschung hält sich zwar noch in manchen Köpfen, faktisch bestimmt ein Methodenpluralismus den Wissenschaftsalltag. Paul Feyerabend (1993) spricht von einem „heiteren Anarchismus".

---

28 Ein Beispiel: 1981 lehnte eine wissenschaftliche Zeitschrift einen Artikel von Gerd Binnig und Heinrich Rohrer über das von ihnen erfundene Rastertunnelmikroskop mit der Begründung ab, dem Beitrag fehle der wissenschaftliche Gehalt. 1986 erhielten sie für ihre Erfindung den Physik-Nobelpreis.

Daher erklären sich die zum Teil heftigen Kontroversen und aufgeregten Debatten, in denen zum Beispiel einer Theorie „wissenschaftliche Beliebigkeit“ bescheinigt oder einer Forschungsrichtung attestiert wird, sie könne sich nicht als *wissenschaftlich* ausweisen.

Wissenschaftliche Haltung

Wenn Ergebnisse wissenschaftlicher Forschung vorläufig und Irrtümer wahrscheinlich sind, wenn Methodenpluralismus die Regel ist und unkonventionelle Wege häufig die Erfolg versprechenden sind – dann spricht vieles für ein respektloses Verständnis von Wissenschaft. Damit meine ich die Haltung,

- neugierig zu sein, offen für neue Erfahrungen, andere Meinungen und Sichtweisen;
- in neuen Erfahrungen und Erkenntnissen eine Bereicherung und Anregung zum Weiterfragen zu sehen;
- ungewohnte Wege zu gehen und sich Irrtümer und (vorläufiges) Nichtwissen zu erlauben;

Diese Haltung fördert die Zuversicht, dass wissenschaftliches Arbeiten gelernt werden kann. Sie hilft, gelassener zu reagieren auf den an Hochschulen beliebten Bluff mit gewichtigen Fachausdrücken oder beeindruckenden Hinweisen auf den neuesten wissenschaftlichen Trend.

Die Trennung von wissenschaftlichem Arbeiten und Lehre, die heute den Hochschulalltag prägt, erschwert eine solche Haltung und macht sie zugleich besonders notwendig. Das ist nur scheinbar ein Widerspruch: Sie werden, weil die „Einheit von Forschung und Lehre“ zwar stets beschworen, aber nur selten verwirklicht wird, meist nur mit den Ergebnissen wissenschaftlicher Arbeit konfrontiert. Die (Irr-)Wege und Suchprozesse, die (schließlich) zu einem Ergebnis führen, bleiben unsichtbar. Veröffentlichungen werden geglättet, die Spuren der Mühen, der Zweifel, Unstimmigkeiten und Irrtümer werden verwischt.

Das hat sein Gutes: Wer möchte schon alle Irrwege eines Autors oder einer Autorin nachvollziehen?

Zum Problem werden solche stimmigen Endprodukte, wenn Sie den Eindruck gewinnen, Sie müssten auf Anhieb so stringent denken, Ihre Hausarbeiten müssten auch so glatt geschrieben sein. Wenn Sie solche Anforderungen an sich selbst stellen, überfordern Sie sich. Oder Sie müssen auf eine Eingebung hoffen. Hoffen macht nicht handlungsfähig.

Manche Studentinnen und Studenten versuchen es deshalb mit der Nachahmung. Sie bemühen sich angestrengt, den Stil der wissenschaftlichen Texte zu kopieren, die sie gerade lesen. Doch Nachahmung ist ein (früh)kindliches Verhalten, das an der Hochschule nicht weiterführt.

Weiter kommen Sie mit Neugier und Offenheit, wenn Sie ungewohnte Wege gehen und sich das Recht auf Irrtümer einräumen. Viele Kinder mussten deshalb viel Spinat essen, weil jahrzehntelang geglaubt wurde, Spinat habe einen sehr hohen Eisengehalt. Ein wenig Respektlosigkeit hätte ihnen Leiden erspart. Da aber in der Ernährungswissenschaft das Prinzip „Autoritäten Gehorsam zollen" galt, geisterte die falsche Angabe über den Eisengehalt viele Jahre ungeprüft durch die Fachliteratur.

Ich fasse meine Überlegungen mit der bereits zitierten Kant-Aufforderung zusammen: „Habe Mut, dich deines *eigenen* Verstandes zu bedienen!" (1783, 9 – Herv. im Text)

Sich des *eigenen* Verstandes zu bedienen, ist eine Haltung. Ich habe zusammengetragen, was dafür spricht, *Mut* zu haben, sich für diese Haltung zu entscheiden, sich einzulassen auf neue Erfahrungen, ungewohnte Wege, auf widersprechende Antworten und (vorläufiges) Nichtwissen, auf „heitere Anarchie".

Sich des *eigenen* Verstandes zu bedienen, ist eine Seite des wissenschaftlichen Arbeitens. Was ist erforderlich, um sich des eigenen Verstandes zu *bedienen*? Die Frage ist ungenau formuliert. Sie „bedienen" sich im Alltag beständig Ihres Verstandes, nicht nur im Studium. Gibt es einen Unterschied beim „Bedienen", und worin besteht er? Das ist – in den Worten der formalen Logik formuliert – die Frage nach dem „artbildenden Unterschied":[29] Welchen Standards muss *wissenschaftliches* Arbeiten genügen?

29 Für Definitionen gilt in der formalen Logik folgende Regel: Begriff (einer Sache) = Gattungsbegriff (genus proximum) + artbildender Unterschied (differentia specifica). Ein Parallelogramm ist ein Viereck (Gattungsbegriff) mit zwei parallelen Gegenseiten (artbildender Unterschied).

Wissenschaftliche Standards

Wie für andere Sachtexte, zum Beispiel einen Geschäftsbrief oder ein Testament, gilt für jede wissenschaftliche Arbeit: Ein Text muss präzise sein, exakt das aussagen, was man meint. Damit ein Text *wissenschaftlichen* Maßstäben genügt, sind die folgenden Kriterien zu berücksichtigen:

1. Darstellung und Analyse trennen

Wissenschaftliches Arbeiten ist mit guter medizinischer Behandlung vergleichbar: Eine erfolgreiche Behandlung setzt bei einer präzisen Beschreibung der Symptome an. Dann folgt die Analyse. Die Trennung von, allgemeiner formuliert, Darstellung und Bewertung ist für wissenschaftliches Arbeiten grundlegend. Daher behandele ich diese Anforderung in einem eigenen Kapitel ⇨ *Referieren und kritisieren.*

2. Begründen

Ob Quantentheorie, Fichtes Staatslehre oder Mobbing am Arbeitsplatz: In der Wissenschaft ist – anders als im Alltag – nichts selbstverständlich. Alles muss begründet werden (können): die Fragestellungen, Quellenauswahl, Methoden, Verfahren usw. Glaube kann Berge versetzen – aber nicht begründet werden. Im Alltag kann es entlastend sein, etwas zu tun, weil man es immer schon getan hat – eine Begründung ist das nicht. Die Entstehung und Bedeutung von Normen, Konventionen, Traditionen und Werten kann erklärt werden. Normen, Konventionen, Traditionen und Werte können sinnvoll sein. Sie lassen sich erläutern – aber nicht wissenschaftlich begründen.

3. Begriffe klären

Jede Wissenschaft hat ihre Fachbegriffe. In den Naturwissenschaften sind Begriffe und Fachausdrücke in der Regel eindeutig. In Erziehungs- und Politikwissenschaft, in Germanistik und Psychologie sind verbindliche Definitionen der zentralen Fachbegriffe die Ausnahme. Deshalb müssen in den Sozial- und Geisteswissenschaften die zentralen Begriffe einer Arbeit geklärt werden ⇨ *Begriffe bestimmen*.

4. Erklären

Der *Oeckel*, das *Taschenbuch des Öffentlichen Lebens*, enthält auf mehr als tausend Seiten viele Informationen. Im *Oeckel* steckt viel Arbeit. Niemand würde diese jährlich aktualisierte Veröffentlichung als wissenschaftliche Arbeit bezeichnen. Die Anhäufung von Daten und Fakten ergibt noch keine Wissenschaft. Der „Faktenhuber" oder die „Fliegenbeinzählerin" sind verpöntes Gegenteil eines Wissenschaftlers oder einer Wissenschaftlerin. Fakten und Wissen sind für die Wissenschaft notwendig, aber nicht hinreichend. Informationen müssen aufbereitet werden: systematisiert, interpretiert, bewertet, verallgemeinert. Sonst sieht man den Wald vor lauter Bäumen nicht.

Wissenschaft zielt auf Erklärungen:

- Warum ist das so?
- Unter welchen Voraussetzungen kam (kann) es dazu (kommen)?
- Wie könnte es anders sein?
- Wo gilt (galt) das?
- Wann gilt (galt) das?
- Wie entstand diese oder jene Auffassung?
- Wie und warum konnte sie sich verbreiten?
- Wer teilte sie (nicht)?

Erkenntnisse, Konzepte, Theorien usw. haben eine Geschichte und sind das Ergebnis bestimmter Perspektiven.

Geschichte: Wenn man ein Thema bearbeitet – zum Beispiel Sexualerziehung – sollte man unter anderem klären:

- Wann wurde Sexualerziehung Gegenstand der Wissenschaft?
- Warum wurde Sexualerziehung ein Thema?
- Wie haben sich die Auffassungen verändert?
- Was waren die Gründe für die Meinungsänderungen?

Aus Kenntnissen können *Er*kenntnisse werden, wenn Zusammenhänge, Voraussetzungen, Entwicklungen und Folgen begriffen werden. Wer nur weiß und kann, aber nichts begreift, ist – so die Umgangssprache – ein „Fachidiot". Vornehmer, mit Schopenhauer formuliert: Die „größte Menge von Kenntnissen" ist wenig wert, „wenn nicht eigenes Denken sie durchgearbeitet hat" (1851, 521).

5. Zusammenhänge herstellen

Gleich, ob eine Arbeit im „stillen Kämmerlein", im „Elfenbeinturm" oder in „Einsamkeit und Freiheit" geschrieben wird: Sie ist immer Zusammenarbeit. Wissenschaft bedarf in vielen Bereichen nicht der unmittelbaren Kooperation, aber immer des Bezugs auf bereits vorliegende Arbeit(en). Von einer Wissenschaftlerin, die sich nicht auf die Ergebnisse und Erkenntnisse ihrer Kolleginnen und Kollegen bezieht, ist keine ernst zu nehmende Forschung zu erwarten. Ein Wissenschaftler, der die vorliegenden Veröffentlichungen ignoriert, riskiert, Methoden einzusetzen und Verfahren anzuwenden, die sich längst als fehlerhaft erwiesen haben.

In den ersten Semestern bezieht man sich, wenn man ein Thema bearbeitet, auf eine überschaubare Zahl von Autorinnen und Autoren, die zu diesem Thema publiziert haben. Niemand erwartet einen vollständigen Überblick über den Forschungsstand. Man kann und soll sich auf die Schultern anderer stellen und auf vorliegende Überlegungen zurückgreifen.

In einer Masterarbeit und vor allem in einer Dissertation ist die vorliegende Forschung umfassend zu berücksichtigen: Wer nicht weiß, was andere bereits gedacht haben, kann nicht entscheiden, ob er oder sie einen neuen Gedanken verfolgt, zu einer neuen Sichtweise zu einer neuen Erkenntnis gelangt ist. Die Literatur umfassend berücksichtigen heißt nicht: sie lang und breit darstellen, sondern sie zu kennen, um begründet neue Fragen stellen zu können oder nach abweichenden Antworten zu suchen.

Wissenschaft entwickelt sich in *Kontroversen*. Es ist ein Gebot der wissenschaftlichen Redlichkeit, unterschiedliche Auffassungen darzustellen und nicht nur nach Belegen zu suchen oder die Autorinnen und Autoren zu referieren, die die eigene Auffassung stützen.

Wissenschaft lässt sich nicht in Ressortgrenzen halten. Häufig beschäftigen sich mehrere Disziplinen aus unterschiedlichen Blickwinkeln mit einem Thema. Fruchtbare Ergebnisse werden erzielt, wenn *interdisziplinär* gedacht und gearbeitet wird. Wer nur Chemie versteht, merkte Lichtenberg einmal an, versteht auch die nicht recht. Populär wurde dieser Satz in der Variante von Hans Eisler: „Wer nur etwas von Musik versteht, versteht auch davon nichts."

Wissenschaft ist nicht deutsch. Man kommt zwar in vielen Fächern mit Literatur durchs Studium, die auf Deutsch vorliegt. Einen Gefallen tut man sich damit nicht.

Die *Realität* ist der Härtetest für den Erkenntniswert von Wissenschaft. Dieser Test ist unzureichend, wenn Realität auf unmittelbar praktischen Nutzen eingeschränkt wird: Erziehungswissenschaft kann nicht satt machen (allenfalls die Erziehungswissenschaftlerinnen und Erziehungswissenschaftler). Sie kann aber Aufschluss geben – zum Beispiel über den Zusammenhang von Erziehungsstilen und kindlicher Entwicklung. Ob sie diesen Zusammenhang (handlungsanleitend) *erklären* kann, daran misst sich ihr Erkenntniswert.

Ein Medikament gegen Alzheimer ist unmittelbar nützlich. Es kann nicht entwickelt werden, wenn nicht zuvor die Ursachen dieser Krankheit entdeckt werden. Diese Ursachenforschung macht Kranke nicht gesund. Sie ist jedoch unverzichtbar.

6. Perspektive reflektieren

Wenn die Wirtschaftsforschungsinstitute in ihren Gutachten zur wirtschaftlichen Entwicklung in der Bundesrepublik zu verschiedenen Ergebnissen kommen, dann liegt das an ihren unterschiedlichen Standpunkten, aus denen sich unterschiedliche Perspektiven ergeben. Auf dem Berg sieht eine Landschaft anders aus als im Tal. Und vom Standpunkt der „Vollbeschäftigung" stellt sich die wirtschaftliche Entwicklung anders dar als vom Standpunkt der „Wettbewerbsfähigkeit". Unterschiedliche Standpunkte führen dazu, dass unterschiedliche Zahlen und Faktoren in die Forschung einbezogen bzw. unterschiedlich gewichtet werden.

Es gibt gute Gründe, entweder das Ziel der „Vollbeschäftigung" oder das der „internationalen Wettbewerbsfähigkeit" zur forschungsleitenden Prämisse zu machen. Die Entscheidung für eine dieser Prämissen ist jedoch nicht zwingend, sondern eine subjektive Entscheidung darüber, was als vorrangiges Ziel von Wirtschaftspolitik angesehen werden soll. Anders formuliert: Menschen *machen* Wissenschaft. Das ist nicht folgenlos für die Fragen, die gestellt, die Ziele, die verfolgt werden und für die Prämissen, unter denen Forschung stattfindet – kurz: Es werden subjektive Entscheidungen gefällt.

Ein weiteres Beispiel: Wenn man die Voraussetzungen für die Steigerung von Unternehmensgewinnen untersucht, kann man zu dem Ergebnis kommen, dass die Senkung der Lohnkosten und eine Reduzierung von Umweltauflagen entscheidende Faktoren sind.

Und man kann mehr Wachstum als ein fragwürdiges Ziel ansehen, Entlassungen oder Rationalisierung und die Senkung von Umweltstandards als nicht akzeptable Maßnahmen bewerten.

Wie auch immer man urteilen mag: Diese subjektiven (Vor-) Entscheidungen sind zu reflektieren.

In den „angewandten Wissenschaften" geht es bei einer solchen Reflexion sehr oft um die Frage, ob das, was machbar auch (gesellschaftlich, umweltpolitisch, moralisch) wünschenswert ist.

Im Jurastudium sollte die Person, die Recht sprechen oder verteidigen muss, Gegenstand wissenschaftlicher Analyse sein: Welche Faktoren spielen in Entscheidungsprozessen eine Rolle? Wie kommen Juristinnen und Juristen zu einem Urteil? Lassen sie sich zunächst von ihrer Alltagsmoral auf der Suche nach einer „gerechten" Entscheidung leiten? Und prüfen erst dann, auf welche „passenden" juristischen Argumente sich stützen können? Oder verläuft die Entscheidungsfindung umgekehrt? Oder spielt Alltagsmoral überhaupt keine Rolle, werden alle Entscheidungen „streng juristisch" getroffen?

Man kann auch ohne Berücksichtigung der genannten Standards zu brillanten Ideen und neuen Problemlösungen gelangen. Doch dieses Glück ist nur sehr wenigen Menschen vorbehalten. Wer ein Genie ist, muss sich nicht mit Haus- oder Masterarbeiten belasten. Für alle, die wissenschaftlich arbeiten wollen, sind die sechs Kriterien ein unverzichtbarer Kompass.

Wie im Netz so auch in der Hausarbeit. 7 Analogien

Sie sind kritische Userin und kritischer User? Kommentieren und teilen Sie umsichtig? Kritisieren Sie sachlich und nicht anonym? Lesen Sie jeden Post und Tweet noch einmal durch, bevor Sie ihn abschicken? Dann sollten Sie sich ein Beispiel an sich nehmen, wenn Sie einen wissenschaftlichen Text schreiben:

1. Umfassend informieren.
2. Gegenteilige Auffassungen zur Kenntnis nehmen.
3. Daten und Fakten prüfen.
4. Quellen prüfen.
5. Ruhig bleiben: Kritik stets sachlich formulieren.
6. Flagge zeigen: Für einen Standpunkt Verantwortung übernehmen.
7. Zeit nehmen: Jede Arbeit vor der Abgabe sorgfältig prüfen.

Literatur

Wolf-Dieter Narr: Was ist Wissenschaft? Was heißt wissenschaftliches Arbeiten? Was bringt ein wissenschaftliches Studium? In: Norbert Franck, Joachim Stary (Hrsg.): Die Technik wissenschaftlichen Arbeitens. 17. Aufl. Paderborn: Schöningh 2013, S. 15-32 (= UTB 724)

Wissenschaftlicher Stil

Der Begründer des Kritischen Rationalismus Karl Raimund Popper meinte sehr bestimmt: „Wer's nicht einfach und klar sagen kann, der soll schweigen und weiterarbeiten, bis er's kann." (1991, 100)

Popper könnte den missglückten ersten Satz von Martin Stingelins Aufsatz über „Die poetologische Reflexion der Schreibwerkzeuge bei Georg Christoph Lichtenberg und Friedrich Nietzsche" vor Augen gehabt haben:

> „Zu den Stiefkindern der Schreibprozessforschung, die methodisch weitgehend in der kognitionspsychologischen Introspektion befangen ist, die sie mit dem ‚Problemlösungsmodell' aus der Schulaufsatzforschung importiert hat, und die Ereignishaftigkeit des Schreibakts selbst in seiner Materialität, Positivität und Kontingenz gerne vernachlässigt, zählen die Schreibwerkzeuge und ihr Eigensinn, mit dem sie sich gelegentlich dem poetischen Produktionsprozess widersetzen." (2015, S. 283f.)[30]

Seit vielen Jahren wirbt der *Stifterverband für die Deutsche Wissenschaft* für die verständliche Kommunikation von Wissenschaft – weitgehend vergeblich. Daher erinnern viele Texte an „Folterinstrumente": Texte, die nicht den Leser bereichern, sondern die Intelligenz der Autoren unter Beweis stellen sollen (Mounk 2016, S. 67).[31]

Orientieren sich Studierende an dem Stil derer, die „nicht einfach und klar" schreiben, ist es nicht verwunderlich, wenn keine gut strukturierten und verständliche Texte entstehen. Ein Beispiel aus einer Magisterarbeit:

> „Ein häufiges Problem bei der Einordnung und Analyse der sogenannten Frauenliteratur ist die Frage, ob dieses Genre nun eine Literatur meint, die von Frauen geschrieben wurde, oder aber eine Literatur, die von Frauen handelt. Diese Verwechslung von Subjekt und Objekt hat oftmals

30 Dieser Satz wird im Original um zwei Fußnoten mit achtzehn Zeilen ergänzt.

31 Dieses Ziel wird keineswegs immer erreicht. Eine Studie von Oppenheimer legt vielmehr den Schluss nahe, dass sich Leserinnen und Leser durch einen verständlichen Text stärker beeindrucken lassen als durch Texte, die schwer zu verstehen sind: „Write clearly and simply if you can, and you'll be more likely to be thought of as intelligent" (2006, S. 153).

> so weit geführt, dass es gar zu einer Gleichsetzung von Subjekt und Objekt gekommen ist, lapidar gesagt: Frauen schreiben nun eben einmal über Frauen. Diese Tatsache, die, ohne zu polemisieren, ein wichtiges Spezifikum der Frauenliteratur ist, das im Folgenden noch genauer zu analysieren sein wird, wendet sich in einem bestimmten Bereich genau gegen die Frauenliteratur, nämlich in jenem der populären, sensationellen' Bekenntnisliteratur, die, von Frauen geschrieben, mit Frauenliteratur gleichgesetzt wird, die damit als harmlos, inferior und indiskutabel qualifiziert werden kann. Hier arbeitet also ein Teil der Frauen gegen sich selbst, doch der kommerzielle Erfolg dieser Werke zeigt, dass eine solche Art von Literatur gewünscht und gelesen wird."

Vier komplizierte Sätze, die „irgendwie" wissenschaftlich klingen. *Irgendwie* ist ein Wort aus der ⇨ *Umgangssprache* – entweder ein Füllwort oder das Signal: Präziser kann ich den Vorgang oder Sachverhalt nicht beschreiben. *Irgendwie* ist in wissenschaftlichen Texten deplatziert. Die vier Sätze sind, um eine Formulierung aus dem zweiten Satz aufzugreifen, lapidar gesagt eine Katastrophe:

1. Satz: Wieso ist *eine Frage ein häufiges Problem*? Und wer hat dieses Problem?

2. Satz: Welche *Verwechslung* ist gemeint? Im ersten Satz war von keiner Verwechslung die Rede. Wo ist es „gar zu einer Gleichsetzung von Subjekt und Objekt gekommen"? Und wieso „gar"?

3. Satz: Welche *Tatsache*? Wieso *wendet* sich diese *Tatsache, die* ein *Spezifikum* der Frauenliteratur ist, *in einem bestimmten Bereich gegen* die Frauenliteratur? Wie macht die Tatsache das? Und auch noch *genau*.

4. Satz: *Wo* arbeitet ein Teil der *Frauen gegen sich selbst?* Welche Form hat diese Selbstschädigung?

Kompliziert ist also nicht notwendigerweise klug und unverständlich nicht identisch mit wissenschaftlich. Wer über komplizierte Zusammenhänge schreibt, sollte diese Zusammenhänge präzise und verständlich erläutern. Von einem „Psychiater, der über Geisteskranke schreibt", erwarten wir auch, dass er sich nicht ausdrückt „wie ein Geisteskranker" (Eco 2000, 189).

Welche Konsequenzen lassen sich aus den missglückten Sätzen für das wissenschaftliche Schreiben ziehen? Vor allem die: *Wissenschaftlich* macht einen Text die Zuverlässigkeit, Genauigkeit und analytische Schärfe der Argumentation. Wissenschaftliche Texte dürfen und sollten verständlich und klar strukturiert sein. Wer klar denkt, sollte auch klar schreiben (können) und das Verständnis komplizierter Sachverhalte nicht durch komplizierte Satzstrukturen und Wortmonster erschweren. „Glauben Sie nicht, dass Sie Ihr eigenes Argument schwächen, wenn Sie es klar und in simplen Worten darstellen.“ (Groebner 2012, 125)

Zudem spricht, wenn das Thema es zulässt, nichts dagegen, anregend und anschaulich zu schreiben. Beim Schreiben darf man ausnahmsweise von sich auf andere schließen: Niemand mag umständliche und uninspirierte Texte lesen.

Schreiben heißt sich zeigen (Foucault 2015,49). Will man sich von der besten Seite zeigen, sollte man

- keine Schachtelsätze konstruieren ⇨ *Satzbau*,
- sorgsam mit dem Wort umgehen ⇨ *Umgangssprache und Modewörter: Stilbruch*,
- sich um Anschaulichkeit bemühen ⇨ *Veranschaulichen* und
- die folgenden zehn Empfehlungen berücksichtigen.

Informationen statt Blähkonstruktionen

Wer einen runden Tisch beschreiben soll, kann schreiben: „Der Tisch ist rund.“ Man kann – spottet Tucholsky über Menschen, die imponieren wollen – diesen Sachverhalt auch so formulieren: „Rein möbeltechnisch hat der Tisch ... eine kreisrunde Gestalt.“ (Bd. 7, 275)

Der erste Satz ist präzise. Das ist entscheidend. Die zweite Version sagt nicht mehr aus, sie ist nur umständlicher formuliert. Wer eine solche Formulierung zu Papier bringt, mag sich einreden, etwas Bedeutendes geschrieben zu haben. Wer sich etwas vormacht, macht sich das Leben schwer und viel Lärm um nichts – aber keine Fortschritte beim Schreibenlernen. Zwei Beispiele:

Umweltverbände brauchen Geld für ihre Arbeit. Eine einfache und wichtige Feststellung. Es gibt keinen vernünftigen Grund, in einer Abschlussarbeit diese Feststellung so aufzublähen:

„1. Finanzen
Dass das Fehlen einer derart elementaren Ressource wie der Finanzen einschneidende Auswirkungen auf das Verbandsgeschehen besitzen kann, ist ein Allgemeinplatz und bedarf keiner weiteren Ausführung."

Einige Zeilen weiter heißt es:

„Die mangelnde Finanzausstattung des BUND scheint dabei nicht die Folge punktueller und zeitlich begrenzter Misswirtschaft, sondern eher ein strukturelles Moment oder zumindest ein chronisches Leiden, welches sich durch die Verbandsgeschichte zieht, darzustellen."

Dieser Satz gibt Rätsel auf:

- *Ist* die mangelnde Finanzausstattung des BUND ein Problem? Oder *scheint* die mangelnde Finanzausstattung nur ein Problem *darzustellen?* Das ist ein gravierender Unterschied. Scheute der Autor das schlichte Wörtchen „ist"? Oder weiß er es nicht?
- Sollen sich die Leserinnen und Leser aussuchen, ob die mangelnde Finanzausstattung ein *strukturelles Moment* oder ein *chronisches Leiden* ist?
- Warum ist die mangelnde Finanzausstattung kein strukturelles Problem, sondern ein *Moment?*
- Kann punktuelle Misswirtschaft zeitlich unbegrenzt sein?

Des Rätsels Lösung: Man überlässt es nicht den Lesenden, die entscheidende Aussage herauszufiltern, sondern entscheidet selbst und formuliert knapp und präzise: *Die mangelnde Finanzausstattung ist ein strukturelles Problem des BUND.* (Im nächsten Satz kann der Hinweis folgen, dass sich dieses Problem „durch die Verbandsgeschichte zieht".) – Das genügt.[32]

Aus der Einleitung einer Hausarbeit:

„Der letzte Teil des Seminars setzt sich mit verschiedenen sozialpolitischen Themenbereichen auseinander. Diese umfassen die Bereiche Arbeitslosigkeit, Alter, Chancengleichheit sowie Armut und soziale Ausgrenzung. Die hier vorliegende Arbeit behandelt den sozialpolitischen Themenbereich Armut und soziale Ausgrenzung und ist so in den letztgenannten Part des Seminars einzuordnen."

32 *Ich* würde die „mangelnde Finanzausstattung" abspecken: Zu wenig Geld ist ein strukturelles Problem des BUND. Und: Allgemeinplätze sollte man nie formulieren und einen Satz nicht mit *dass* beginnen.

W

Es gibt keinen sachlichen Grund, Themen zu Themen*bereichen* aufzublähen und der letzte *Teil* des Seminars kann sich nicht mit sozialpolitischen Themenbereichen auseinandersetzen:

> Im letzten Teil des Seminars *wurden* folgende Themen behandelt: Arbeitslosigkeit, Alter, Chancengleichheit sowie Armut und soziale Ausgrenzung. In dieser Arbeit stehen die Themen Armut und soziale Ausgrenzung im Mittelpunkt. Die Arbeit ist also in den letzten Seminarteil einzuordnen.

Wenn aus einem Thema ein Themen*bereich* oder Themen*komplex* wird, wird ein Satz nicht besser, sondern länger. Und man trifft auch keine bedeutendere Aussage. Deshalb sollte man auf Imponier-Vokabeln verzichten. Wenn man Probleme mit der Datenerhebung oder mit den Quellen hat, ist das unerfreulich – aber kein Grund, von Problemen *im Bereich der Datenerhebung* zu schreiben. Und wenn ein Projekt viel kostet, dann mag das ein Problem sein – aber kein Grund, aus dem Problem eine Finanzproblem*atik* zu machen oder *zu schreiben*: „Von der *Kostenseite* her ist das Projekt …" Und wenn die Technik ausfällt, sollte man sich zu helfen wissen, aber nicht die Technik zur *Technologie* aufblähen.

Meine Version der drei aufgeblähten Sätze macht unübersehbar: Diese Sätze sind überflüssig. Nichts ist gewonnen mit der Erinnerung an den letzten Teil des Seminars. Banal der Satz, dass eine Hausarbeit über Armut dem Teil des Seminars zuzuordnen ist, in dem Armut behandelt wurde. – Dieser Hinweis leitet über zu meiner zweiten Empfehlung:

Überflüssiges streichen

> „Nie darf man kleinlich sein beim Streichen. Länge ist gleichgültig und die Furcht, es stehe nicht genug da, kindisch. Man soll nichts darum schon für daseinswert halten, weil es einmal da ist" (Adorno 1945, 95).

Ein Text ist unter anderem dann gelungen, wenn nichts mehr weggelassen werden kann. Streichen sollte man zum Beispiel *gemacht* vor Erfahrungen (oder Aussagen), *aufgeführt* vor Gründe, *erzielt* vor Ergebnisse, *aufgetreten* vor Störungen, *vorgenommen* vor Korrekturen und *durchgeführt* vor Studie, *gestellt* vor Frage sowie *gesetzt* vor Ziel.

W

Überflüssig sind die bei Studierenden beliebten Wörtchen *rein* (rechnerisch oder statistisch) und meist *auch* sowie *aber*. Die bereits zitierten vier Sätze über Frauenliteratur enthalten fünf Füllwörter:

> „Ein häufiges Problem bei der Einordnung und Analyse der sogenannten Frauenliteratur ist die Frage, ob dieses Genre nun eine Literatur meint, die von Frauen geschrieben wurde, oder aber eine Literatur, die von Frauen handelt. Diese Verwechslung von Subjekt und Objekt hat oftmals so weit geführt, dass es gar zu einer Gleichsetzung von Subjekt und Objekt gekommen ist, lapidar gesagt: Frauen schreiben nun eben einmal über Frauen. Diese Tatsache, die ... ein wichtiges Spezifikum der Frauenliteratur ist, ... wendet sich in einem bestimmten Bereich genau gegen die Frauenliteratur, nämlich in jenem der populären ‚sensationellen' Bekenntnisliteratur, die, von Frauen geschrieben, mit Frauenliteratur gleichgesetzt wird, die damit als harmlos, inferior und indiskutabel qualifiziert werden kann."

Ein anderes Beispiel:

> „Internationale Partnerschaften zwischen Städten gehören in Europa seit den 50er Jahren zum kommunalen Alltag. In der Nachkriegszeit wurde ihnen eine besondere Bedeutung in der Völkerverständigung und der Friedenssicherung in Europa ... zugemessen. *Auch* heute verfolgen die partnerschaftlich verbundenen Städte noch das Ziel, die Annäherung ihrer Bevölkerungen zu erreichen. Den Hintergrund bildet jetzt die von der Staatspolitik angestrebte europäische Einigung ...
> *Aber* im Laufe der 70er Jahre begannen die Kommunen, über den Tellerrand Europas zu schauen."

Das *auch* und *aber* sind einerseits überflüssig und können deshalb gestrichen werden. Andererseits signalisieren beide Wörter Gedanken, die nicht formuliert werden. Dadurch wird der Text unpräzise.

Gedanke 1: Die partnerschaftlich verbundenen Städte verfolgen noch heute das Ziel, ... *Allerdings hat sich das Motiv geändert*. Die politisch angestrebte Einigung Europas soll von den Bürgerinnen und Bürgern getragen werden.

Gedanke 2: In den 70er-Jahren *kommt ein weiteres Ziel hinzu*.

Zur Kategorie der Füllwörter, die in einer Reportage, einem Essay oder einer Rede angebracht sein können, zählen: allenthalben, ausgerechnet, bekanntlich, durchaus, eigentlich, gemeinhin, gewissermaßen, hinlänglich, immerhin, in der Tat, jedenfalls, keineswegs, letztlich, meistenteils, nämlich, natürlich, schlichtweg, überaus, ungemein, völlig, zuweilen.

> „Diese Arbeit möchte einen Beitrag zur Erforschung der italienischen Frauenliteratur leisten und beschäftigt sich mit der in Italien *durchaus* anerkannten und erfolgreichen Schriftstellerin Francesca Sanvitale, die in Deutschland *hingegen* kaum bekannt ist.
> Zunächst möchte ich einen allgemeinen Überblick über die Entwicklung der Frauenliteratur in Italien im 20. Jahrhundert geben ..., um einen Rahmen zu schaffen, in dem sich die Analyse bewegen wird. Die Konzeption ‚allgemein' bedeutet *natürlich*, dass ein gewisses Maß an Generalisierung ... nicht zu vermeiden ist."

Warum ist Francesca Sanvitale *durchaus* anerkannt und erfolgreich? Warum genügt nicht der Hinweis, dass sie in Deutschland kaum bekannt ist? Wahrscheinlich sollte auf einen Unterschied hingewiesen werden. Füllwörter sind dafür ungeeignet. Zweckdienlicher sind ein vernünftiger ⇨ *Satzbau* und eine richtige Reihenfolge der Gedanken:

> „Im Mittelpunkt dieser Arbeit stehen die Romane der italienischen Schriftstellerin Francesca Sanvitale, die in Italien anerkannt und erfolgreich, in Deutschland weitgehend unbekannt ist."

Bei dem folgenden Text lässt sich fast ein Viertel des Umfangs mit Gewinn einsparen:

> „Die These, die in dieser Arbeit vertreten wird, kann folgendermaßen formuliert werden: Die kulturkritische Reformpädagogik des ausgehenden 19. Jahrhunderts ist keineswegs als eine ‚Sternstunde' in der Wissenschaftsgeschichte der Pädagogik zu bewerten. Dem kulturkritisch-reformpädagogischen Neubeginn in Deutschland sind vielmehr deutliche präfaschistische Theoreme zu attestieren. Gegen das weit verbreitete Urteil bürgerlicher Pädagogik, welche in den herausragenden Repräsentanten jener geistigen Bewegung die Wegbereiter einer neuen pädagogischen Epoche feiert, muss gesagt werden: eine solche Rezeption dokumentiert die Ohnmacht traditionell-bürgerlicher Pädagogik".

Der Text ohne „kann folgendermaßen formuliert" und „muss gesagt" werden sowie ohne polemisches „feiert":

> In dieser Arbeit wird folgende These vertreten: Die kulturkritische Reformpädagogik des ausgehenden 19. Jahrhunderts war keine „Sternstunde" in der Wissenschaftsgeschichte der Pädagogik. Vielmehr ist der kulturkritisch-reformpädagogischen Neubeginn in Deutschland geprägt durch präfaschistische Theoreme. Das in der bürgerlichen Pädagogik weitverbreitete Urteil, die herausragenden Repräsentanten jener geistigen Bewegung seien Wegbereiter einer neuen pädagogischen Epoche gewesen, dokumentiert die Ohnmacht traditionell-bürgerlicher Pädagogik.

Zu einem präzisen Stil gehört es auch, Doppelungen zu vermeiden. Die Ursache der Arbeitslosigkeit hat nicht zahlreiche Gründe, sondern die Arbeitslosigkeit hat zahlreiche Ursachen (oder Gründe). Aus der Einleitung einer Hausarbeit:

> „Die Diskussion um die Wirkung von Gewaltdarstellung in den Massenmedien ist ein in der Öffentlichkeit immer wieder auftauchendes Thema."

Die Diskussion ist ein immer wieder auftauchendes Thema – und der Satz schlampig formuliert. Gemeint ist: In der Öffentlichkeit wird kontinuierlich (oder: in (un)regelmäßigen Abständen bzw. immer wieder neu) über die Wirkung von Gewaltdarstellung in den Massenmedien diskutiert.

Der missglückte Satz ist einer missglückten Hausarbeit über „Massenmedien und Gewalt" entnommen, die ich auf einer der vielen Internet-Börsen für Haus- und Abschlussarbeiten gefunden habe.

Auf *www.diplom.de* oder *www.hausarbeiten.de* und *www.grin.com/de/* wird viel Ausschuss-„Ware" angeboten, die keinen Cent wert ist. Diese Schummel-Börsen sind nützlich, wenn man auf der Suche nach Themen-*Anregungen* ist. Gegen einen Download ist nichts einzuwenden. Doch vor dem Einfügen von Textpassagen in die eigene Arbeit sollte eine kritische Prüfung stehen.

Wer für eine Arbeit, die im Internet angeboten wird, bezahlt hat, ist mit der Überweisung nicht zum geistigen Eigentümer dieser Arbeit geworden. Wer gekaufte Quellen nicht ausweist, schummelt. Und das ist nicht nur unredlich, sondern auch riskant: Inzwischen gibt es Software, mit deren Hilfe Prüferinnen und Prüfer Plagiaten auf die Spur kommen können (vgl. Weber-Wulff 2015; s.a das *Plagiats Portal:* http://plagiat.htw-berlin.de/).

Wer war's? Was Sozialwissenschaften und Krimis gemeinsam haben

Die Vernunft setzt sich nicht durch. Nur die Vernünftigen können sich durchsetzen. In allen Wissenschaftsdisziplinen, in denen es um menschliches Handeln geht, sollten die Handelnden nicht durch Passivkonstruktionen oder Substantivierungen „aufgelöst" werden – wie in dem folgenden Satz:

> „Durch einen immer tiefer in die ökologischen Kreisläufe eindringenden industriellen Produktionsprozess, durch eine immer rücksichts- und verantwortungslosere Ausbeutung natürlicher Ressourcen und die Zerstörung intakter ökologischer Regionen infolge militärischer Nutzung, werden in Westdeutschland seit Beginn der achtziger Jahre verstärkt Ansätze entwickelt, die versuchen, pädagogische Antworten auf die ökologische Krise zu finden."

Das ist Quatsch: Der *industrielle Produktionsprozess* und die *Ausbeutung natürlicher Ressourcen* entwickeln keine *Ansätze*, die versuchen, pädagogische Antworten auf die ökologische Krise zu finden. Menschen entwickeln solche Ansätze. Und Ansätze können nicht antworten. Vielmehr antworten Menschen *in* oder *mit* Ansätzen auf Fragen.

Dieser Satz wird mit einem aktiven Verb kurz und klar: „Seit Beginn der Achtzigerjahre entwickelten Erziehungswissenschaftlerinnen und Erziehungswissenschaftler pädagogische Ansätze, in denen versucht wird, auf die ökologische Krise zu antworten."

Aus dem Schluss einer Hausarbeit: „Das politische System der USA ist nicht so demokratisch, wie es oft von sich behauptet."

Wer behauptet, das politische System der USA sei demokratisch? Das System oder Politiker und Politikwissenschaftlerinnen, Journalisten oder Bürgerinnen? In den Sozialwissenschaften geht es – wie im Kriminalroman – immer um die Frage: Wer war's?

So viel Fachtermini wie nötig, so wenig Fremdwörter wie möglich

Wissenschaft kommt nicht ohne Fachbegriffe aus. Fachtermini sind wichtige Mittel der Präzision und daher unersetzlich. Viele Fremdwörter sind es nicht. Selten gewinnt ein Text durch viele Fremdwörter, häufig drückt eine hohe Fremdwort-Dichte Imponiergehabe aus.

Fachbegriffe können in einer Disziplin etabliert und unumstritten sein. Oder sie haben, vor allem in den Sozial- und Geisteswissenschaften, einen unterschiedlichen Bedeutungsgehalt. Darüber muss man sich Klarheit verschaffen, um beurteilen zu können, ob in einer Hausarbeit erläutert werden muss, was unter diesem oder jenem Fachbegriff verstanden wird ⇨ *Wissenschaftliche Standards*.

Fach*jargon* ist nicht präzise, sondern ein Slang, der ein Zugehörigkeitsgefühl vermitteln soll. Er entzieht Texten Leben und erschwert denen das Textverständnis, die nicht zur „Fachfamilie" gehören. Der folgende Satz enthält kein Wort, das wir als unbekanntes Fremdwort wahrnehmen. Trotzdem wirkt der Satz fremd, weil er ein alltägliches Phänomen in eine „fremde Sprache" übersetzt.

> „Da das Begreifen von Zusammenhängen optimal nur durch tätiges Erproben gewonnen wird, unser Alltag jedoch immer weniger Anlässe gibt, praktische Erfahrungen zu machen, müssen wir in der pädagogischen Arbeit bewusst entwickelte Gelegenheiten zur Förderung, Entfaltung und Differenzierung sinnlicher Aktivitäten bieten."

Wissenschaft zeichnet sich unter anderem dadurch aus, dass Prozesse oder Sachverhalte auf den Begriff gebracht werden. Dazu ist es auch notwendig, alltägliche Phänomene anders als in der Alltagssprache zu formulieren. Präzision der Begriffe ist jedoch nicht identisch mit dem verquasten Fachjargon in dem zitierten Satz. Diese Formulierungen sind umständlich und leblos:

- *bewusst entwickelte* Gelegenheiten – können Gelegenheiten *unbewusst entwickelt* werden? Schlicht: *Möglichkeiten* zur Förderung
- *sinnliche* Aktivitäten – gibt es *unsinnliche* Aktivitäten? Schlicht: mit allen Sinnen lernen
- *tätiges* Erproben – ist *ausprobieren* etwas anderes, kann man *untätig* erproben? Schlicht: *praktischer* Umgang
- *Begreifen* von Zusammenhängen *wird gewonnen* – wie geht das? Schlicht: Zusammenhänge begreifen.

Der Satz ohne überflüssigen Fachjargon: Zusammenhänge lassen sich nur im praktischen Umgang mit der Umwelt begreifen. Da unser Alltag jedoch immer weniger Anlässe gibt, praktische Erfahrungen zu machen, müssen wir in der pädagogischen Arbeit Möglichkeiten zum Lernen mit allen Sinnen schaffen.

Wenn Autoren, die um die „Reinheit“ der deutschen Sprache besorgt sind, sich für *faul* statt *Motivationsdefizit* aussprechen (und von *plädieren* abraten), dann ist das Unsinn: Wenn ich nicht motiviert bin, heißt das noch lange nicht, ich sei faul. Es gibt also gute Gründe, Fremdwörter zu verwenden.

Fremdwörter sind auch nützlich, um Wiederholungen zu vermeiden, zum Beispiel *plädieren*, *relevant* oder *sekundär*. Schreibt man *inaugurieren* und *substituieren*, dann soll das eine „gehobene“ Wortwahl, einen „anspruchsvollen“ Stil signalisieren. Diese Fremdwörter erhöhen nicht den Informationsgehalt, sondern erschweren allenfalls das Verständnis; sie lassen sich problemlos durch deutsche Wörter ersetzen (substituieren).

Fremdwörter sind kein Ersatz für treffende Aussagen oder präzise Beschreibungen. „Das tut weh“, kommentierte ein Kollege die Formulierung „alternative Basisaktivitäten“ in einer Soziologie-Hausarbeit. Diese Formulierung ist nicht wirklich schmerzhaft – aber ein Arbeitsersatz: *Alternativ* ist so unpräzise wie *Basisaktivitäten*, und beide Wörter sind nur scheinbar verständlich. Alle können sich darunter vorstellen, was sie wollen. Unklar ist jedoch: Was ist das *Alternative* an den *Basisaktivitäten*? Gibt es *traditionelle* Basisaktivitäten? Und *Aktivitäten* ist fast nie treffend. Was sind zum Beispiel die „vielen Aktivitäten“ eines Verbandes oder einer Abgeordneten?

Nicht ungewöhnliche Wörter, sondern ungewöhnliche Aussagen machen eine Haus- oder Abschlussarbeit interessant. Schopenhauer: „Ungewöhnliche Gedanken in gewöhnlichen Worten, das ist die Sache; nicht umgekehrt.“ (1896)

Peinlichkeiten vermeiden

Wenn man Fremdwörter verwendet, sollte ihre Bedeutung bekannt sein. *Innovation* heißt *Erneuerung*. Die *neue Innovation* ist daher doppelt gemoppelt. Pleonasmen sind auch die *Zukunfts*prognose, der Test*versuch* und die *unbemannte* Drohne.

In einer Rede oder einem Essay kann der *rabenschwarze* Tag oder *klammheimlich* angebracht sein. In einem wissenschaftlichen Text sollte weder *auseinander*dividiert noch gefragt werden, ob Rot und Schwarz *zusammen* koalieren sollten.

Es ist peinlich, wenn optimal gesteigert, eine alte Handschrift *dechiffriert* wird (das sollte man Geheimdiensten überlassen und schlicht entziffern) oder User *typologisiert* werden (statt typisiert). Wir haben in Deutschland keine *soziologischen* Missstände (aber viele soziale), und niemand hat *psychologische* Probleme (aber viele Menschen haben psychische).

Argumente statt Anglizismen

Es ist nichts gegen den Genuss eines *Veggie-Wraps* einzuwenden. Ab und an sollte man sich ruhig ein *Kingsize*-Menu gönnen. Aber nicht schreiben (und nicht in einer Fast-Food-Kette).

Wie sollte man es mit *Lifestyle* und *Lean Production halten*? Ist *Outsourcing* ein *Trend*? Greifen viele Unternehmen zum Mittel des Downsizing?

Trend ist weniger schwergängig als Entwicklungsrichtung – und allen verständlich. Für *Sit-in* gibt es kein treffendes deutsches Wort, wohl aber für Lifestyle. Niemand kommt ins Grübeln, wenn von *Fast Food, einem Airbag* oder *Mountainbike* die Rede ist – gute Gründe, diese Anglizismen zu verwenden. Die Güte eines Wortes hängt nicht von seiner Herkunft ab. Entscheidend ist, ob es treffend und verständlich ist.

Für *Gender* gibt es im Deutschen keine griffige Übersetzung (wie für *Bildung* keine angemessene im Englischen). Immer *sozial* vor *Geschlecht* schreiben, ist sehr umständlich. Deshalb: *Gender-Studies* und nicht „Soziales-Geschlecht-Studien". Hingegen kommt in den Bezeichnungen „Health Care-Studies" oder „Auditing, Finance and Taxation" der (vor allem bei Fachhochschulen beliebte) Versuch zum Ausdruck, Eindruck zu schinden.[33]

Mit Anglizismen lassen sich zudem Vorgänge pointiert ausdrücken. Für *Pinkification* gibt kein deutsches Wort, um prägnant auf die geschlechtsspezifische Ausrichtung der Spielwarenproduktion hinzuweisen. Man sollte allerdings nicht voraussetzen, dass *Pinkification* allgemein bekannt ist.

33 Das Facility-Management und der Facility-Manager sind beliebter Comedy-Stoff.

Mit *Luftsack* und *Bergfahrrad* würde man Erstaunen hervorrufen. Gegen *Lean Production* und *Outsourcing* ist in der Betriebs- und Volkswirtschaft nichts einzuwenden. Doch sollte man in anderen Disziplinen nicht davon ausgehen, alle wüssten, was gemeint ist. *Downsizing* ist ein Euphemismus. Wer ihn verwendet, macht sich die Arbeitgeberperspektive zu eigen.

Viele Anglizismen in einem Text oder Vortrag drücken das Bedürfnis aus, sich als modern (*trendy*) abzuheben. *Modern* ist ein außerwissenschaftliches Kriterium. Modern heißt in der Wissenschaft: die neuste Literatur, den aktuellen Forschungsstand kennen. Ja, der Klimawandel ist ein *Push-Faktor* für Migration. Alle verstehen Ursache oder Auslöser. *Push-Faktor* macht den Satz nicht gehaltvoller. *Push-Faktor* ist allenfalls dann notwendig, wenn es um das *Push-Pull-Modell der Migration* geht. Also als Fachterminus.

Kurz: Aufschlussreiche, informative, interessante, verständliche, überraschende Texte imponieren. Anglizismen-Häufungen nicht.

Wie werden Wörter aus dem Englischen oder Französischen in einen Text in deutscher Sprache integriert? Die *Duden*-Redaktion gibt folgende Antwort: Bei *Verben* kommt es „zu einer grammatischen Assimilation, wenn sie mit der Infinitivendung -(e)n gebildet werden: *fixen*, *picknicken*, *palavern*. Zusätzlich können deutsche Vorsilben Verwendung finden, wie bei *bezirzen* oder *vermaledeien*. Wieder andere werden wie zusammengesetzte deutsche Verben behandelt: *downloaden*, *upgraden*, *outsourcen*."

Bei *Substantiven* bleiben fremdsprachliche Pluralformen „nur in Ausnahmefällen erhalten, im Allgemeinen werden sie durch einheimische abgelöst: *Themen* (griechisch *themata*), *Triumphe* (lateinisch *triumphi*), *Inspekteure* (französisch *inspecteurs*), *Filme* (englisch *films*)."

Für den *Artikel* sind ausschlaggebend: „das Geschlecht eines deutschen Übersetzungswortes bzw. eines sinnverwandten Wortes, wie etwa *das Chanson* (das Lied) oder *die High Society* (die Gesellschaft). Zum anderen besteht die Tendenz, allen Wörtern mit derselben Endung auch das gleiche Geschlecht zu geben: *die Jumelage*, *die Garage*; *das Happening*, *das Aquaplaning*."[34]

W

34 www.duden.de/sprachwissen/sprachratgeber/Fremdes-Wort-im-deutschen-Satz (9.12.2018); s.a. die abweichende Auffassung von Schumacher (2017, 198f.).

In Nachrichtensendungen sind regelmäßig falsche Eindeutschungen zu hören. In wissenschaftlichen Texten sollten solche „false friends“ vermieden werden. Die Trump-Regierung ist nicht die Trump-*Administration*. *Administration* kommt aus dem Lateinischen und bedeutet *Verwaltung*. Ähnlich: *make a good job* heißt *gute (oder ganze) Arbeit leisten* – nicht „einen guten Job machen“. Und korrektes Deutsch ist immer noch: *Das ergibt keinen Sinn*. „Das macht keinen Sinn“ ist ⇨ *Umgangssprache*, eine fehlerhafte Eindeutschung von *makes no sense*.[35]

Genau Angaben machen

„Bei der Bundestagswahl 2017 erhielt die CSU 6,2 % der Stimmen. Deutlich weniger als bei der Wahl 2013.“

Der zweite Satz ist unpräzise. Was heißt *deutlich weniger?* Deshalb: 2013 hatte sie 7,4 % erhalten (oder: 1,2 % weniger als bei der letzten Bundestagswahl). Auf- oder Abrundungen sind zulässig: 2017 erhielt die CSU knapp 2,9 Mio. Zweitstimmen; 2.869.688 Zweitstimmen muss nicht sein.

Wenn es möglich ist, sollte man exakte Angaben machen: 2,7 kg schwerer (statt *viel* schwerer), 1,7 °C (statt *kaum* wärmer) und *ziemlich, etwa, ungefähr* ... vermeiden. *Vielleicht* ist dann angebracht, wenn eine Überlegung ausdrücklich als unsicher gekennzeichnet werden soll: „Vielleicht führen Befragungen zu zuverlässigeren Ergebnissen als Messungen.“

Pronomen gut dosieren

„Habt keine Angst, zweimal das gleiche Subjekt zu verwenden, vermeidet zu viele Pronomina“ (Eco 2000, 186). Umberto Eco hat recht. Fürwörter können zu Rätseln führen. Texte sollen informativ sein – nicht rätselhaft. Ein Beispiel aus einer Hausarbeit:

> „Im Laufe der 70er Jahre begannen die Kommunen, über den Tellerrand Europas zu schauen. Nachdem die Konsolidierung der europäischen Staaten in weiten Zügen vorangeschritten war, trat in der westlichen

W

35 Das *Google*-Übersetzungsprogramm liefert solche schlampigen Übersetzungen. Am Rande: Wer *googeln schreibt*, macht Werbung. Ich nutze *Ecosia* zur Online-Recherche. Mit Kindern suche ich mit *Blinde Kuh*.

> Staatspolitik vor dem Hintergrund des Kalten Krieges das Interesse in den Vordergrund, weltweit *ihre* politische Überzeugung und wirtschaftlichen Interessen gegenüber dem Ostblock zu behaupten. In den gerade in die Unabhängigkeit entlassenen Entwicklungsländern spitzte sich der Konflikt um das Ausweiten der Einflussgebiete in Form von Stellvertreterkriegen und über die Zusicherung von Entwicklungshilfe zu. (...) Aus dem Gefühl der Solidarität entsprangen in den Kommunen die ersten Schritte in Richtung eines Engagements für die Entwicklungsländer. *Das* legte den Grundstein zu einer im Laufe der Jahre zunehmenden zivilgesellschaftlichen Beteiligung an entwicklungspolitischen Aktivitäten, der Wiege der kommunalen Entwicklungszusammenarbeit." (Herv. NF)

Wofür steht im zweiten Satz des zweiten Absatzes *ihre*? Für die *westliche Staatspolitik* oder für die *europäischen Staaten*? Und worauf bezieht sich *das* im letzten Satz? Solche Fragen sollten den Leserinnen und Lesern erspart bleiben.

In der Schule haben wir gelernt: Wer Wörter wiederholt, hat einen „schlechten Stil". Das ist richtig, denn wir langweilen uns, wenn wir zum Beispiel dreimal hintereinander *machen* oder *schön* hören. Bei Verben und Adjektiven sollte man sich, wie es in der Schule hieß, um einen „Wechsel im Ausdruck" bemühen. Wenn in der Einleitung einer Diplomarbeit auf 20 Zeilen der Aufbau der Arbeit erläutert wird, sollte nicht ständig das Verb *dargestellt* vorkommen:

> „Im zweiten Kapitel werden ... dargestellt. Im dritten Kapitel werden ... dargestellt. Im fünften Kapitel wird schließlich dargestellt ..."

Es stehen genügend andere Verben zur Verfügung: analysieren, vergleichen, bewerten, untersuchen, beschreiben, unterscheiden, abgrenzen, eingrenzen.

Die Empfehlung aus dem Deutschunterricht gilt für Substantive und Personen nur eingeschränkt. Im Johannes-Evangelium heißt es: „Im Anfang war das Wort, und das Wort war bei Gott, und Gott war das Wort." Dreimal *Wort* und zweimal *Gott* in einem Satz. Jeder Deutschlehrer würde den Rotstift zücken. Doch dieser Satz ist verständlich und eindringlich. Holprig und schwer verständlich wird der Satz, setzt man Pronomen ein: Im Anfang war das Wort. *Es* war bei Gott, und *er* war identisch mit *ihm* (oder: *Ersterer* war identisch mit *Letzterem*).

Tun statt wollen

Aus einer Masterarbeit: „Zunächst möchte ich einen allgemeinen Überblick über die Entwicklung der Frauenliteratur ... geben." Es genügt: *Zunächst gebe ich* ... Ebenso überflüssig sind: *Ich will* und *ich werde* – einfach schreiben, was man tut: Im dritten Kapitel *zeige* ich, im nächsten Kapitel *analysiere* ich ...

Am Rande bemerkt: Ein *allgemeiner* Überblick klingt wie eine Drohung. Der allgemeine Überblick ist nicht selten ein langweiliger Fleißnachweis ohne erkennbaren Nutzen für die Arbeit. Vielleicht kann es relevant sein, zunächst einen Überblick über die Entwicklung der Sujets oder des Selbstverständnisses von Frauenliteratur zu geben. Aber Vorsicht vor dem *allgemeinen* Überblick.

Zurückhaltend und selbstbewusst schreiben

Wer angibt, hat's nötig! Haus- und Abschlussarbeiten sind nicht der Ort, um dick aufzutragen – wie in den folgenden beiden Beispielen:

- „Ich habe mich *eingehend* mit einer der Hauptfiguren ... beschäftigt"
- „... habe ich mich in dieser Arbeit an die empirische Überprüfung der Körperdiagnostik *herangewagt.*"

Es genügt, zu *analysieren* oder zu *untersuchen* (*beschäftigen* ist kein passender Terminus). Es versteht sich von selbst, dass dies gründlich oder *eingehend* geschieht.

Wer mag, kann sich auf einen Achttausender wagen. Die empirische Überprüfung eines diagnostischen Verfahrens ist kein Wagnis. Deshalb reicht es aus, die *Zuverlässigkeit* der Körperdiagnostik empirisch zu überprüfen.

Als Student oder Promovendin sollte man also an der richtigen Stelle bescheiden sein ⇨ *Referieren, kritisieren*. Und sein Licht nicht unter den Scheffel stellen, sondern selbstbewusst formulieren. Ob Nobelpreisträgerin oder Studienanfänger: Wer sich mit Wissenschaft auseinandersetzt, *versucht* zu analysieren, zu belegen oder zu zeigen. Im besten Falle nach bestem Wissen und im Wissen, dass man irren kann. Daher ist es zulässig, *versucht* wegzulassen und selbstbewusst zu schreiben: „Ich habe gezeigt, dass ...". Understatement ist das Privileg derer, die bereits eine gewisse Reputation erlangt haben.

Überflüssig ist auch folgender Metatext: „Wie ich auf den *vorhergehenden Seiten* gezeigt habe, ist dieser Ansatz ...“ Man hat ja diese Seiten gelesen. Und wenn nicht, hilft der Verweis auch nicht.

Zu guter Letzt: „Das Geheimnis der Langeweile ist, alles sagen zu wollen.“ (Voltaire) Worauf kommt es an? Was ist wichtig? Und was kann gestrichen werden? Das ist bei jedem Text zu entscheiden – und schwer, aber unerlässlich. „Wenn alles wichtig und unverzichtbar ist, jedes Detail, dann kippt beim Lesen der Text plötzlich nach hinten, wie ein U-Boot, in dem jemand die Luke geöffnet hat, und versinkt unter seinem Gewicht, bis er am lichtlosen Grund des Meeres im Faktenschlamm aufsetzt.“ (Groebner 2012, 95)

Literatur

Vergnügliches übers Streichen finden Sie in Benjamins sieben „Prinzipien der Wälzer oder die Kunst, dicke Bücher zu machen“.

Jutta von Campenhausen und Valentin Groebner sind eine lohnende Lektüre für Fortgeschrittene.

Wenn Sie Ihre Arbeiten in Englisch verfassen: No broken englisch. Please! Lantsoght gibt „Tips for Non-native Speakers of English“. Bei Pinker sind Anregungen für einen guten Stil zu finden.

Walter Benjamin: Einbahnstraße. Frankfurt/Main: Suhrkamp 1955, S. 43-45.

Jutta von Campenhausen: Wissenschaft vermitteln. Eine Anleitung für Wissenschaftler. Wiesbaden: Springer VS 2014

Valentin Groebner: Wissenschaftssprache. Eine Gebrauchsanweisung. Konstanz: Konstanz University Press 2012

Eva O. L. Lantsoght: The A-Z of the PhD Trajectory. Cham: Springer International 2018

Steven Pinker: The Sense of Style. London: Penguin Books 2015

Zitat, zitieren

> „Im allgemeinen ist es sehr zu empfehlen, im Zitieren Maß zu halten und nicht allzu viel mit fremden Autoritäten zu operieren. Es ist aber nicht zu billigen, wenn man ganz oder fast ganz auf das Quellenzitieren verzichten will.“ (Fonck 1908, 256)

Ein Zitat. Weil es länger als drei Zeilen ist, wurde es eingerückt und in einer kleineren Schriftgröße gesetzt. Ist ein Zitat noch länger, sollte es eingeführt werden. Zum Beispiel so:

Ist es keine *eigenständige* Arbeit, wenn man für eine Hausarbeit die vorhandene Literatur nutzt? Becker ermuntert alle Studierenden, sich auf vorhandenes Wissen zu stützen:

> „Niemand, der sich an den Schreibtisch setzt, schüttelt, was er niederschreibt, aus dem Ärmel. Wir fangen nicht am Nullpunkt an, sondern stützen uns auf die, die vor uns da waren. Wir könnten unsere Arbeit nicht tun, wenn wir uns nicht ihre Methoden, ihre Befunde und ihre Ideen zunutze machten.“ (1994, 185)

Warum und wozu zitieren?

Vor allem aus sechs Gründen zitiert man „die, die vor uns da waren“, und verweist auf „ihre Methoden, ihre Befunde und ihre Ideen“:

1. Zur Klärung der Urheberschaft: Auf wessen Theorie, Erkenntnis, Meinung stützt sich die eigene Argumentation?
2. Zum Beleg von Daten und Fakten: In welchen Quellen kann – zum Beispiel – die Feststellung überprüft werden, dass deutsche Schülerinnen und Schüler im internationalen Bildungsvergleich eher mittelmäßig abschneiden?
3. Bei der Interpretation des Werks einer Autorin oder der Auseinandersetzung mit einer Theorie müssen die Autorin oder die Theorie „zu Wort kommen“, um die Interpretation nachvollziehen und überprüfen zu können.
4. Zur Entlastung: Man stützt sich in einer Arbeit auf eine Definition oder analysiert ein Problem aus der Sicht eines bestimmten theoretischen Ansatzes. Es ist legitim, sich auf Autoritäten zu

berufen, um sich von ausführlichen Begründungen zu entlasten:

- Ich verwende in Anlehnung an Teherani-Krönner den Begriff „Mahlzeitensicherheit" (2014, 19), der ...
- Bezugsrahmen der Analyse im zweiten Kapitel ist das Konzept der „transformativen Wissenschaft" (vgl. Schneidewind, Singer-Brodowski 2013; s.a. WBGU 2011).

Ob solche Entlastungen zulässig sind, hängt vom Thema und der Arbeit ab. In einer Abschlussarbeit wird man einen Überblick über die verschiedenen Ansätze der Wirkungsforschung geben und begründen müssen, warum der transaktionale Ansatz herangezogen wird. In einer Hausarbeit ist es legitim darauf zu verweisen, dass dieser Ansatz in der neueren Literatur als der komplexeste gilt.

5. Man kann eigene Ergebnisse oder Auffassungen durch Verweise auf Arbeiten anderer stützen:
   - Zu ähnlichen Ergebnissen kommt ABC (2019, 14).
   - Diese Auffassung wird gestützt durch die Befunde von XYZ (2018, 115)

6. Mit Zitaten kann zudem ein Sachverhalt anschaulich oder pointiert zum Ausdruck gebracht werden. Ich könnte zum Beispiel schreiben: Notizen, Exzerpte, Literaturhinweise, die man für eine Arbeit zu Papier gebracht oder auf der Festplatte gespeichert hat, sollte man nach Abschluss der Arbeit nicht wegwerfen oder löschen, sondern aufbewahren, da diese Unterlagen für künftige Arbeiten nützlich sein könnten. Oder ich greife auf einen Satz von Eco zurück, der diese Empfehlung kurz und anschaulich formuliert hat: „Es ist mit der Arbeit wie mit dem Schlachten eines Schweines ...: Man wirft nichts davon weg." (Eco 2000, 265)

Zitate und Verweise verfehlen ihren Sinn, wenn sie beweisen sollen, dass man viel gelesen hat. Zitat-Huberei ist kein Indiz für Wissenschaftlichkeit. Vielmehr ist ständiges Zitieren ein Hindernis – für die Entwicklung *eigener* Gedanken, beim Verfolgen eines *eigenen* Ziels bzw. einer *eigenen* Fragestellung. „Sobald das Zitieren das Denken" ersetzt, heißt es in Wildenhains Roman *Das Singen der*

Sirenen, verkommt der Gedanke zur „zur exegetischen Beschwörung, zu einer Form des Gebets." (2017, 75)

Viele Zitate können als Unsicherheit wahrgenommen werden; sie verraten „dass Sie sich dafür entschieden haben, ganze Brocken von fremden Texten ... in Ihre eigenen Erklärungen einzurücken, weil Sie den Eindruck haben, es selbst nicht kürzer und treffender sagen zu können." (Groebner 2012, 98f.)

Zitate sind kein Arbeitsersatz. Vielen Studierenden fällt es schwer, sich von den Texten zu lösen, die sie gelesen haben, einen Sachverhalt in eigenen Worten auszudrücken. Sie reihen Zitat an Zitat und formulieren nur Verbindungssätze. Das Ergebnis ist ein Zitate-Patchwork – keine eigenständige Arbeit. Für eine Hausarbeit muss Literatur verarbeitet werden. Die Literatur ist Mittel zum Zweck: ein Thema behandeln, ein Problem beleuchten, einer Frage nachgehen usw. Zitat-Reihungen sind oft Ausdruck dafür, dass die Autorin oder der Autor ein Thema noch nicht im Griff hat.

Was zitieren und was nicht?

Die zitierten Quellen müssen zuverlässige Quellen sein. Das sind nur Originalquellen. Wer aus zweiter Hand zitiert, riskiert, Fehler zu übernehmen. Deshalb sollten Daten, Fakten, Meinungen und Definitionen aus der Originalquelle „geschöpft" werden. Wer zum Beispiel eine Arbeit über die Systemtheorie schreibt, kommt um die Lektüre der wichtigsten (oder ausgewählter) Vertreter dieses Ansatzes nicht herum. Literatur über die Systemtheorie kann ein guter Einstieg zum Verständnis der Systemtheorie sein und eine Entscheidungshilfe, welche Originalquellen besonders wichtig sind. Aber „ad fontes" muss man gehen. Allenfalls im ersten Semester mag es vertretbar sein, Luhmann oder einen anderen Repräsentanten der Systemtheorie nach Sekundärliteratur zu zitieren.

Vorsicht ist auch bei Textsammlungen geboten. Sie können den Einstieg in ein Thema und den Zugang zur Primärliteratur erleichtern, aber nicht das Studium der Primärliteratur ersetzen. Eine Textsammlung ist eine Auswahl durch andere. Ob diese Auswahl vollständig und zuverlässig ist, sollte überprüft werden. In Abschlussarbeiten sind Quellen stets im Original zu zitieren.

Für Eco sind auch Übersetzungen keine Quellen aus erster Hand, sondern ein Hilfsmittel, um in „beschränktem Umfang etwas zu erreichen, was einem sonst nicht zugänglich wäre." (2000, 70)

Wer eine Abschlussarbeit über einen italienischen Philosophen oder eine amerikanische Soziologin schreiben will, sollte klären, ob erwartet wird, dass deren Arbeiten im Original herangezogen werden. Für die Arbeiten über eine italienische Schriftstellerin oder einen britischen Schriftsteller ist das selbstverständlich.

Schließlich: *Wikipedia* ist ein tolles Projekt – die schnelle Informationsquelle für den Alltag, aber kein Ort gesicherten Wissens, keine zuverlässige Quelle. Wer *Wikipedia* zitiert, gibt zu verstehen: Ich hatte keine Zeit oder Lust, mich mit der Fachliteratur auseinanderzusetzen.

Anforderungen an Zitate

Zitate sollten *zweckmäßig* sein: Ein Zitat sollte das – und nur das – zum Ausdruck bringen, was man ausdrücken möchte. Enthält ein Zitat Aspekte, die nicht in den Zusammenhang passen, wird es den Lesenden erschwert, einer Argumentation zu folgen.

Zitate sollten *notwendig* sein. Ein Beispiel:

> „Abkürzungen, die der angesprochene Leserkreis nicht kennt, müssen beim ersten Auftreten zunächst in ausgeschriebener Form erscheinen, die Abkürzung wird in Klammern dahinter gesetzt. Im nachfolgenden Text wird dann ausschließlich die Abkürzung verwendet." (Förster 1995, 93f.)

Dieser Hinweis ist richtig. Aber er ist weder geistiges Eigentum von Förster noch ist er prägnant formuliert. Deshalb sollte diese Empfehlung in eigenen Worten ausgedrückt werden: Abkürzungen werden eingeführt, wenn sie den Leserinnen und Lesern unbekannt sind: Das Wort bzw. der Begriff wird zunächst ausgeschrieben und die Abkürzung dahinter in Klammern gesetzt. Dann wird nur noch die Abkürzung verwendet.

Zitate sollten *nicht peinlich* sein: „Die Erde ist keine Scheibe." „Das Fernsehen ist ein Massenmedium." Beide Aussagen sind Allgemeingut geworden und werden deshalb nicht mehr belegt. Das gilt auch für die Tatsache, dass fast alles *komplex* und das Leben *kompliziert* ist. Nicht zitiert wird:

- was Teil der Allgemeinbildung ist;
- was in der Psychologie, der Betriebswirtschaft oder einer anderen Wissenschaftsdisziplin als selbstverständlich vorausgesetzt werden kann;
- was in Lexika steht: wann Adorno geboren wurde, wann Freud starb, wie viel Einwohner Belgien hat und wann Rom gegründet wurde (es sei denn, über das Gründungsjahr einer Stadt oder Institution gibt es eine Kontroverse);
- was trivial ist: Alle Menschen müssen sterben.

Unseriöse Quellen werden ebenfalls nicht zitiert. Man belegt Aussagen nicht mit Zitaten aus der Regenbogenpresse, aus Boulevardzeitungen und ähnlichen Medien. Die Ausnahme von der Regel: Die Regenbogenpresse ist Gegenstand der Arbeit (zum Beispiel in einer Hausarbeit über „Frauenfeindlichkeit in Frauenzeitschriften" oder einer Bachelorarbeit über „Die Personalisierung gesellschaftlicher Verhältnisse in Boulevardzeitungen"). Dann sind *Gala*, *Petra*, *Tina* oder die *Bildzeitung* Primärquellen, aus denen ausführlich zitiert wird.

Schließlich sollte man nach dem ersten Semester nicht mehr aus Lehrbüchern oder Lexika zitieren (auch hier gilt die Ausnahme: sofern Lehrbücher oder Lexika nicht Gegenstand der Arbeit sind). Diese Quellen sind nützlich. Doch wer aus ihnen zitiert, signalisiert: Ich habe mich nicht intensiv mit dem Thema auseinandergesetzt oder hatte keine Zeit oder Lust, mich mit der Originalliteratur auseinanderzusetzen.

Wie zitieren? 10 Regeln

1. *Zeichensetzung und Rechtschreibung werden beibehalten*

> „Die Kinder, 12 Knaben und 6 Mädchen, wurden nach einer sehr zweckmäßig eingetheilten Lebens- und Schulordnung erzogen, waren im Allgemeinen gutmüthig, nicht ohne Anlage, und machten, wenn gleich nur langsame, doch sichere Fortschritte." (Heister 1842, 116)

Aus dieser Regel folgt, dass es notwendig sein kann, unbekannte Wörter zu erläutern:

> „Wo früher die gute alte Tafel noch wenigstens den persönlichen Einsatz des Vortragenden erforderte, fadisieren [langweilen – N.F.] heute die computerproduzierten seelen- und einfallslosen Präsentationsfolien den Zuleser." (Möllers 1993, 71f.)

2. *Fehler im Zitat*

Sowohl orthografische als auch sachliche Fehler kennzeichnet man mit dem Wörtchen „sic" (so), das in eckigen Klammern direkt hinter das betreffende Wort geschrieben wird:

- Fehler im Zitat „kennzeichnet man mit dem Wörtchen ‚sic' (so), das in eckigen Klammern direkt hinter das betrefende [sic] Wort geschrieben wird."
- Haas dagegen betont: „Die Revolution von 1798 [sic!] war für Frankreich ..." (2018, 123).

Das Ausrufezeichen ist Geschmackssache.

3. *Zitat im Zitat*

Ein Zitat in einem Zitat wird in einfache Anführungszeichen (‚...') gesetzt: „Die Gefahren des von Feuer empfohlenen ‚spekulativen' Ansatzes, bei dem der Theoretiker einfach versucht, die möglichen Implikationen ..." (Morley 1999, 293)

Das zitierte *spekulativ* im Zitat vom Morley wird nicht durch einen Quellenhinweis belegt.

4. *Zitate aus zweiter Hand*

Zitate aus zweiter Hand sind nur zweite Wahl. Sie werden mit „zit. n." (zitiert nach) ausgewiesen. Zuerst wird der Autor des Originaltexts genannt, dann die Quelle, aus der das Zitat übernommen wurde:

> „Wer ... eine Anleihe bei anderen aufnimmt, muß den Leuten, deren Gedanken, Konzepte, Modelle, Verfahren, Meßtechnik etc. er sich zu eigen macht, Gerechtigkeit widerfahren lassen. (...) Es sind, kurz gesagt, die Quellen offenzulegen. Sich nicht daran halten, heißt mogeln." (Dichtl 1995, zit. n. Franck 2011, 96)

Die Originalquelle wird nicht ins Literaturverzeichnis aufgenommen.

5. Fremdsprachige Literatur

Zitiert man aus dem Englischen, ist eine Übersetzung nicht erforderlich. Zitate in einer anderen Fremdsprache müssen übersetzt werden. Die Ausnahme von der Regel: Man studiert Französisch oder eine andere Sprache und zitiert Literatur in dieser Sprache.

Übersetzungen werden gekennzeichnet:

- entweder nach dem ersten Zitat: „Dieses und die folgenden Zitate aus dem Norwegischen übersetzt vom Autor."
- oder in jedem Beleg: „Sörensen 2019, 175 – Übersetzung N.F."

Ist eine fremdsprachige Autorin *Gegenstand* einer Haus- oder Abschlussarbeit, werden ihre Werke in der Originalsprache zitiert. „Diese Regel ist absolut bindend, wenn es sich um ein literarisches Werk handelt." (Eco 2000, 199)

6. Ergänzungen

Erläuterungen werden in Klammern gesetzt und durch den Vermerk „d. Verf." oder die eigenen Initialen ergänzt:

> „Wir lassen uns eine solche Herabsetzung unseres großen deutschen Musikgenies [Richard Wagner – N.F.] von keinem Menschen gefallen, ganz sicher aber nicht von Herrn Thomas Mann, der sich selbst am besten dadurch kritisiert und offenbart hat, daß er die ‚Gedanken eines Unpolitischen' nach seiner Bekehrung zum republikanischen System umgearbeitet und an den wichtigsten Stellen in ihr Gegenteil verkehrt hat." (Münchener Neueste Nachrichten 1933)

7. Auslassungen

Auslassungen *im* Satz werden durch drei Punkte deutlich gemacht: „Auslassungen ... sind zulässig, wenn dadurch der ursprüngliche Sinn des Zitats nicht verändert wird." (Rückriem, Stary, Franck 1997, 171)

Werden mehrere Sätze zitiert und dabei ein *Satz* oder mehrere Sätze ausgelassen, weist man dies durch drei Punkte in Klammern aus:

> „Wie viele Schriften zitiert man? Wird eine Ansicht, auf die man sich beruft, von vielen geteilt, hat man eine Auswahl zu treffen. (...) Wer zuviel zitiert, dokumentiert damit, daß er nicht in der Lage ist, Wichtiges von Unwichtigem zu trennen." (Dichtl 1995, 18)

Bei Auslassungen am *Satzanfang* oder *Satzende* sind zwei Wege möglich. Entweder mit oder ohne drei Punkte:

- „Auslassungen (auch Ellipsen genannt) sind zulässig ..." (Rückriem, Stary, Franck, 1997, 171).
- „Auslassungen (auch Ellipsen genannt) sind zulässig" (Rückriem, Stary, Franck, 1997, 171).

8. Anpassungen kennzeichnen

Wird ein Zitat in den eigenen Text integriert, sind Anpassungen zu kennzeichnen:

- *Original:* „Diese Regel ist absolut bindend, wenn es sich um ein literarisches Werk handelt." (Eco 2000, 199)
  Integration: Eco meint, „diese Regel (sei) absolut bindend, wenn es sich um ein literarisches Werk handelt" (Eco 2000, 199).
- *Original:* „Nachhaltigkeit ist gekennzeichnet durch das permanente Bemühen, endliche Ressourcen zu schonen." (ABC 2017, 11)
  Integration: ABC charakterisiert Nachhaltigkeit als „permanente(s) Bemühen, endliche Ressourcen zu schonen" (ABC 2017, 11).

9. Genaue Seitenangaben

Nach einem wörtlichen oder sinngemäßen Zitat ist eine genaue Seiten- bzw. Spaltenangabe notwendig. Erstreckt sich ein Zitat in der verwendeten Quelle über einen Seitenwechsel, ergänzt man die Seitenzahl, auf der das Zitat beginnt, mit einem „f." (für „und die folgende Seite" bzw. Spalte). Werden drei Seiten *paraphrasiert*, wird dies mit „ff." kenntlich gemacht („und die folgenden Seiten/Spalten"). Bei mehr als drei Seiten sollte man Anfang und Ende nennen: „S. 135-140".

10. Nur ein Punkt am Satzende

Einen Satz kann man nur einmal beenden. Kühtz formuliert das umständlich so: „Es dürfen ... nicht mehrere Satzschlusszeichen in einem Satz vorkommen." (2018, 63)

Paraphrasieren und verweisen

Zitate müssen exakt sein – auch dann, wenn eine Textpassage nicht wörtlich, sondern sinngemäß in eigenen Worten wiedergegeben wird. Exakt heißt beim Paraphrasieren: Die Wiedergabe in eigenen Worten darf nicht zu Sinnverschiebungen führen.

Wenn man – was sich empfiehlt – lange wörtliche Zitate vermeiden möchte, jedoch wichtige Begriffe oder markante Formulierungen im Original anführen will, kombiniert man sinngemäßes und wörtliches Zitieren:

> Gründlichkeit und Genauigkeit, zwei Merkmale wissenschaftlichen Arbeitens, sind keine „bloß formalen" Anforderungen. Ein Beispiel: Um Quellen überprüfen zu können, müssen sie korrekt ausgewiesen werden. „Die Form hat also eine Funktion." (Rost/Stary 2013, 173)

Verweise begegnen uns in folgenden Formen:

- „Aktuelles Interesse findet derzeit vor allem die Postkolonialismusdebatte (vgl. Bronfen et al. 1997 und Mayer/Terkessidis 1998)."
- „Zur Diskussion des Funktionsbegriffs siehe Luhmann (1964) und Merton (1967). Zur funktionalen Analyse von Kommunikation siehe vor allem Lasswell (1948) sowie Wright (1960)."

Das „vgl." verweist auf Quellen, die die jeweilige Aussage belegen. Das „siehe" ist Wissensnachweis und Service zugleich. Ich (der Autor, die Autorin) kenne die Diskussion. Sie (die Leserin, der Leser) können sich in der angegebenen Literatur sachkundig machen. Solche Verweise sind sinnvoll, wenn man sich in einer Arbeit mit einem bestimmten Themenaspekt nicht näher auseinandersetzt, weil er für das Ziel, das man mit der Arbeit verfolgt, nebensächlich ist. Und solche Verweise sind sinnvoll, um die eigene Auffassung, die eigenen Ergebnisse auf andere Arbeiten zu beziehen – zum Beispiel so:

- zu ähnlichen Schlussfolgerungen kommen ABC (2011) und XYZ (2012) (oder: „siehe auch ...“),
- diese Auffassung widerspricht den Thesen von ABC (2013) und XYZ (2014).

⇨ *Referieren und kritisieren*

Literatur

Über typografische Konventionen beim Zitieren fremdsprachiger Texte – „Zitat“ oder “Zitat” bzw. >>Zitat<< – informiert Regine Schumacher.

Lydia Prexl geht sehr ausführlich auf das Zitieren vor allem digitaler Quellen ein und behandelt Sonderfälle wie das Zitieren von Software und Bildmaterial.

Lydia Prexl: Mit digitalen Quellen arbeiten. 3. Auflage Paderborn: Schöningh 2018 (=UTB 4420)

Regine Schumacher: Schreiben in den Literaturwissenschaften. Stuttgart: Wilhelm Fink Verl. 2017, S. 197ff. (=UTB 4749)

Das Wichtigste auf einen Blick

Wissenschaftliches Schreiben, Argumente in eine angemessene sprachliche Form zu bringen, muss man lernen.

Studieren heißt *Fragen stellen.* Wer fragt, gewinnt.

Eine *Hausarbeit* hat nicht das Ziel, das Rad neu zu erfinden; sie soll vielmehr zeigen, dass man Wissen kriteriengeleitet anwenden kann.

Um Wissen anwenden zu können, braucht man eine *Fragestellung*. Eine Fragestellung macht eine Arbeit zur eigenen Arbeit.

Bachelor- und *Masterarbeiten* sollen zeigen, dass die Autorin, der Autor ein Thema selbstständig wissenschaftliche bearbeiten kann. Der Unterschied zwischen den beiden Typen von Abschlussarbeiten besteht in der Themenbreite und der damit verbundenen Anforderungen an die Rezeption der vorliegenden Forschung.

Eine Abschlussarbeit sollte man wie den Bau eines Hauses angehen: systematisch, mit einem Plan. Der Grundriss ist ein *Exposé*.

Wer eine Arbeit schreibt, muss in ein Thema eintauchen – ohne unterzugehen. Grundlage dafür ist eine sorgfältige *Themenanalyse*.

Man braucht eine (vorläufige) *Gliederung* als Bezugspunkt für die Auseinandersetzung mit der Literatur und als Ausgangspunkt für das Schreiben einer Rohfassung.

Gekonnt *referieren* bedeutet: Theorien und Forschungsergebnisse präzise so ausführlich wie nötig und so kurz wie möglich wiederzugeben.

Sie sind verantwortlich für Ihre Haus- oder Abschlussarbeit. Deshalb ist *ich* der treffende und eindeutige Begriff für die Referenz auf den Verfasser oder die Verfasserin.

Wissenschaftsangemessen ist eine *geschlechtergerechte Sprache:* Die Worte, die wir wählen, machen Menschen und Prozesse sichtbar oder unsichtbar.

Führen Sie die *Leserin* und den *Leser* mit knappen orientierenden Hinweisen *durch* Ihren *Text.*

Die *Einleitung* einer schriftlichen Arbeit soll zum Lesen einladen.

Die Einleitung und das abschließende Kapitel sind die Orte, um auf den *Ertrag* einer Abschlussarbeit hinzuweisen, das *Neue* und *Originelle* einer Dissertation hervorzuheben.

Die letzten Seiten beeinflussen das Urteil der Leserinnen und Leser stark. Deshalb sollte am *Schluss* besonders sorgsam gefeilt und eine gründliche *Schlusskorrektur* vorgenommen werden.

Wissenschaftlicher Stil ist frei von Sprachschludrigkeiten und vermeidet Stilbrüche; er ist präzise und verständlich. Das schließt Anschaulichkeit nicht aus.

Es ist ein Gebot der Höflichkeit, *verständlich* zu *schreiben.*

Ein *klarer Satzbau* gelingt dann, wenn man nicht zuviel in einem Satz packt, sondern jeden Gedanken in einen eigenen Satz ausdrückt und der Regel folgt: erst Hauptsatz dann Nebensatz.

Schreiben Sie Ihre Texte so, dass *Sie* sie *gerne lesen.*

Selbstreflexion ist Voraussetzung für einen angemessenen Umgang mit wissenschaftlichen Themen – und ein Zugang, das Studium interessant zu gestalten.

Die *Hochschule* ist keine gehobene Berufsschule, in der es lediglich um Machbarkeitsfragen geht.

Literatur-Empfehlungen auf einen Blick

Abkürzungen – Abkürzungsverzeichnis

Wörterbuch der Abkürzungen. 6. Aufl. Mannheim u.a. Dudenverlag 2011

www.abkuerzungen.de

www.chemie.fu-berlin.de//cgi-bin/acronym

Abstract

Birgit Huemer, Markus Rheindorf, Helmut Gruber: Abstract, Exposé und Förderantrag. Wien u.a.: Böhlau Verl. 2012 (= UTB 3762)

https://writingcenter.unc.edu/tips-and-tools/abstracts/

Anmerkungen

Anthony Grafton: Die tragischen Ursprünge der deutschen Fußnote. Berlin: Berlin Verl. 1995

Valentin Groebner: Wissenschaftssprache. Eine Gebrauchsanweisung. Konstanz: Konstanz University Press 2012, S. 88 – 96

Adolf Harnack: Aus Wissenschaft und Leben. Bd. 1. Gießen: Töpelmann 1911, S. 161

Argumente – Argumentieren

Norbert Franck: Argumentieren. Strukturiert argumentieren. Souverän auf Tricks reagieren. In: Ders.: So gelingt Kommunikation. Weinheim, Basel: Beltz 2017, S. 15-27

Jürgen Habermas: Erkenntnis und Interesse. In: Ders.: Technik und Wissenschaft als „Ideologie. Frankfurt/Main: Suhrkamp 1968, S. 146-167

Markus Herrmann u.a.: Schlüsselkompetenz Argumentation. 2. Aufl. Paderborn: Schöningh 2012 (= UTB 3428)

Klaus Holzkamp: Die Überwindung der wissenschaftlichen Beliebigkeit psychologischer Theorie durch die Kritische Psychologie. In: Ders. Gesellschaftlichkeit des Individuums. Köln: Pahl-Rugenstein Verl.1978, S. 129-201

Bericht

Norbert Franck: Schreiben wie ein Profi. 5. Aufl. Frankfurt/Main: Bund-Verl. 2011

www.lehrerbibliothek.de

Clustern – Themen visualisieren

http://freemind.sourceforge.net/wiki/index.php/Main_Page (7.10.2018)

Dissertation

Jonas Jägermeyr: Assessing opportunities to increase global food production within the safe operating space for human freshwater use. Berlin: Humboldt-Universität zu Berlin, Mathematisch-Naturwissenschaftliche Fakultät, Diss. 2017. https://edoc.hu-berlin.de/handle/18452/18454

Silke Mende: Nicht rechts, nichts links, sondern vorn. Eine Geschichte der Gründungsgrünen. München: Oldenbourg Wissenschaftsverlag 2011

Ulrike Pospiech: Schreibend schreiben lernen. Über die Schreibhandlung zum Text als Sprachwerk. Zur Begründung und Umsetzung eines feedbackorientierten Lehrgangs zur Einführung in das wissenschaftliche Schreiben. Frankfurt/Main u.a.: Peter Lang 2005. Online als ELiSe Beiheft 1, 2004: www.uni-due.de/imperia/md/content/elise/beiheft_01_2004.pdf (11.12.2018)

Exposé

Norbert Frank: Das Promotionshandbuch. Paderborn: Schöningh 2019 (= UTB)

Birgit Huemer, Markus Rheindorf, Helmut Gruber: Abstract, Exposé und Förderantrag. Wien u.a.: Böhlau Verl. 2012 (= UTB 3762)

Fragen

Bertolt Brecht: Me-ti. Buch der Wendungen. Frankfurt/Main: Suhrkamp 2000

Norbert Franck: Praxishandbuch Kommunikative Kompetenz. Schlüsselqualifikation für Studium und Beruf: Weinheim: Beltz-Juventa 2019

Fragestellung

Formulating Your Research Question. In: Eva O. L. Lantsoght: The A-Z oft the PhD Trajectory. Cham: Springer International, S. 75-87

Geschlechtergerechte Sprache

Gabriele Diewald, Anja Steinhauer: Richtig gendern. Berlin: Dudenverlag 2017

Henning Lobin, Damaris Nübling: Genus, Sexus, Nexus. Süddeutsche Zeitung Nr. 128 vom 7.6.2018, S. 11

Felicitas Macgilchrist: Academic Writing. Paderborn: Ferdinand Schöningh 2014, S. 19f. (=UTB 4087).

Anatol Stefanowitsch: Eine Frage der Moral. Warum wir eine politisch korrekte Sprache brauchen. Berlin: Dudenverlag 2018

https://geschicktgendern.de/ (11.12.2018)

https:/gb.uni-koeln.de/e2106/e2113/e5726/2014_Leitfaden_UeberzeuGENDEReSprache_11032014.pdf (11.12.2018)

Ich, wir, man, die Arbeit: Schreibsubjekt

Valentin Groebner: Wissenschaftssprache. Konstanz: University Press 2012, S. 102-107

Wolf-Dieter Narr, Joachim Stary (Hrsg.): Lust und Last des wissenschaftlichen Schreibens. Frankfurt/Main: Suhrkamp 1999

Journal des Staunens und Fragens: Studienjournal

Norbert Franck: Handbuch Wissenschaftliches Arbeiten. 3. Aufl. Paderborn: Schöningh 2017, S. 79-87 (= UTB 4748)

Barbara Friebertshäuser, Antje Langer, Annedore Prengel (Hrsg.): Handbuch Qualitative Forschungsmethoden in der Erziehungswissenschaft. 4. Aufl. München und Weinheim: Beltz Juventa 2013

Frigga Haug: Lernverhältnisse. Selbstbewegungen und Selbstblockierungen. 2. Aufl. Hamburg: Argument-Verl. 2004

Arnd Hofmeister: Widerständiges Lernen und Lehren 2.0. In: Katrin Reimer-Gordinskaya, Michael Zander (Hrsg.): Krise und Kritik (in) der Psychologie. Festschrift für Wolfgang Maiers. Hamburg: Argument Verl. 2018, S. 25-40

Markus Krajewski: Elektronische Literaturverwaltungen. Kleiner Katalog von Merkmalen und Möglichkeiten. In: Norbert Franck,

Joachim Stary (Hrsg.): Die Technik wissenschaftlichen Arbeitens. 17. Aufl. Paderborn: Schöningh. 2013, S. 91-109 (= UTB 724)

Literaturüberblick

Norbert Franck: Handbuch Wissenschaftliches Arbeiten. 3. Aufl. Paderborn: Schöningh 2017, S. 130-138 (= UTB 4748)

Diana Ridley: The Literature Review: A Step-By-Step Guide for Students. 2. Aufl. London: Sage Publications 2012

Reviewing the Literature. A Short Guide for Research Students. http://uq.edu.au/student-services/pdf/learning/lit-reviews-for-rx-students-v7.pdf (23.11.2018)

Master-, Bachelor-, Abschlussarbeit

Andreas Hirsch-Weber, Stefan Scherer: Wissenschaftliches Schreiben und Abschlussarbeit in Natur- und Ingenieurwissenschaften. Stuttgart: Ulmer Verl. 2016 (=UTB 4450)

Protokoll

Norbert Franck: Schreiben wie ein Profi. 5. Aufl. Köln: Bund-Verlag 2011

Peter Schmidt: Beobachtungsverfahren. www.staff.uni-giessen.de/~g31070/23_01_01.pdf (2.12.2018)

www.uni-bielefeld.de/erziehungswissenschaft/scs/pdf/leitfaeden/studierende/protokoll.pdf (2.12.2018)

http://lp.uni-goettingen.de/get/text/5701 (2.12.2018)

Referieren und kritisieren

Norbert Franck: Handbuch Wissenschaftliches Arbeiten. 3. Aufl. Paderborn: Schöningh 2017, S. 79-85 und 116-130 (= UTB 4748)

Karlene H. Roberts, Detlef H. Rost: Analyse und Bewertung empirischer Untersuchungen: Hinweise zum Verständnis und zur Kritik erfahrungswissenschaftliche Untersuchungen in Pädagogik und Psychologie. 2. Aufl. Weinheim, Basel: Beltz 1974

Regine Schumacher: Schreiben in den Literaturwissenschaften. Paderborn: Wilhelm Fink 2017 (= 4749)

Satzbau

Norbert Franck: Schreiben wie ein Profi. 5. Aufl. Köln: Bund-Verlag 2011

Regine Schumacher: Schreiben in den Literaturwissenschaften. Stuttgart: Wilhelm Fink Verl. 2017, S. 197ff. (= 4749)

Mark Twain: Die schreckliche deutsche Sprache. Löhrbach: Werner Pieper's Medienexperimente. 2013 (= Der Grüne Zweig 170)

Schlusskorrektur

www.duden.de/rechtschreibpruefung-online

https://mentor.duden.de/

Schreiben in der Wissenschaft – Der Prozess

Norbert Franck: Handbuch Wissenschaftliches Arbeiten. 3. Aufl. Paderborn 2017 (= UTB 4748)

Christian Wymann: Der Schreibzeitplan. Zeitmanagement für Schreibende. Opladen & Toronto: Budrich 2015 (= UTB 4308)

Schreibhürden

Gisbert Keseling: Schreibblockaden überwinden. In: Norbert Franck, Joachim Stary (Hrsg.): Die Technik wissenschaftlichen Arbeitens. 17. Aufl. Paderborn: Schöningh 2013, S. 191-216 (= UTB 724)

Themenfindung – Themenwahl

Markus Krajewski: Lesen. Schreiben. Denken. 2 Aufl. Köln u.a.: Böhlau Vgl. 2015, S. 15-30 (= UTB 3858)

Thesen, Thesenpapier

Otto Kruse: Kritisches Denken und Argumentieren. Konstanz: UKV Verlagsgesellschaft 2017, S. 93-114 (= UTB 4767)

Titel

google.com/webmaster/learn

Umgangssprache, Modewörter, Stilbruch

Handbuch Korrekt und stilsicher schreiben. Bearb. von der Duden-Redaktion. Berlin: Bibliographisches Institut 2013

Regine Schumacher: Schreiben in den Literaturwissenschaften. Stuttgart: Wilhelm Fink Verl. 2017 (= UTB 4749)
www.blablameter.de

Veranschaulichen: Analogien, Beispiele, Bilder und Vergleiche
Norbert Franck: Der Karriereführer für Referenten. Frankfurt/Main, New York: Campus Verl. 2019
Stefan Kühtz: Wissenschaftlich formulieren. 4 Aufl. Paderborn: Schöningh 2018, S. 36-37 (= UTB 3471)

Verzeichnisse
Walter Krämer: Wie schreibe ich eine Seminar- oder Examensarbeit? 3. Aufl. Frankfurt/Main, New York: Campus Verl. 2009

Wissenschaftliche Standards
Wolf-Dieter Narr: Was ist Wissenschaft? Was heißt wissenschaftliches Arbeiten? Was bringt ein wissenschaftliches Studium? In: Norbert Franck, Joachim Stary (Hrsg.): Die Technik wissenschaftlichen Arbeitens. 17. Aufl. Paderborn: Schöningh 2013, S. 15-32 (= UTB 724)

Wissenschaftlicher Stil
Walter Benjamin: Einbahnstraße. Frankfurt/Main: Suhrkamp 1955, S. 43-45.
Jutta von Campenhausen: Wissenschaft vermitteln. Eine Anleitung für Wissenschaftler. Wiesbaden: Springer VS 2014
Valentin Groebner: Wissenschaftssprache. Eine Gebrauchsanweisung. Konstanz: Konstanz University Press 2012
Eva O. L. Lantsoght: The A-Z oft he PhD Trajectory. Cham: Springer International 2018
Steven Pinker: The Sense of Style. London: Penguin Books 2015

Zitat, zitieren
Lydia Prexl: Mit digitalen Quellen arbeiten. Richtig zitieren aus Datenbanken, E-Books, YouTube und Co. 3. Aufl. Paderborn: Schöningh 2019 (= UTB 4420)
Regine Schumacher: Schreiben in den Literaturwissenschaften. Stuttgart: Wilhelm Fink Verl. 2017 (= UTB 4749)

Literatur

Adorno, Theodor W. [1945]: Minima Moralia. Reflexionen aus dem beschädigten Leben. 10. Aufl. Frankfurt/Main 2016: Suhrkamp

Bachleitner, Reinhard; Weichbold, Martin 2007: Befindlichkeit – eine Determinante im Antwortverhalten? Zeitschrift für Soziologie. H. 3, S. 182–196.

Becker, Howard S. 1994: Die Kunst des professionellen Schreibens. Frankfurt/Main, New York: Campus Verl.

Bénabou, Marcel 1990: Warum ich keines meiner Bücher geschrieben habe. Frankfurt/Main: Frankfurter Verlagsanstalt

Benjamin, Walter [1928]: Einbahnstraße. Frankfurt/Main: Suhrkamp 1955

Brecht, Bertolt 1967: Me-ti/Buch der Wendungen. Gesammelte Werke. Bd. 12. Werkausgabe. Frankfurt/Main

Camus, Albert (1947): Die Pest. Reinbek: Rowohlt 1998

Chahoud, Tatjana 1987: Zur Bildungs- und Schulsituation der polnischen Minderheit in Berlin/Preußen. In: Mitteilungen und Materialien der Arbeitsgruppe Pädagogisches Museum. H. 25, S. 143-190

Debrebant, Serge 2009: Wie die Uni uns versaut. In: ZEIT Campus vom 18.02.2009. zeit.de/campus/2009/02/studentensprache (23.9.2018)

Devereux, George 1984: Angst und Methode in den Verhaltenswissenschaften. Frankfurt/M: Suhrkamp

Dichtl, Erwin 1995: Deutsch für Ökonomen. Lehrbeispiele für Sprachbeflissene. München: Vahlen

Duden-Newsletter vom 13.11.2009: duden.de/sprachwissen/newsletter/Duden-Newsletter-131109

Eco, Umberto 2000: Wie man eine wissenschaftliche Abschlußarbeit schreibt. Doktor-, Diplom- und Magisterarbeiten in den Geistes- und Sozialwissenschaften. 8. Aufl. Heidelberg: C. F. Müller

Esselborn-Krumbiegel, Helga 2017: Richtig wissenschaftlich schreiben. 5. Aufl. Paderborn: Schöningh (= UTB 3429)

Fonck, Leopold 1908: Wissenschaftliches Arbeiten. Beiträge zur Methodik des akademischen Studiums. Innsbruck: Rauch

Foucault, Michel [1983]: Über sich selbst schreiben. In: Sandro Zanetti (Hrsg.): Schreiben als Kulturtechnik. 2. Aufl. Frankfurt/Main: Suhrkamp 2015, S. 49-67

Goethe, Johann Wolfgang von: Gedenkausgabe der Werke, Briefe und Gespräche. Hrsg. von Ernst Beutler. Zürich und Stuttgart 1948 ff.

Grzesik, Jürgen 1996: Textverstehen lernen und lehren. 2. Aufl. Stuttgart: Klett

Groebner, Valentin 2012: Wissenschaftssprache. Eine Gebrauchsanweisung. Konstanz: University Press

Grundordnung der Universität Leipzig (2013): www.uni-leipzig.de/universitaet/profil/leitbild-profil-geschichte/grundordnung.html (12.11.2018)

Gumlich, Hans-Eckhart 1999: Über das Schreiben der Naturwissenschaftler: Brief an einen Physik-Doktoranden. In: Wolf-Dieter Narr, Joachim Stary (Hrsg.): Lust und Last des wissenschaftlichen Schreibens. Frankfurt/Main: Suhrkamp, S. 151-166

Haug, Frigga 2003: Lernverhältnisse. Selbstbewegungen und Selbstblockierungen. Hamburg: Argument-Verlag

Haug, Wolfgang Fritz 1999: Sieben Tipps fürs Schreiben. In: Wolf-Dieter Narr, Joachim Stary (Hrsg.): Lust und Last des wissenschaftlichen Schreibens. Frankfurt/Main: Suhrkamp, S. 71-77

Heimes, Silke 2011: Schreiben im Studium: das Piip-Prinzip. Göttingen: Vandenhoeck & Ruprecht (= UTB 3457)

Hentig, Hartmut von 1999: Eine nicht lehrbare Kunst. In: Wolf-Dieter Narr, Joachim Stary (Hrsg.): Lust und Last des wissenschaftlichen Schreibens. Frankfurt/Main: Suhrkamp, S. 19-27

Hinweise zur Verwendung einer geschlechtergerechten Sprache (2013). Verabschiedet von der Lehrkommission der Fakultät für Gesundheitswissenschaften der Universität Bielefeld. www.uni-bielefeld.de/gleichstellungsbeauftragte/hinweise-geschlechtergerechte-sprache-2013.pdf (4.9.2018)

Holzkamp, Klaus 1995: Lernen. Subjektwissenschaftliche Grundlegung. Frankfurt/Main, New York: Campus Verl.

Hough, Susan E. 2018: Do Large (Magnitude 8) Global Earthquakes Occur on Preferred Days of the Calendar Year or Lunar Cyc-

le? Seismological Research Letters. January 17, 2018. https://doi.org/10.1785/0220170154 (17.11.2018)
Jaeger, Falk: Das Einzige, was hier regelmäßig fliegt, sind die Manager. FAZ vom 12.3.2018, S. 11
Jägermeyr, Jonas 2017: Assessing opportunities to increase global food production within the safe operating space for human freshwater use. Berlin: Humboldt-Universität zu Berlin, Mathematisch-Naturwissenschaftliche Fak., Diss.
Kahneman, Daniel; Tversky, Amos 1979: Prospect Theory: An Analysis of Decision under Risk. In: Econometrica 47, S. 263-292
Kant, Immanuel 1783: Beantwortung der Frage: Was ist Aufklärung? In: Ehrhard Bahr (Hrsg.): Was ist Aufklärung? Stuttgart: Reclam 1974, S. 9-17
Keseling, Gisbert 2013: Schreibblockaden überwinden. In: Norbert Franck, Joachim Stary (Hrsg.): Die Technik wissenschaftlichen Arbeitens. 17. Aufl. Paderborn: Schöningh, S. 191-216 (=UTB 724)
Krajewski, Markus 2015: Lesen, Schreiben, Denken. 2. Aufl. Köln u.a.: Böhlau Verl. (=UTB 3858)
Kruse, Otto 1995: Keine Angst vor dem leeren Blatt. 4. Aufl. Frankfurt/Main, New York: Campus Verl.
Kruse, Otto 2007: Keine Angst vor dem leeren Blatt. 12. Aufl. Frankfurt/Main, New York: Campus Verl.
Lantsoght, Eva O. L. 2018: The A-Z of the PhD Trajectory. Cham: Springer International
Lodge, David 1996: Kleine Welt. Zürich: Haffmans
Möllers, Christoph; Schneider, Linda 2018: Demokratiesicherung in der EU. Studie zu einer europäischen Aufgabe. Berlin: Heinrich Böll Stiftung. Schriften zu Europa Band 9
Mounk, Yascha 2016: Sag es einfach! Die Zeit Nr. 17 vom 14.4.2016
Morgenstern, Christian 1914: Wer vom Ziel nicht weiß. In: Ders.: Wir fanden einen Pfad. München: Piper, S. 40-41
Müller, C. Wolfgang 1999: Drei Briefe an einen jungen Wissenschaftler. In: Wolf-Dieter Narr, Joachim Stary (Hrsg.): Lust und Last des wissenschaftlichen Schreibens. Frankfurt/Main: Suhrkamp, S. 77-86
Narr, Wolf-Dieter 1999: Schreiben – Einsichten und Ratschläge eines Sozialwissenschaftlers nach über 80 Semestern. In: Ders.,

Joachim Stary (Hrsg.): Lust und Last des wissenschaftlichen Schreibens. Frankfurt/Main: Suhrkamp, S. 87-104

Oppenheimer, Daniel M. 2006: Consequences of Erudite Vernacular Utilized Irrespective of Necessity: Problems with Using Long Words. In: Applied Cognitive Psychology. H. 20; S. 139 – 156. psych.utoronto.ca/users/psy3001/files/simple%20writing.pdf (29.9.2018)

Ortner, Hanspeter 2003: Schreiben und Wissen. In: Daniel Perrin u.a. (Hrsg.): Schreiben. Von intuitiven zu professionellen Schreibstrategien. 2. Aufl. Wiesbaden: Westdeutscher Verl., S. 63-81

Pinker, Steven 2015: The Sense of Style. London: Penguin Books

Popper, Karl Raimund 1991: Auf der Suche nach einer besseren Welt. 6. Aufl. München, Zürich: Piper

Probst, Maximilian 2018: Danke Mama! In: Die Zeit. Nr. 8 vom 15.2.2018

Regener, Sven 2001: Herr Lehmann. Frankfurt/Main: Eichborn

Regener, Sven 2017: Wiener Straße. Berlin: Galani

Rienecker, Lotte 1999: Research Questions and Academic Argumentation: Teaching Students How to Do it. Using Formats and Model-Examples. In: Otto Kruse, Eva-Maria Jakobs, Gabriela Ruhmann: Schlüsselkompetenz Schreiben. Konzepte, Methoden, Projekte für Schreibberatung und Schreibdidaktik an der Hochschule. Neuwied u.a.: Luchterhand, S. 95-108

Rückriem, Georg 1999: „Es läuft“ – Über die Brauchbarkeit von Analogien und Metaphern. In: Wolf-Dieter Narr, Joachim Stary (Hrsg.): Lust und Last des wissenschaftlichen Schreibens. Frankfurt/Main: Suhrkamp, S. 105-127

Rückriem, Georg; Stary, Joachim 1996: Ist wissenschaftliches Arbeiten lehrbar? In: Das Hochschulwesen H. 2, 1996, S. 96-106

Schopenhauer, Arthur 1896: Ueber die, seit einigen Jahren, methodisch betriebene Verhunzung der Deutschen Sprache. In: Arthur Schopenhauer's handschriftlicher Nachlaß. Herausgegeben von Eduard Grisebach. Zweiter Band. Vorlesungen und Abhandlungen. 3. Aufl. Leipzig: Reclam. http://gutenberg.spiegel.de/buch/arthur-schopenhauers-handschriftlicher-nachlass-vorlesungen-und-abhandlungen-4993/10

Schopenhauer, Arthur 1851: Parerga und Pralopomenta. In: Sämtliche Werke Bd. 5. Herausgegeben von Paul Deussen. München: Piper 1913. https://archive.org/details/smtlichewerke02scho

Schreibportal der Universität Leipzig: https://home.uni-leipzig.de/schreibportal/gender/ (1.12.2018)

Schumacher, Regine 2017: Schreiben in den Literaturwissenschaften. Stuttgart: Fink (= 4749)

Schwanitz, Dietrich 2002: Bildung. Alles, was man wissen muß. München: Goldmann

Stingelin, Martin 2015: „Unser Schreibzeug arbeitet mit an unseren Gedanken." In: Sandro Zanetti (Hrsg.): Schreiben als Kulturtechnik. 2. Aufl. Frankfurt/Main: Suhrkamp, S. 283-317

Stitzel, Michael 1999: Zur Kunst des wissenschaftlichen Schreibens – bitte mehr Leben und eine Prise Belletristik! In: Wolf-Dieter Narr, Joachim Stary (Hrsg.): Lust und Last des wissenschaftlichen Schreibens. Frankfurt/Main: Suhrkamp, S. 140-147

Thieltges, Andree; Hegelich, Simon 2017: Manipulation in sozialen Netzwerken. In: Zeitschrift für Politik. H. 4, S. 493-512

Tucholsky, Kurt 1993: Gesammelte Werke. Hrsg. von Mary Gerold-Tucholsky und Fritz J. Raddatz. Reinbek: Rowohlt

Ueding, Gert 1996: Rhetorik des Schreibens. 4. Aufl. Weinheim: Beltz Athenäum

University of Queensland (o.J.): Reviewing the Literature. A Short Guide for Research students. uq.edu.au/student-services/pdf/learning/lit-reviews-for-rx-students-v7.pdf (3.11.2018)

„Vielleicht kann man sich aus der Finsternis hinausschreiben" Daniel Kehlmann und Salman Rushdie im Gespräch. SZ Magazin vom 2. März 2018

Volmer, Ludger (o.J.): Die Grünen. Von der Protestbewegung zur etablierten Partei – Eine Bilanz. München: C. Bertelsmann [2010]

Weber-Wulff, Debora 2015: Plagiarism Detection Software: Promises, Pitfalls, and Practices. https://link.springer.com/referenceworkentry/10.1007/978-981-287-079-7_19-2 (29.11.2018)

Wildenhain, Michael 2017: Das Singen der Sirenen. Stuttgart: Klett-Cotta

Personen- und Sachregister

Die fett gesetzten Begriffe sind eigene Kapitel.